대화지능

대화지능

"Conversational Intelligence"

주디스 E. 글레이저 지음 | 김현수 옮김

청림출판

66

이 책을 나의 가족에게 바친다.
나의 남편, 리처드
내가 가장 사랑하는 아이들, 레베카와 제이콥
나의 형제자매, 조앤 헤플러와 존 엔타인
내게 가족의 유대가 얼마나 중요한지 가르쳐주고
아무리 어려울지라도 늘 대화 속에서 살아야 함을
가르쳐준 사람들.

99

| 성공과 실패를 가르는 힘, 대화지능

💬 우리는 '대화'란 말하고, 정보를 나누고, 지시하고, 남들에게 우리 생각을 얘기하는 것이라는 좁은 견해를 갖고 살아왔다. 하지만 이제는 신경과학과 인지 연구를 통해, 대화가 단순한 정보 공유를 넘어서는 더 심오하고 강력한 것임을 깨닫고 있다.

대화는 역동적이고 상호적이며 포괄적이다. 대화는 우리가 소통하고, 관계 맺고, 상호작용하고, 다른 사람들을 변화시키는 방식을 발전시키며, 사고방식, 사건, 결과, 현실을 다른 사람들과 협동해서 빚어낼 수 있게 해준다. 대화에는 상대를 '힘으로 지배하는 것(power over)'에서 상대와 '힘을 합하는 것(power with)'으로 바꿔주는 힘이 있다. 우리가 다른 사람들과 비슷한 생각을 하고 같은 현실을 경험할 수 있도록 당신이 보는 시각과 내가 보는 시각 사이의 현실적 간극(reality gap)[1]을 메울 수 있는 정교한 능력을 주기 때문이다.

대화지능(Conversational Intelligence™)은 성공하는 사람들과 그렇지 못한 사람들—비즈니스, 인간관계, 심지어 결혼 생활에서까지—을 가르는 요건이다. 나는 50년이 넘도록 이 현상을 연구해왔다. 대화를 이해하려는 나의 열정은 어린 나이에 시작되었고 연구, 집필, 상담으로 이어졌는데, 그것이 바로 자나 깨나 나를 움직이는 힘이었다. 건강한 대화가 없다면 우리는 시들시들 말라 죽게 된다. 바로 이것이 오늘날 우리가 신경과학의 세계에서 배우는 점이다.

우리는 대화를 통해 연결되고 소통한다. 대화는 슬플 때 우리를 우울함에서 건져내는 에너지의 원천이고, 새로운 제품을 세상에 출시해내는 힘이다. 대화는 우리를 다른 이들에게 다가가게 하고 신뢰하게 하는 황금 실이지만, 그 실은 풀리기도 하므로 상실과 고통에 대한 두려움 때문에 남들로부터 도망치게 하기도 한다.

말은 사물이 아니다. 말은 우리가 보고, 생각하고, 현실을 인식하는 데 사용하는 표현이고 상징이며, 이런 인식을 다른 사람들과 공유하는 수단이다. 그러나 기업 공동체의 건강과 생산성에 대화가 얼마나 중요한지 제대로 이해하는 리더는 거의 없다.

건강하지 않은 대화는 불신, 기만, 배신, 회피를 낳고 생산성과 혁신을 저해하며 궁극적으로 성공률을 떨어 뜨린다. 대화가 어떻게 뇌의 각기 다른 부분들을 자극하고, 대화가 어떻게 우리 뇌의 방어 패턴을 촉진하거나 경직시키는지 이해함으로써, 우리는 개인, 단체, 조직을 성공으로 이끌 수 있는 대화의 기술을 향상시킬 수 있다. 대화지능은 학습 가능하고 변화에 직면한 조직을 더 건강하고 탄력 있게 만드는 데 필수적이다.

동료와 복도에서 짧게 몇 마디 주고받는 행동이 누군가의 삶을 영원히 바꾸어놓을 수도 있다. "넌 절대 못 해"라든가 "네가 제대로 알고 행동하기만 했어도"처럼 입 밖에 내는 데 몇 초밖에 걸리지 않는 말들이 삶을 송두리째 바꾸어놓을 수도 있다. 어떤 말을 하는 데 걸리는 시간과 개인, 관계, 조직에 그 말의 영향력이 지속되는 시간 사이에는 아무 상관이 없다. 말의 힘이 너무나 강력하기 때문에 우리는 대화지능을 이해하고 향상시켜야 한다. 대화지능은 대화가 관계와 문화 사이에 어떻게 강력한 연결 고리를 만들어내는지 보여주는 틀과 관점을 제공한다. 대화는 우리가 연결되고, 관계를 맺고, 길을 찾고, 다른 이들과 함께 세상을 바꾸는 방식이다.

대화지능의 전제는 다음과 같다. '한 차원 높은 단계로의 도약 여부는 문화의 질에 달려 있고, 문화의 질은 관계의 질에 달려 있고, 관계의 질은 대화의 질에 달려 있다. 모든 것이 대화를 통해 이루어진다.'[2]

1. 대화지능은 우리에게 신경화학 작용에 영향을 미칠 수 있는 능력을 준다

우리가 상대방과 나누는 모든 대화에는 화학적 요소가 있다. 대화에는 뇌를 변화시키는 힘이 있다. 대화는 호르몬과 신경전달물질의 생산을 자극하고, 신체의 체계와 신경통로를 자극하며, 우리 몸의 화학 작용을 변화시킨다. 그 변화는 순간만이 아니라 평생 가기도 한다.

가장 단순한 단계로, 우리는 무언가를 말하고 반응을 얻는다. 내가 질문하면 당신이 대답하는 것이다. 하지만 그 질문이 당신의 말뜻이나 의도에 대한 생각과 감정을 유발하면서 대화는 금방 복잡해지고, 이에 따라 화학 반응 네트워크가 작동된다. 질문이 위협적으로 느껴지면 우리는 대답하는 데 그치지 않고 그 위협을 처리하도록 뇌의 신경망을 작동한다.

2. 대화지능은 우리에게 생각과 감정을 서로 표현해서 관계와 성공을 강화할
   수 있는 능력을 준다

   우리는 소통하는 동안 우리에게 전달된 내용과 감정을 읽고, 마찬가지
   로 상대방에게 일정한 내용과 감정을 전달한다. 대화는 정보를 나누고
   이야기를 나누는 것 이상이다. 대화는 세상, 다른 사람들, 그리고 우리
   자신에 대한 감정을 포장하는 방식을 제공한다. 리더로서 우리는 거의
   모든 대화에서 슬픔이나 기쁨을 전달한다. 매일 사람들의 감정을 조절
   하는 언어의 힘, 그리고 시각을 확장하고 기분 좋은 경험을 창조하는 뇌
   의 역량에 언어가 하는 역할을 이해하게 된다면, 우리 일터에 의미 있는
   변화를 줄 수 있다.

3. 대화지능은 우리에게 현실을 해석하는 방식을 바꿀 수 있는 능력을 준다

   대화는 뇌의 각기 다른 부분에 다른 방식으로 영향을 주는데, 이는 뇌의
   각 부분이 듣는 것이 다르기 때문이다. 대화가 우리의 듣는 것에 영향을
   주는 방식을 이해하면 우리가 듣는 방식을 결정할 수 있고, 우리가 듣는
   방식에 따라 세상을 이해하고 해석하는 방식이 결정된다.

대화지능이란
무엇인가?

지난 30여 년간 수백 개의 회사와 미국 최대 규모 조직의 직원 수천 명

과 함께 일해본 결과, 대화지능(C-IQ)의 결핍이 관계를 망가뜨리는 원인임을 알게 되었다. 간단히 말해서 대화지능은 조직에서 무엇을, 왜 성취해야 하는가에 대해 모두가 공감하는 의미를 창조해내는 데 필수적이다. 그래야 직원들이 신바람이 나고 함께 힘을 모아 창조해야 할 미래가 무엇인지 분명히 알 수 있기 때문이다.

대화지능은 각기 다른 상황에 알맞은 대화 유형을 파악할 수 있게 해준다. 대화라는 연속체의 한쪽 끝에는 서로 사업상 거래를 하고 정보를 공유할 수 있도록 하는 대화가 있다. 나는 이를 1단계로 지칭한다. 그 위 단계가 '위치적(positional)' 대화로, 세상에 대한 우리의 시각을 남들이 이해하고 받아들일 수 있도록 강한 목소리와 분명한 관점으로 남들에게 영향을 주려는 것이다. 이것이 2단계 대화다. 그리고 내가 3단계라 부르는 최고 단계에서 우리는 현실을 함께 만들어내고 변화시키기 위해 남들과 소통한다. 이는 내가 '공동 창조 대화(Co-Creating Conversations®)'라고 부르는 강력한 유형이다. 공동 창조 대화는 다른 사람들과의 대화를 증진할 뿐만 아니라 다음 세대로 전해질 DNA를 만들어낸다. 이 대화는 다른 사람들과 특별한 변형의 대화를 할 수 있게끔 해주는 기술이자 상호보완적 사고방식이다.

그렇다면 우리는 3단계에 도달할 능력이 있을까? 신경과학 연구자들은 모든 사람들이, 다른 뇌보다 최근에 발달한 뇌인 전두엽 피질(혹은 실행 두뇌)을 통해 3단계를 수행할 능력을 타고났다는 사실을 입증했다. 전두엽 피질은 신뢰를 느낄 때 활성화되고, 고도의 두려움이나 불신을 느낄 때 침체된다. 인간이면 누구나 3단계를 실행할 수 있도록 만들어졌다. 그러나 대부분의 환경은 우리 안의 이 능력을 활성화하기보다는 오히려 방해하는 경우가 많은 게 사실이다. 성공하려면 대화지능의 이 세 단계를 모두 이해하고 활성화하는 것이 매우 중요하다.

먼저 대화지능은 개발 가능한 능력임을 알아야 한다. 대화지능은 우리가 다른 사람들과 연결되고, 관계를 맺고, 함께 나아가게 해주고, 우리가 하려고만 하면 향상되는, 유일하면서도 가장 중요한 지능이다. 이는 한 개인의 대화지능은 다른 사람들과 연습하고 함께 그 능력에 집중할 때 확장됨을 의미한다. 다른 지능이—수학적 지능이나 언어적 지능과 같이 개인적으로 발달시키는 지능처럼—좀 더 나 중심적인 특성을 띤다면, 대화지능은 협동적인 노력으로 존재한다. 우리가 함께 연습하면 그 관계의 대화지능을 향상시킬 수 있고, 단체와 조직의 대화지능 역시 향상시킬 수 있다.

한 사람의 다른 모든 지능을 끌어올려 주는 것이 대화지능이기 때문에 그 어떤 것보다도 강력하며 반드시 연마해야 할 기술이라 할 수 있다.

대화지능은 개인, 팀, 조직이 어떤 상황에서든 듣고, 관계 맺고, 설계하고, 순간순간에 영향을 주고, 미래를 만들어갈 틀과 실행 방법을 제공한다. 비즈니스에서 대화지능을 활용하면 조직 문화가 탄탄해져 업무상 더 좋은 결과를 낼 수 있다. 대화의 단계를 조정하는 법을 알면 현실을 바꾸는 힘을 얻을 수 있다.

지도는
영토와 다르다

폴란드 출생의 미국 논리학자인 알프레드 코집스키(Alfred Korzybski) 박사는 1931년, 우리가 하는 말과 실제 현실을 구별하기 위해 "지도는 영토와 다르다(The Map Is Not the Territory)"라는 말을 했다. 코집스키 박사는 우리가 지도(우리 생각 속의 현실)와 실제 영토(실제 현실)를 종종 혼동하며, 그 두 가지를 혼동하고 있다는 사실조차 모른다고 말했다. 우리는 다른 사람들과 소통할 때 우리 모두가 똑같은 지도를 그리고 똑같은 세계를 공유하고 있다고 생각한다. 그리고 바로 그 점 때문에 갈등과 충돌이 생긴다.

대화지능이 좋아지려면 지도는 영토와 다름을 깨닫고 대화를 통해 그 두 가지를 하나로 모으는 데 좀 더 시간을 투자해야 한다. 대화지능이 흥미진진한 것은 바로 지금 전 세계적으로 이루어지는 방대한 신경 과학 연구를 통해 우리의 마음이 편견, 사각지대, 여과 장치를 만들어 내어 현실을 제대로 볼 수 없게 한다는 사실이 발견되었기 때문이다. 대화 뒤에 숨은 과학에 대한 이해는 이 책 전반에 걸쳐 등장하게 될 것이다. 코치나 컨설턴트 그리고 대화지능 향상을 위해 공부하는 사람들을 통해, 이런 지식과 관련 기술이 학습 가능할 뿐만 아니라 개인, 팀, 조직, 그리고 인류 전체의 성공에 필수적이라는 사실을 우리가 배우고 있다는 점 역시 중요하다.

대화지능은 다른 사람들과의 대화를 진행형으로 만드는 것이다. 이것은 우리의 지도를 탐험하기 위해(나는 이것을 우리의 영화라고 지칭한다), 공동의 목표를 두고 함께 일하는 사람끼리 서로의 생각 진화 과정을 알고 지내기 위해 필요하다. 작은 회사에서 일하건 거대 글로벌 기업에서 일하건 대화지능을 향상시키면 삶이 바뀌는 경험을 하게 될 것이다. 또한 그에 따라 업무상 성과를 거두는 것은 물론 변화와 성장의 새로운 에너지를 창조하게 될 것이다.

적을 파트너로
바꾸기

내가 공식적으로 사람들에게 처음 대화지능을 가르치게 된 것은 첫 번째 고객인 글로벌 제약 회사 베링거인겔하임(Boehringer Ingelheim)의 영업훈련개발부와 일하기로 계약을 맺으면서부터였다. 우리가 함께 일하기 시작했을 때 이 회사의 영업사원들은 약의 처방 결정권을 갖고 있는 의사들과 만날 약속을 다른 회사에 비해 많이 잡지 못하고 있었다. 이는 곧 저조한 판매량과 낮은 수익을 의미했다. 제약회사 40곳의 판매 조직을 비교했을 때 베링거인겔하임은 39위로 좋은 상태가 아니었다. 내가 할 일은 베링거인겔하임 영업사원들의 실적을 저해하는 요소가 무엇인지 알아본 후, 이 회사 영업부서가 의사들과 좋은 관계를 만들 수 있는 프로그램을 구성하는 것이었다.

몇 주 동안 베링거인겔하임 팀과 나는 문제점을 찾아내는 작업에 돌입했다. 우리는 신입뿐만 아니라 경력자들까지 일상적인 영업 전화 수십 통을 관찰했고, 그다음에는 대화와 그에 따른 결과물을 복기하며 영업 미팅도 분석했다. 우리는 비언어적인 신호들, 목소리의 톤, 표정이나 자세 같은 몸짓 등에도 특별한 주의를 기울였다.

베링거인겔하임의 영업사원들은 판매의 전통적 방식인 '특징과 혜택'(features-and-benefits: 타사 제품과 비교되는 자사 제품의 기능과 특징을 구매자가 얻을 수 있는 혜택과 연결해서 설명하는 영업 전략– 역주) 전략을 활용하도록 교육받았다. 이는 만약 영업 전화 통화 중에 의사가 제품에 대한 걱정을 제기하면, 영업사원은 제품의 다른 특징들을 얘기해주거나 의사가 제기한 걱정이 별로 중요하지 않다고 설득함으로써, 이의를 처리하도록 배웠음을 의미한다. 이 접근법은 이의 제거를 위해 합리적인 논거와 그를 뒷받침하는 자료에 근거하는 방식이다.

영업사원들은 인식하지 못하고 있었지만 '이의'라는 단어 자체에는 적대적인 관계가 내포되어 있다. 영업사원들은 그것을 처리하도록 배웠고 그렇게 해왔다. 그들은 성공이 이의 제거에 달려 있다고 보았기 때문에 논쟁과 설득적인 언어에 점점 능숙해졌다. 하지만 대화의 다른 한쪽에 있는 의사들은 제압당한다고 느꼈다. 따라서 반발심이 더 커지거나 되도록 빨리 만남을 끝내려고 하게 되었다. 우리가 관찰한 바에 따르면 의사들은 영업사원들과 소통하기는커녕 그들을 밀어내는 비언어적 신호를 보였다.

하나를 바꾸면
모든 게 달라진다

베링거인겔하임 영업사원들의 방문을 받은 의사들이 영업사원들을 친구가 아닌 적으로 인식하는 데는 시간이 거의 걸리지 않았다. 만남의 순간에 '우리 되기'를 향한 진전이 전혀 없었을 뿐 아니라 만남 자체가 힘겨루기가 되었고, 영업사원들의 의도와 다르게 의사들이 처방전에 그들의 약을 써주는 대신 마음에서 지우도록 부추기고 말았다.

'바로 이거였어!' 이제 문제를 발견했으니 영업사원들은 이의 처리에 집중할 게 아니라, 그 단어 자체를 사전에서 지워야 했다. 우리는 그들에게 상호작용을 재구성하고 그때그때의 상황을 가리키는 새로운 단어를 쓰도록 교육했다. 우리는 영업사원들에게 의사와의 상호작용을 새로운 관점에서 생각해보라고 말했다. 또 비언어적인 신호에 세심한 주의를 기울이고 그에 따른 영향력에 더 민감해지라고 주문했다. 이 과정을 거치면서 영업사원들이 의사의 질문에 대한 관점을 완전히 재구성할 수 있도록 도왔다.

그들이 전에는 질문을 이의로 보았다면, 이제는 단순히 추가 정보를 요구하는 것으로 볼 수 있게 되었다. 영업의 역학을 보는 새로운 관점은 영업사원과 의사의 관계에 지대한 영향을 줬다. 그 결과 의사들의 이의 처리에서 벗어나 그들과의 관계 형성으로 나아갈 수 있었다. 접촉의 순간 일어나는 일이 관계를 정의한다. 영업사원들이 업무 우선에서 관계 우선으로 전환하는 방법을 배움에 따라, 의사들은 베링거인겔하임이라는 회사와 그 직원들이 협력자로서 환자들을 더 잘 볼 수 있도록 돕는다고 느끼게 되었다. 더 깊은 수준에서 의사들이 베링거인겔하임 영업사원들을 신뢰하기 시작했고, 베링거인겔하임의 수익은 증가했다.

1년도 채 안 되어 동종업계와 고객 모두 베링거인겔하임의 영업 부서를 제약회사 중에서 가장 훌륭한 영업 조직으로 꼽았다. 베링거인겔하임(Boehringer Ingelheim)의 효과적인(Effective) 영업(Sales) 트레이닝(Training)의 머리글자를 따서 그 훈련 프로그램을 'BEST'로 명명했고, BEST는 이들을 곧 업계 최고 자리에 올렸다.

STAR 기술
활용하기

의사들과 영업사원들의 만남의 순간을 분석해 얻은 깨달음은 내가 '우리(WE)의 신경과학'이라고 이름 붙인 이론을 뒷받침해준다. 초기의 상호작용에서 영업사원들은 의사들의 편도체(뇌에서 우리의 정신적, 감정적 공포의 상태와 아주 오랜 관련이 있는 부분)를 자극했다. 그들은 의사들과의 만남을 전투로 만들어, 의사들에게 베링거인겔하임의 제품을 처방하고 싶다는 욕구를 만들기는커녕 다툼과 회피라는 신경 네트워크를 활성화시켰다. 의사들은 자각하지 못한 채 본능적으로 반응했다. 그들은 마음을 닫아버리고 잠정적 피해로부터 자신을 보호했다.

문제의 핵심을 밝히기 위해 나는 영업 사원들에게 STAR 기술™
(Skills That Achieve Results: 결과를 성취하는 기술)을 가르치는 프로그램
을 개발했다. 이 기술은 다음과 같다.

1. 친밀한 관계 형성하기
2. 비판 없이 듣기
3. 발견을 위한 질문하기
4. 성공 강화하기
5. 메시지 극대화하기

이 기술은 단순하고 강력한, 신뢰감 주는 관계 형성을 목표로 한다.
이는 생물학적으로 중요한 기능들과 관련된 망상체활성화계(reticular
activating system)라는 뇌의 일부분에 의지한다. 판매의 가장 중요한 요
소는 의식적이고 집중된 관심이다.

'관계 형성하기'는 우리가 대화하는 상대와 같은 주파수를 맞추는
데 초점을 둔다. '비판 없이 듣기'는 상대가 말할 때 자꾸 상대를 비판
하려는 경향을 의식적으로 물리치고 주의를 완전히 집중하는 것이다.
'발견을 위한 질문하기'는 우리가 듣고 배우는 동안 우리의 관점을 바
꿀 수 있다는 가능성과 호기심에 마음을 열어준다. 마지막 두 가지 기
술 '성공 강화하기'와 '메시지 극대화하기' 역시 신뢰가 있는, 건강한
관계를 유지시키는 역할을 한다.

'성공 강화하기'는 양쪽 사람 모두에게 성공의 모습을 보여주고 입

중하는 데 초점을 맞추는데, 그럼으로써 불확실성을 제거하고 사람들이 더 나은 연계성과 연대감을 갖고 행동하는 데 도움이 된다. '메시지 극대화하기'는 우리의 메시지가 분명한지, 남들이 잘 이해하는지 늘 신경 써야 함을 상기시킨다. 우리가 소통하는 방식이 실패하면 다른 방식을 시도하면 된다. 이야기를 들려준다거나 말하려는 것을 그림으로 보여주는 것이다.

이런 방식을 취하면 신뢰감이 높아지고 관계가 강화되는 동시에 남들이 우리를 훨씬 더 잘 이해하게 된다. 이 기술은 우리가 같은 주파수를 맞추고 있다는 확신이 들 때까지 함께 화합해나가겠다는 의식을 향상시키고 상대와의 연대감을 심어준다.

STAR 기술은 우리의 관계 형성 과정에 이정표 역할을 하기도 하지

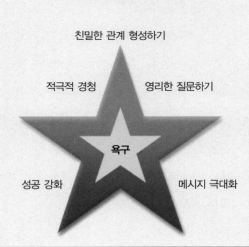

STAR 기술(STAR SKILLS™)

친밀한 관계 형성하기

적극적 경청   영리한 질문하기

욕구

성공 강화   메시지 극대화

만 뇌 화학 반응에 긍정적인 변화를 만들어내도록 고안되었다. 우리는 서로를 지지하는 관계에서 안전함을 느낄 수 있는데 그런 대화를 하는 동안 분비되는 옥시토신은 유대감을 향상시키고 도파민과 세로토닌은 행복감을 느끼게 한다. 이런 신경전달물질들은 편도체의 방어적인 역할을 억제하고 인간의 뇌에서 더 최근에 진화된 부분인 전두엽 피질을 활성화해서 새로운 생각, 통찰력, 지혜가 발현될 수 있게 한다.

내가 베링거인겔하임과 일하던 때만 해도 사회적 접촉의 순간에 뇌를 들여다볼 수 있는 기능적 자기공명영상(fMRI)이 아직 사용되기 전이었다. 따라서 영업사원들과 의사들의 마음이 일치하던 순간에 그들의 생각을 들여다볼 수는 없었지만, 그들이 신뢰를 쌓는 방법을 배운 뒤에 어떤 일이 생겼는지는 확실히 관찰할 수 있었다.

영업사원들의 다섯 가지 STAR 기술은 의사들에게 엄청난 영향력을 발휘했다. 의사들은 원초적 반응을 가라앉히고 영업사원들은 긍정적인 충동—어떤 연구원들은 이를 '심장 두뇌(heart brain)'라고 부르기도 한다—을 좀 더 활용하게 되었다. STAR 기술의 전략과 계획력 덕분에 영업사원들은 의사들의 전두엽 피질도 작동시킬 수 있었다. 전략이 성공했던 이유는 영업사원들의 변화가 영업 미팅의 신뢰도를 높이고 더 열린 소통을 이끌어내면서 베링거인겔하임이라는 브랜드와 제품에 대한 충성도도 높였기 때문이다.

STAR 기술 프로그램을 통해 영업사원들은 그들의 언어를 바꿨을 뿐만 아니라, 의사들과의 관계를 적에서 신뢰가 탄탄한 동반자로 완전히 새롭게 창조했다. 18개월 동안 베링거인겔하임의 매출은 수직 상승했고 시장점유율도 높아졌다. 업계 내에서 의사들이 정한 베링거인겔하임 영업사원 순위는 39위에서 1위로 도약했다. 영업사원과 의사 사이의 대화 분석이라는 단순한 과정으로 시작된 일이, 그 후 20년 이상 이어진 기적 같은 성공 신화를 만들었다. 그들이 새로운 접근법을 수용하자 수익은 치솟았다.

성공은 전염성이 있어서 우리의 성과는 회사 전체에 파급 효과를 일으켰다. 곧 경영부와 리더십 팀에서도 우리가 영업부와 만들어낸 협력적 접근법을 적용하길 원했고, 결국 베링거인겔하임 회사 전체에서 리더십과 혁신, 경영 프로그램을 계속 해나갔다. 그로부터 20년이 지난 지금도 이 회사의 영업부에서는 이 접근법을 영업 훈련 프로그램의 기본으로 삼고 있으며, 경력자들을 위한 상급자 영업 개발 프로그램에도 활용하고 있다.

대화 공간 만들기

우리 삶에서 대화는 목적이 있다. 이 책에서 배우게 될 가장 흥미로운 점은 대화의 세 단계를 활용하는 법이다.

- **1단계:** 거래의 대화(자료와 정보를 교환)
- **2단계:** 위치의 대화(힘과 영향력을 이용)

● **3단계:** 변화의 대화(서로의 성공을 위해 미래를 함께 창조)

　이 세 단계는 모두 우리 뇌에 내재되어 있고 중요하다. 이 셋 중 어느 하나에만 갇혀도 대화가 건강함을 잃고 불신으로 향할 수 있다. 또 세 가지 대화법을 잘 활용하면 대화를 건강하게 하고 결과물에 변화를 불러올 수 있다. 건강한 대화는 높은 신뢰도가 바탕이 되어야 한다. 앞으로 대화지능을 통해 대화의 세 단계에 대해 더 많이 배울 수 있을 것이다.

　안젤리카 디모카(Angelika Dimoka) 박사를 비롯하여 뇌의 내부에서 일어나는 현상을 연구하기 위해 fMRI 기술을 사용하는 여러 신경과학자들의 연구에 따르면, 신뢰의 진원지는 전두엽 피질이고 불신의 진원지는 편도체와 대뇌 변연계라고 한다. 이것을 어떻게 알 수 있을까? 연구 대상이 신뢰나 불신을 자극하는 질문에 대답하거나 행동을 수행하라는 요청을 받게 되면 뇌의 그 부분이 밝아진다. 물론 신뢰와 불신과 관련된 신경망이 복잡하긴 하지만, 뇌에서 그 부분의 위치가 뚜렷이 구별된다는 점이 중요하다. 뇌가 그 두 가지 반응을 별도로 수행한다는 사실이 대화지능을 개발하는 방법의 핵심 열쇠를 제공한다. 편도체가 과잉 반응을 보이면 우리는 사람들과 소통할 수 없다. 두려움과 불신은 뇌를 닫아버린다. 이 책은 두려움과 회피가 아닌, 깊은 이해와 관계 맺기를 위한 대화의 공간을 창조하는 데 초점을 맞추고 있다.

　다음의 세 가지를 기억해두자.

1. 고통이든 즐거움이든 대화 속에 담긴 감정의 내용에 주의한다

당신이 보내는 메시지는 우호적일까, 적대적일까? '내가 당신에게 최선의 결정을 내린다는 것을 믿어도 됩니다'일까, 아니면 '나는 당신이 내 식대로 생각하도록 설득하고 싶어요'일까? 말 속의 숨은 의미를 파악할 수 있다면 당사자들 모두 최고 단계의 소통이 가능한 안전한 분위기를 만들 수 있고, 그렇게 되면 다른 관점, 감정, 열망을 공유하고 통찰력과 지혜를 기를 수 있다.

2. 대화는 감정적 반응을 촉발한다

대화에는 의미가 담겨 있고 말하는 사람보다는 듣는 사람에게 더 각인되게 마련이다. 말은 상대방을 친구나 동료로 생각하게 해서 더 결속하고, 깊이 신뢰하게 만들기도 하고, 관계를 깨뜨리고 상대를 적으로 만들기도 한다. 언어와 건강 사이의 연관성을 보면 마음이 열릴 것이고, 대화를 통해 건강한 조직을 창조하는 법을 배우게 될 것이다.

3. 대화에서 사용하는 말들은 중립적인 경우가 드물다는 사실을 기억한다

말에는 여러 해 사용하며 쌓인 역사가 있다. 새로운 경험이 말에 또 다른 의미를 더할 때마다 우리의 뇌에 정보가 수집되고, 이는 대화할 때 활성화된다. 대화에 의미를 투영하는 법을 알게 되면 다른 사람들과 소통할 수 있고, 그러면 효율적인 협력을 방해하는 혼잣말을 피할 수 있다.

대화가 어떻게 뇌의 각기 다른 부분을 자극하고 특정한 습관이나 행동을 촉발하는지 이해하게 되면 대화지능을 발달시킬 수 있고, 변화에 직면한 조직을 더 건강하고 탄탄하게 만들 수 있다. 이 여정을 즐기길 바란다!

차례

Part 1

대화지능이
우리에게 필요한 이유는 무엇일까?

Chapter **1**

최악의 대화가
우리에게 가르쳐준 것들

Chapter **2**

신뢰를 잃으면
목소리도 잃는다

Part **2**
원하는 것이 있다면
대화지능을 높여라

Part 3

당신을 성공으로 이끌
한 차원 높은 대화로의 도약

“ Conversational
Intelligence ”

Part

1

대화지능이
우리에게
필요한 이유는
무엇일까?

Chapter

1
최악의 대화가
우리에게 가르쳐준 것들

대화는 1차원적이 아니라 다차원적이다. 우리가 생각하는 것, 말하는 것, 의미하는 것, 상대방이 듣는 것, 나중에 우리가 느끼는 것들이 대화지능 뒤에 있는 핵심 단면들이다. 대화는 단순히 묻고 말하기가 아님에도 불구하고 우리는 종종 그렇게 치부하곤 한다.

좋은 의도
나쁜 영향

십여 년 전, 나는 어느 의뢰인의 코칭(coaching: 의뢰인과 코치가 수평적 관계를 이루며 파트너로서 개인의 잠재력 성장을 도모한다는 점에서, 교육자가 우월한 위치에서 업무 지식과 경험을 주입하는 컨설팅과는 차이가 있다— 역주)을 맡았는데, 시작부터 일이 쉽지 않겠다는 느낌이 들더니, 6개월 후 결국 서로를 해고하기에 이르렀다. 실패할 가능성을 예상하는 것은 물론이고 실패 자체를 좋아할 사람은 아무도 없다. 나는 의뢰인(이제부터 그를 앤소니라고 부르기로 하자)과의 소통을 시도하면서, 그가 자기 생각에만 사로잡혀 자기 감정을 공유하지 않는 강한 성격의 오만한 경영인이라는 인상을 받았다. 이제 와 돌이켜 생각해보면 우리는 서로에 대한 그리고 코칭에 관한 편견에 갇혀 있었던 것 같다. 나는 의뢰인에 대한 불신에 깊이 빠져 있었을 뿐, 내가 코치로서 그 후 15년에 걸쳐 습득하게 될 기술이 결여됐음을 이해하기엔 아는 게 부족했다.

코칭을 하려면 먼저 자기 자신부터 제대로 알아야 한다. 그래야만 다른 사람들이 자기 자신을 알도록 도울 수 있다. 만약 코치가 앤소니처럼 어려운 의뢰인을 잘 다룰 만한 연륜이 없거나 아는 게 부족하다면(이 경우엔 그게 나였다), 그는 코치로서 적합지 않다. 하지만 그때까지만 해도 나는 그것을 알지 못했다. 따라서 그의 껍질을 깨고 들어갈 방법을 찾아내 그와 소통하게 될 것이라 믿으며 우리의 대화를 힘겹게 이끌어갔다.

기분 좋은 대화
기분 나쁜 대화

좋은 대화를 나눌 때는 설사 어려운 대화라 해도 기분이 좋다. 우리는 상대방과 깊이 소통한다고 느끼고 상대를 믿을 수 있다고 느낀다. 좋은 대화를 할 때 우리는 상대와 함께 어디에 서 있는지 알고 안전함을 느낀다. 30여 년간의 연구에서 확인된 것처럼 신뢰는 좋은 대화를 설명하는 핵심적 요소다. 사람들은 이런 얘기를 할 것이다. "솔직하고 신뢰감을 느껴요. 속마음을 얘기할 수 있어요." 혹은 "어떤 얘기도 꾸밀 필요가 없고, 내가 한 말이 다시 돌아와 상처 줄 일은 없을 거라 믿어요." 비록 쉽게 끊어질 때도 있지만, 대화는 우리를 상대방과 연결해주는 황금 실이다. 그렇다면 대화가 왜 중요할까? 인간에게는 자신이 남들과 어떤 위치에 서 있는지 알 수 있도록 정교하게 설계된 체계가 있다. 상황을 재빨리 인식하고 나면 우리의 뇌는 방어적인 태도를 취할지, 아니면 공유, 발견, 영향에 열린 태도를 취할지 판단한다.

우리가 다른 사람들과 관계를 맺게 해주는 신경망은 1926년 콘스탄틴 폰 에코노모(Constantin von Economo)가 발견했는데, 그는 뇌 전두엽 피질의 두 지점인 전방 대상 피질(ACC)과 전두 뇌섬엽 피질(insular cortex)에서 특이한 모양의 긴 신경세포를 발견했다. 에코노모는 이 신경세포들이 내장, 정확히 말해 위(胃)로 이어져 사교와 연관된 신호들, 이를테면 찌푸린 얼굴, 통증으로 찡그린 표정, 사랑하는 사람의 목소리에 반응함으로써 우리의 직감을 주관하는 신경망에 통지한다는 사실을 발견했다.[3] 이제는 VEN이라고 불리는 이 특별한 신경세포 네트워크는 사회적인 신호들을 파악하고, 우리의 행동을 그에 걸맞게 조정할 수 있게 한다.[4] 이는 가장 강력하고 활동적인 신경세포 네트워크 중 하나지만, 신경과학 문헌에서는 활발히 논의되지 않고 있다. 그 이유는 본능이나 직관보다 연구가 용이함에도 불구하고, 이 신경세포 네트워크가 관찰 가능한 행동에 어떤 영향을 주는지 연구원들도 확신하지 못하기 때문이다.

위(胃)와 연결된 네트워크는 '내장 직감(gut instinct)'이라고 불리는 어려운 연구 주제다. 과학적 연구는 결론을 도출할 수 있도록 계획되는데, 내면의 메커니즘은 행동에 비해 연구를 계획하고 결론을 내리기가 어렵다. 우리는 사람들과 대화할 때 어쩌면 입을 열기도 전에 이미 그들을 평가하고 신뢰할지 불신할지 결정한다. 이렇게 되면 뇌는 마음을 열 것인지 닫을 것인지 준비한다. 좋지 않은 대화는 불신 네트워크를 작동시키고 좋은 대화는 신뢰 네트워크를 작동시킨다. 이는 각각 대화의 내용과 방법, 이유에 영향을 주고 대화의 결과물에 깊이 관여하기도 한다.

상대방과의
대화 가공하기

우리가 다른 사람들과 접촉하는 순간, 우리의 몸 전체에서는 생화학적인 반응이 일어난다. 심장은 전기 화학과 화학이라는 두 가지 방식으로 반응한다. 남들과 교류할 때 우리는 생화학적이거나 신경화학적 반응을 하게 되고, 상대로부터 전기 신호를 감지한다. 우리의 몸이 상대방의 에너지를 감지하면서(3미터 이내로 가까워지면) 연결 과정이 시작된다. 우리는 접촉의 순간 갖게 되는 전기 에너지와 감정을 통해 상대방을 경험하고, 그 사람이 누구인지 판단하려고 노력하는 동안 그에 대한 예전 기억, 생각, 신념, 혹은 우리가 지어낸 것들을 켜켜이 쌓아 올린다.

그렇다면 나와 전 의뢰인 앤소니의 대화는 왜 실패했을까? 사람들은 대부분 대화가 두 사람이 정보를 주고받을 때 일어나는 것이라고 믿으며 성장했다. 그런데 오늘날 새로이 알게 된 사실은 대화란 다차원적이고 복합적인 시간성을 띤다는 것이다. 우리 뇌의 일부는 다른 부분보다 정보 처리 속도가 빠르고, 우리가 그것을 말로 표현하기 전에 감정이 발생한다. 말하는 것, 듣는 것, 의미하는 것, 그리고 그것을 말로 한 뒤에 느끼는 감정은 모두 제각각 시간차를 두고 발생한다. 그러므로 대화는 단순히 정보를 공유하는 것이 아니라 복합적인 상황의 일부분임을 알 수 있다. 말하는 것, 듣는 것, 의미하는 것이 일치하지 않을 때 우리는 한발 물러서서 머릿속에서 그 차이를 조정할 만한 이야기를 만들어내게 된다.

앤소니와 솔직하고 신뢰감 있는 대화를 하지 못했다는 좌절감 때문에, 나는 그와 대화를 나누는 동안 머릿속에서 그에 대한 '영화'를 만들어내기 시작했다. 그리고 어느새 앤소니의 방식, 어투, 의도를 상당히 비판적으로 받아들이게 되었고, 공감하기보다는 일단 비판부터 하고 나섰다. 나는 앤소니를 오만한 폭군이라고 상상했고 내가 만난 사람 중 최악의 리더로 비칠 때까지 그에 대한 내 감정을 윤색했다. 때때로 앤소니가 감정 자체가 결여된 사람인 데다 자신만 옳고 나는 틀렸음을 증명하기 위해 애쓰고 있다고 상상하기도 했다. 영화를 만들어내는 능력이 발전할수록 그와 소통하고 코치로서 그를 도울 능력은 저하되었다.

사실 앤소니는 당시 엄청난 도전 과제에 직면해 있었다. 출판물을 인쇄물에서 디지털로 전환하려는 기로에 선 세계적인 출판사의 사장으로 고용되었던 것이다. 어떤 사람들은 나와의 6개월간의 경영 코칭 과정이 성공하는 것을 전제로 앤소니를 차기 CEO로 점찍고 있었다. 우리 두 사람의 관계에는 많은 것이 걸려 있었던 것이다.

밀고 당기는 대화가 불러온
소통의 실패

코칭을 중단하게 된 원인이 실패에 대한 내 두려움이었는지, 앤소니의 고집스러움과 의식 부족이었는지, 아니면 둘 다였는지 잘 모르겠다. 나는 앤소니가 소통이 얼마나 중요한지 이해하지 못하는 데다 그것에 대해 별로 개의치 않는다고 확신했다. 우리의 관계가 더 이상 가망이 없다고 단정하게 되었을 무렵, 나는 좋은 코치라면 마땅히 해야 할 것들을 하지 못하고 있었다. 바로 변화를 모색할 수 있도록 주의를 환기하는 것. 그러는 대신 나는 나만의 영화에 빠져들어 소통의 실패에 한몫하고 있었다.

또한 앤소니 역시 마음속으로 자신이 누구이고, 성공하려면 어떤 일을 해야 하고, 왜 자신이 옳고 내가 그른지에 대한 '자기만의 영화'를 구성하고, 감독하고, 출연하고 있음을 깨닫게 되었다. 코칭 초기에 어떤 날은 내 코칭 능력에 의문을 품으며 그 시간을 마치기도 했다. 심지어 코칭의 역할이 뒤바뀌어 그가 운전을 하고 나는 그냥 끌려가는 느낌을 받을 때도 있었다. 나는 소통이라는 아주 중요한 사안에 접속하는 데 실패했다. 이 기회의 상실이 그에게는 삶을 송두리째 바꾸어놓는 일일 수 있었고, 어쩌면 그건 내게도 마찬가지였다.

도표 1-1 원초적 두뇌와 실행 두뇌

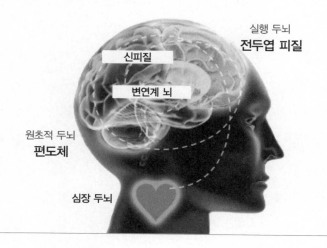

돌이켜보면 실패에 대한 나의 두려움이 앤소니를 더 심하게 몰아붙였던 것 같다. 우리는 서로 자기가 옳다는 생각에 사로잡혀 있었고 둘 다 그 사실을 깨닫지 못했다. 자기 생각만 옳다는 생각에 갇히면 이기고 싶어지고, 이기려고 싸우게 되고, 자신의 견해를 납득시키기 위해 무리수를 두게 된다.

　무슨 수를 써서라도 이기려고 할 때 편도체라 불리는 원초적 두뇌가 가동된다. 이 부분은 수천 년에 걸쳐 진화해온 대항, 회피, 경직, 혹은 항복이라는 잘 발달된 본능과 밀접한 관계가 있다. 위협을 느끼면 편도체는 우리의 생존을 보장할 수 있도록 즉각적인 자극을 발동시킨다. 뇌는 완전히 닫혀버리고 우리는 더 이상 영향을 받지 않는 상태가 된다.

　뇌의 다른 한쪽에는 전두엽 피질이 있다. 이는 최신 두뇌로 사회를 형성하고, 올바른 판단을 내리고, 전략적 사고를 하며, 어려운 대화를 수행하고, 신뢰를 쌓고 유지할 수 있도록 기능한다. 하지만 편도체가 위협을 감지하게 되면 대화는 닫히고, 우리는 각자의 관점에만 갇히게 된다.

　"사람들에게 좀 더 친절해져야 해요." 나는 어느새 앤소니에게 이렇게 말하고 있었다. 그렇게 말하거나 소리치면 그의 사고방식이 바뀌기라도 할 것처럼 말이다. 리더들을 가르칠 때 절대 빠지면 안 된다고 내가 누누이 이르던 함정에 나 자신이 빠져들고 있었다. 나는 쉽게 자극받았고, 편견에 빠졌고, 그 순간을 회복하지 못했다. 회복은 내가 남들을 지도할 때 그토록 충실히 가르치던 기술이었건만, 정작 가장 필요할 때 나는 전혀 활용하지 못했다.

"친절이 중요한 게 아니잖아요"라고 앤소니는 대답했다. 이제는 내 생각보다 자기 생각이 더 현실성 있다고 나를 납득시키려 하고 있었다. "차세대 전략을 도입하는 게 내가 할 일이고, 그러면 우리 팀에서 그 일을 할 수 있는 사람을 찾아야지, 친절한 사람을 찾는 게 아닙니다. 만약에 이 팀의 높은 자리에 앉아 있는 사람들을 해고해야 한다면 그래야 하는 겁니다. 그들은 이제 구세대예요. 디지털을 잘 이해하지도 못할 테니, 그 사람들은 필요 없어요."

나는 '말하기-설득하기-소리치기 증후군(Tell-Sell-Yell Syndrome)'에 걸려 있었다. 일단은 말로 하고, 내가 옳은 이유를 납득시키려 애쓰고, 그다음엔 소리치는 것이다. 이런 자세를 취하면 상대 위에 군림하려 들게 되는데, 나는 그 결과가 어떨지 깨닫지 못했다. 앤소니는 귀를 닫아버렸다. 내 말에 신경조차 쓰지 않는 것 같았다. 자기가 옳고 상대는 틀렸던 것이다.

앤소니는 그의 팀이 함께 쌓은 경험과 교훈을 존중하지 않았고, 내 눈에 그는 아주 작정한 듯 보였다. 팀을 정리하는 것이 왜 성공으로 가는 확실한 전략인지 나를 설득하겠다는 생각뿐이었고 아주 강경했다. 나의 선한 본능은 일단 100일 동안만이라도 그가 새 회사의 문화를 이해할 가장 좋은 방법을 찾아낼 수 있도록 도와야 한다고 외치고 있었다. 하지만 나는 그것이 내 능력 밖의 일이라는 사실을 깨달았을 뿐이다.

생각 차이로 본
현실의 간극

나는 앤소니와의 대화를 재개하기 위해 노력했다. 극단적인 조치를 취하기 전에 일단 신뢰가 있는 관계를 만들고, 팀의 진정한 재능을 발견하자는 취지였다. 하지만 내 입에서는 그가 들을 수 있는 방식으로 말이 나오지 않았다. 나는 그에게 이렇게 말했다. "그들을 유능한 일꾼으로 만들려면, 그들을 대하는 본인의 마음가짐이 얼마나 중요한지 깨달으셔야 해요." 나는 유창하고 자극적이고 솔직하려고 노력했지만 내 뜻은 전달되지 않았다.

나는 다시 시도했다. "팀원들과 터놓고 대화하면서 그들이 무엇을 할 수 있고, 할 수 없는지 알아보려 하지도 않았잖아요." 이제 와 생각해보면 내가 밀어붙이면 밀어붙일수록 그는 더 귀를 닫았던 것 같다. 그는 상황을 새로운 시선으로 보는 방식에 마음이 닫혀 있었고, 성공에 대한 전망이나 나에 대해서도 상당히 감정적이었다. "지금 당장 수익 창출만큼 중요한 건 없어요. 그래서 내가 고용된 겁니다. 실적을 내라는 겁니다."

대화에 전혀 진전이 없어 보여서 나는 입을 다물고 물러났다. 나는 훌륭하기는커녕 좋은 코치 노릇도 하지 못하고 있었다. 쉽게 걸려들었고 발끈했다. 전부 하면 안 된다고 훈련받은 것들이었다. 그 당시 내가 소통에 대해 조금만 더 현명했더라면 의뢰인과의 대화를 바꾸는 법을 알았을 테고, 그가 자기 팀에게 또 나에게 얼마나 영향력 있는 존재인지 제대로 깨닫도록 도울 수 있었을 것이다. 그러지 못했던 나는 나 자신까지도 피해자로 만들고 말았다.

앤소니와 나는 솔직한 대화, 배려하는 대화, 열린 대화의 토대인 신뢰를 쌓지 못했다. 대신 나는 나 자신을 의심하기 시작했고, 내 본능을 불신했다.

그 당시 나는 다음과 같은 것들을 고려했어야 했다. 적극적으로 나서서 의뢰인과 새롭게 신뢰를 구축하고 진실을 말할 수 있는가? 의뢰인이 더 적극적으로 말할 수 있도록 독려하고, 중요한 질문을 던질 수 있는가? 우리가 과연 코치와 코치를 받는 사람으로 잘 맞는지 대담하

의미(Meaning)

사람들은 대부분 자신들이 말하는 단어에 의미가 들어 있다고 생각한다. 그러나 법의학 언어학자들에 따르면, 의미란 실질적이지 않은 미묘한 것으로서 입김을 소리 나게 내뿜고, 손짓을 하고, 몸을 기울이고, 눈썹을 꿈틀거리고, 콧구멍을 미묘하게 벌름거리는 것의 영향으로 존재하게 된다고 한다. 의미의 전달은 아직도 플라이오세(신생대 제3기의 마지막 시기-역주) 때 영장류가 활용하던 방법과 관련 있다. 그리고 맥락도 아주 중요하다. 대화를 녹음한다면 사실 그 순간 전체의 일부에 불과한 것만을 포착하는 셈이다. 따라서 확실한 음성 녹음으로 보이는 것도 그저 귀로 하는 로르샤흐 테스트(스위스의 정신의학자 H. 로르샤흐가 발표한 인격 진단 검사. 잉크 얼룩에 대한 반응을 통해 지적 특성을 추측한다-역주)로 둔갑하기 쉽다.[5]

게 물을 수 있는가? 의뢰인에게 다른 사람의 관점에서 자신을 바라볼 준비가 되었는지 물을 수 있는가? 하지만 나는 두려움으로 대응했다. 겁을 먹었던 거다. 나는 원초적 두뇌에 갇혀 있었다. 대화를 하는 동안 우리가 느끼는 것, 생각하는 것, 의미하는 것이 다르다고 느낀다면, 우리가 '듣는 것'은 불신으로 향할 수밖에 없다.

그 당시 나는 우리의 대화를 방해하고 나의 두려움을 증폭하는 강하고 혼란스러운 감정들에 사로잡혀 있었다. 그런 감정들을 말로 표현할 길이 없어서, 나는 내 마음속으로 들어가 더 많은 영화를 만들어냈다. 그 영화의 내용은 '그가 어떻게 틀렸고 얼마나 폐쇄적인가', '나는 그를 진전시키는 능력이 얼마나 부족한가', '어쩌면 나는 좋은 코치가 아닌가 보다'였다.

그로부터 얼마 지나지 않아 앤소니와 나는 서로를 해고했고, 결국 앤소니는 회사로부터 6개월 안에 떠나라는 통지를 받았다. 앤소니가 조직과의 소통을 통해 회사가 직면한 문제 해결에 도움이 될 방법을 찾는 데 실패했다면, 나는 그가 마음을 열고 다른 사람들의 눈을 통해 세상을 볼 수 있도록 돕는 데 실패했다.

불신의 길은 어디로도 통하지 않는다

우리가 무슨 일을 하든 간에, 신뢰는 내가 '우리 창조(Creating WE)'라고 부르는 과정의 가장 중요한 요소다. '우리 창조'란 내가 컨설턴트와 경영 코치로서 여러 해 일해 오면서, 일과 생활에서 놀랍고도 지속적인 성공을 이루는 왕도로 발견한 과정이다. 때로는 '우리(WE) – 중심 리더십'이라 부르기도 하는 '우리(WE)'는 우리를 하나로 묶어주는 신뢰를 기반으로 형성된다. 나와 앤소니의 경우처럼 신뢰가 무너지면 서로를 이해와 공감으로 대하는 능력도 무너지고, 각 부분의 총합보다 더 큰 존재인 기업을 창조하기 위해 힘을 모을 수도 없다.

남들과 터놓고 소통하기 전에 우리는 이 질문에 답해야 한다. '당신은 친구인가 적인가?' 이 심오한 질문은 우리 마음속 깊이 각인되어 있다. 그것은 진화의 과정에서 발전되어 왔고, 수천 년 동안 인간의 삶은 그 질문에 얼마나 정확한 대답을 하는가에 달려 있었다. 그 판단을 매우 빠르게 할 수 있도록 뇌가 진화했기 때문에, 이제는 그 과정이 이루어지는지조차 모를 때도 많다. 정글에서 막 나온 호랑이를 보고 도망쳐야 할지 말아야 할지 한참 생각했다면, 인간은 유전자 공급원으로서의 역할을 못하고 멸종했을지도 모른다.

오늘날 비즈니스에서 순간순간 친구인지 적인지 판단할 때 조금 갈팡질팡한다고 해서 우리의 실질적인 생존이 영향을 받진 않겠지만, 뇌는 그 사실을 알지 못한다. 우리에게 생계란 죽고 사는 문제로 느껴질 수 있다. 회의에서 아이디어가 공격을 받거나 상사로부터 질책을 받으면 우리의 뇌는 대항–회피–경직 반응을 촉발하게 되고, 최선의 이익에 심각한 타격을 주는 반응으로 우리를 몰아갈 수 있다.

접촉의 순간 일어나는 일을 이해하는 것이 당신에게 얼마나 중요할까? 나는 그것이 당신의 미래와 당신이 몸담고 있는 회사의 성공에 매우 중요하다고 믿는다. 그 영향은 처음 접촉하는 바로 그 순간 느낄 수 있고, 그 관계가 살아 있는 내내 지속된다. 몇 초 안에 끝나버리는 관계와 평생 이어지는 상생의 관계는 모두 그 첫 번째 인사, 악수, 전화 혹은 이메일로 시작된다. 만약 상대방과의 대화에서 그 첫 번째 순간이 미제로 남게 되면, 그를 신뢰할 수 있다는 결정을 내릴 때까지 우리는 한 번이 아니라 아주 여러 번 고민하게 될 정도로, 신뢰라는 사안은 언제나 가장 중요한 문제다.

우리 내면의 통로를 지키는 문이라는 은유를 떠올려 보자. 우리가 신뢰감을 느끼면 선뜻 그 문을 열고 우리의 생각, 감정, 꿈을 다른 누군가와 주고받는다. 반면 누군가를 믿지 못하고 그가 어떤 식으로든 위협이 될 수 있다고 생각하면, 우리는 상처나 거부로부터 스스로를 지키기 위해 재빨리 문을 쾅 닫아버린다. 하지만 유감스럽게도 뇌는 우리의 장기적인 이익에 관련해서 늘 최선의 판단을 하지는 못한다. 특히 극도의 스트레스와 마감의 압박이 흔한 직장에서는 상사나 동료들로부터 전달받는 신호들을 잘못 해석하기가 매우 쉽다.

스트레스를 받을 때와 건강할 때 사람들이 서로 어떻게 영향을 주는지 더 잘 이해하기 위해, 나는 이 분야에 몸담은 이후 줄곧 우리(we)의 신경과학에 깊이 몰두했다. 모든 연구에서 나는 늘 '접촉의 그 순간', 즉 우리가 남들과 대화를 하는 순간으로 돌아갔다. 바로 그 순간 대화의 질이 영향의 본질을 결정한다. 바로 그 접촉의 순간에 하는 대화에는 우리 삶을 뒤바꿔 놓는 힘이 있다. 기분 좋은 영향을 받으면 우리는 소통을 위해 마음을 활짝 열고 관계는 성장한다. 기분 나쁜 영향을 받으면 마음을 닫고 방어적인 태도를 취한다. 방어 혹은 성장을 촉발하는 대화의 힘에 대해서는 다음 장에서 더 알아보기로 한다.

뇌를 변화시키는
대화

앤소니와의 대화는 내게 막대한 영향을 미쳤고, 그때로부터 십 년 이상 지나서야 '대화의 해부'를 향한 큰 도약을 할 수 있었다. 대화를 다시 돌아보고 해체하는 과정에서 나는 부정적으로든 긍정적으로든 나의 행동들이 그 상황에 어떤 영향을 주었는지 볼 수 있게 되었다. 나는 이 기술을 '미래를 보기 위한 과거 보기(looking back to look forward)'라고 불렀고, 내가 다른 사람들에게 가르칠 수 있는 기술이라 생각하게 되었다. 나는 '대화 해체(deconstructing conversation)'라는 용어도 만들었는데, 이는 대화에 대한 새로운 통찰력을 얻기 위해 대화가 끝난 후 그에 대해 조사하는 것을 의미한다. 《We 프로젝트Creating WE》와 《리더십의 DNAThe DNA of Leadership》라는 책을 쓰면서 나는 새로운 대화의 기술을 시험해보고, 내가 사람들에게 대화지능 기술을 가르칠 수 있을지 알아볼 수 있었다.

　내가 발견한 것은 전 인류에게 해당하는 지혜였다. 우리 모두가 갖고 있는 인간 소통의 패턴, 대화가 어떻게 우리를 건강하게 또는 건강하지 않게 하는지에 관련된 패턴이다. 건강하게 살기 위해서 인간은 소통하고 소속되고 강해져야 한다. 확실한 관점과 목소리를 가져야 하고, 다른 사람들과 협력해야 한다. 안전한 느낌을 유지하기 위해(건강하다고 느끼기 위해서 우리 뇌가 필요로 하는 감정) 우리는 자신을 보호하고, 우리를 해치려는 사람들을 거부할 수 있는 본능을 진화시켜왔다. 하지만 만약 우리가 근본적인 거부감이나 보호 본능을 관리하고, 거부당하고 있다고 느낄 때조차도 다른 사람들에게 다가가는 능력을 활용할 수 있다면 우리는 본능을 지배할 수 있게 된다.

우리는 남들과 소통하기 위한 행동을 선택할 때 다른 조합의 신경들을 자극하고 새로운 사고방식을 발동하는데, 이를 통해 원초적 두뇌의 충동에 저항하고 대신 실행 두뇌에 접근할 수 있게 된다. 이 엄청난 통찰은 나의 작업에 영감을 주었다.

나는 대화를 시작하는 순간 뇌가 '상호작용 패턴'을 그려나간다는 것과, 상호작용의 역학에서 상당한 정보를 읽어낸다는 것을 깨닫기 시작했다. 우리는 그 사람이 '주는 사람인지, 빼앗는 사람인지, 잘 어울리는 사람인지' 안다.[6] 그 사람이 공정한지, 우리의 영역을 존중하는지, 내게 화답할 사람인지, 협력할 사람인지, 그리고 우리의 목소리를 낼 기회를 줄 사람인지 안다. 우리는 그 사람이 대화의 공간을 독차지할 사람인지, 나눠 가질 사람인지 안다. 우리가 안전할지, 그 사람이 우호적일지, 아니면 우리를 해칠 사람인지 안다. 우리는 그 사람이 믿을 만한 사람인지 안다. 이 모든 것들은 대화의 절차에 내재되어 있고, 나는 우리 모두에게 있는 이 민감함을 '생존필수본능(vital instinct)'이라고 부른다. 이는 우리 대화 속의 심장 박동이다.

대화는 우리를 하나로 묶는 사회적 의식이고, 문화와 사회를 이루는 뼈대다. 우리는 리더로서 앞으로 전진하며 목적과 목표를 맹렬히 성취해나가느라, 때로는 대화 속의 작지만 강력한 상호작용의 영향력을 놓치고 보지 못하기도 한다. 하지만 일단 보기만 한다면, 우리는 상호작용의 역학을 바꾸고 우리의 미래를 영원히 바꿀 수 있다.

'나만 옳다'
중독

미국 최대 이동통신사인 버라이즌(Verizon) 사의 경영 코칭 일에 면접을 보러 오라는 연락을 받았을 때, 나는 크게 기대하지는 않았다. 롭이라는 경영 이사가 이미 경영 코치를 열두 명이나 면접했다는 얘기를 들었기 때문에, 내게 과연 기회가 있겠느냐는 생각이 들었던 것이다. 전해 들은 바로는 코치들은 모두 훌륭했지만 아무도 그의 기대치에 부응하지 못했다고 한다. 나중에 안 사실이지만 내가 그 일을 맡게 된 이유는, 그와 면접을 하는 동안 그가 틀렸다는 느낌을 주지 않았기 때문이었다.[7] 대신 나는 비판적이지 않은 태도로 호기심을 갖고 그를 대했으며, 그의 눈에 비친 세상을 이해하고자 했다. 이 기술은 내 일의 핵심 주제가 되었고, 이 책의 핵심 지혜이기도 하다.

의뢰인인 버라이즌의 리더를 이해하기 위해 정보를 모으던 중, 나는 중요한 이야기를 들었다. 인력개발부에 접수되는 불만 사항들 중에 롭의 직속 부하 직원들이 다른 부서로의 발령을 강력하게 원하는 건이 많다는 것이었다. 그 회사에 25년간 몸담은 한 남자는 심장마비로 목숨을 잃을 뻔했고, 결국 병원 신세까지 지게 되었다. 그는 다른 상사 밑에서 일할 수만 있다면 연금도 포기하겠다는 말을 인력개발부에 했다는 것이다.

인력개발부에서 들은 얘기들과 다른 정보원의 얘기를 종합한 결과, 이 일은 내가 가장 잘할 수 있는 일임을 알게 되었다. 우리가 초점을 맞춰야 할 부분은 대화였다. 원인을 밝히는 과정에서 나는 롭과 교류했던 사람들을 인터뷰했다. 롭의 팀에서 육체적인 트라우마와 고통을 만들어내는 것이 무엇이고, 이런 고통이 대화와 얼마나 관련되는지 알아내기 위해서였다. 나는 새로운 사건을 맡은 셜록 홈스가 된 기분이었다. 사람들의 면역 체계를 파괴하는 무언가가 그 팀에 일어나고 있었고, 나는 그 실체가 무엇인지 알아내야 했다.

먼저 나는 롭이 자신의 리더십에 대해 어떻게 생각하는지 알고 싶었다. 우리의 대화는 이렇게 진행되었다.

나: 당신의 리더십 스타일에 대해 말해주세요.

롭: 저는 제가 최고의 리더라고 생각합니다.

나: 왜 그런지 말해줄 수 있나요?

롭: 사람들의 역량을 최고로 끌어올리는 것이 제 일이라고 생각하니까요.

나: 그렇다면 최고라는 건 어떤 거라고 생각하시죠?

롭: 나는 내 아랫사람들이 집에 갈 때도 리더십에 관련된 읽을거리를 들려 보내지요. 그들이 매일 더 많이, 더 잘할 수 있도록 자극받도록 합니다. 나는 그들이 약속을 지키도록 하고, 자기가 한번 하겠다고 말한 일은 반드시 해내도록 합니다. CEO가 지시한 일을 할 때는 완벽한 상태가 될 때까지 계속 반복해서 검토합니다. 내가 외근 나가 있을 때는 전화를 해서 우리 팀 사람들이 모두 내 기대치만큼 해내고 있는지 확인합니다. 최고는 이런 거죠.

나: 그래서 팀원들이 최고의 역량을 발휘하고 있나요?

롭: 대부분은 아니에요. 그래서 자꾸만 동기를 부여해주고 밀어붙이지만……. 흠, 어쩌면 이 사람들을 해고할 때가 된 것 같기도 하네요.

직장에서
최악의 대화

자료를 많이 볼수록 나는 내가 시한폭탄 위에 앉아 있다는 사실을 깨닫게 되었다. 롭은 투지가 넘치는 리더였다. 그가 목표만을 좇는 동안, 본인은 자각하지도 못한 채 믿기 어려울 정도로 자기중심적이 되어 있었다. 나는 이런 유형을 '나 중심(I-centric)' 리더라고 부른다. 그는 우주의 중심이었고, 오직 자신의 관점으로만 세상을 보았다. 그는 자기 자신을 훌륭한 리더로만 보려 했고, 아랫사람들에게 어떤 영향을 미치고 있는지 전혀 알지 못한 채 그들을 아주 혹독하게 비판했다. 달리 말하면 그의 의도는 좋았지만 영향력은 좋지 않았다. 리더들이 자신의 의도와 영향력을 잘 연계하도록 돕는 방법을 배우는 것이 대화지능의 핵심이다. 그리고 이 기술에 대해서는 뒤에서 더 깊이 다루기로 한다.

롭은 변화를 부르는 의미 있는 방식으로 자기 팀과 소통하는 데 실패했다. 그의 대화법은 늘 일방적이었고(사람들에게 할 일을 지시), 다른 사람들의 삶의 신호들을 듣지도 감지하지도 않았다. 그는 리더라면 누구나 걸리기 쉬운 가장 극악한 덫에 걸리고 말았다. 전에 언급했던 '말하기-설득하기-소리치기 증후군'이 바로 그것이다. 이 질병의 대표 증상은 경영자가 팀원들에게 무엇을 어떻게 하라고 지시하는 것이 좋은 리더십의 본질이라고 생각하는 것이다. 롭은 자기 생각을 사람들에게 '말하고 설득하기'의 역학에 빠져 있었다.

롭은 우리 중심(WE-centric)의 관점으로 세상을 보는 데 실패했다. 그는 자기가 생각하는 좋은 리더십에 오직 자기 밖에 없다는 것을 깨닫지 못했다. 최고를 추구하느라 바빠서 그가 모든 상호작용에서 실패와 실망이라는 메시지만 전파하고 있다는 사실도 깨닫지 못했다. 그의 대화 패턴, 상호작용의 동력은 '팀을 불타오르게 하는 것'이었고, 결국 팀원들은 모두 까맣게 타버리고 말았다. 롭의 팀은 롭을 너무 두려워한 나머지, 처음에는 코칭 과정에 참여하기를 거부했다. 그들은 본인들이 나가든지 롭이 해고되든지 둘 중 하나를 원했다. 얼마나 피하고 싶었으면 단지 고통을 멈추기 위해 25년간 일한 연금을 포기한다고 하겠는가.

롭의 직속 팀원들과 한 명씩 차례로 앉아 얘기하면서 나는 롭이 어떤 일을 해왔는지 자세히 알 수 있었다. 이 부서의 일 중 하나는 금융 시장과 회사의 투자 현황에 관해 CEO에게 제출할 보고서를 만드는 일이었다. 이런 보고서는 매우 중요했고, 완벽하지 못하면 롭과 그의 팀이 좋게 보이지 않을 것이었다. 롭의 생각은 그랬다. 팀원들은 롭이 보고서를 검토하는 과정을 '빨간 줄 긋기'라고 불렀다. 팀원들이 각자 작성한 초안을 롭에게 제출한다. 그러면 롭이 그것을 빨간 줄을 그어 수정하고 돌려준다. 만약 이 과정을 한두 번만 반복했다면 괜찮았겠지만, 대개 열 번에서 열네 번까지 수정해야 했다. 팀원 중 한 사람은 이렇게 말했다.

"얼마 지나서는 그분이 자기가 직접 작성한 보고서에도 빨간 줄을 긋고 계시더라고요. 우리는 가치를 인정받지도 존중받지도 못했고, 폄하되었어요. 마치 우리 숙제에 매일 빨간 줄을 긋는 끔찍한 선생님을 만난 초등학생으로 돌아간 기분이었죠."

내가 롭의 팀원들에게 롭과 겪었던 일 중에서 최악으로 꼽는 것이 무엇인지 묻자, 모두가 똑같은 사건을 이야기했다.

"작년 추수감사절이요."

"무슨 일이 있었죠?"

"롭이 고객과 미팅을 잡았어요. 우리 회사와 거래를 하는 금융기관과의 화상 회의였죠. 그 회사는 추수감사절을 대수롭지 않게 여겼고, 우리 모두 소집되었어요. 바로 그 시간 우리 가족들은 모여서 추수감사절 저녁 식사를 하고 있었고, 우리는 그 자리를 놓쳤죠. 놓친 정도가 아니라 세 시간이 되도록 못 갔어요. 미팅이 길어졌지만 그 자리를 떠난다면 난리가 날 게 뻔했죠. 아마 그 뒤로 몇 주 동안 힘들었을 거예요."

롭의 대화 방식이 그의 팀원 모두에게 얼마나 스트레스와 고통을 주는지, 그리고 그것이 조직 전체에 어떤 파급 효과를 미치는지 롭이 깨닫도록 코치하는 게 내가 할 일이었다. 그의 360도 피드백 평가 순위는 3년 연속 팀 내 최하위였다.

내가 롭의 팀원들에게 물었다.

"롭이 딱 한 가지만 달라졌으면 하는 게 있다면 무엇인가요? 당신 삶에까지 큰 변화를 줄 수 있을 것 같은 거요."

모든 팀원들이 한 가지를 지목했다. 바로 업데이트 전화와 주간 미팅이었다.

"그분이 출장 중일 때는 우리가 해야 할 일을 새로 불러주는 업데이트 전화를 겁니다. 우리가 일을 어떻게 하고 있는지는 절대 묻지 않아요. 그저 뭘 해야 하는지만 알려주죠."

주간 미팅도 마찬가지였다.

"회의석상에 앉아 있는 사람들에게 돌아가며 일이 얼마나 진전되었는지 묻죠. 우릴 애들 다루듯 해요. 정말 모욕적이고 당황스러운 게, 만약 우리가 기대치에 못 미치면 동료들 앞에서 망신을 주거든요. 우린 정말 끝없는 두려움과 스트레스 속에서 살아야 해요."

만약 딱 한 가지를 바꿀 수 있다면 무엇을 바꾸고 싶은지 묻자 그들은 이렇게 대답했다.

"단 한 번만이라도 우리는 어떻게 생각하는지, 우리가 얘기하고 싶은 게 무엇인지, 무슨 생각을 하고 있는지 진심으로 물어봐 줬으면 좋겠어요."

돌파구
마련하기

내가 롭에게 시험 삼아 그의 팀과 딱 한 가지만 시도해보자고 했을 때 비로소 돌파구가 마련되었다. 롭은 회의 주관 방식을 바꿔보는 데 동의했다. 팀원들에게 할 일을 지시하는 대신 그들의 생각을 물어보기로 했다. 정말 간단한 요구로 들릴 수도 있겠지만 롭에게는 정말 큰 문제였다. 그럼에도 불구하고 그는 애써 변화를 받아들였고, 그것이 팀에 준 영향력은 믿을 수 없을 정도로 강력했다. 팀원들은 내게 전화를 걸어 이구동성으로 말했다.

"우리 상사한테 뭘 먹인 거예요? 완전히 다른 사람이 되었어요."

나는 그게 무슨 뜻인지 물었고, 팀원마다 표현은 조금씩 달랐지만 똑같은 얘기를 했다.

"회의가 끝나고 정말 행복한 기분이 들었어요. 뭔가 달라졌다는 걸 온몸으로 느꼈거든요. 직장에서 행복감을 느끼는 게 어떤 건지 예전에는 몰랐어요. 롭은 우리 생각을 존중하는 모습을 보였어요. 우리를 대하는 태도 자체가 미움에서 존중으로 바뀌었다고요."

나는 물었다.

"롭이 어떻게 달라졌던가요?"

그들은 이렇게 대답했다.

"4년 만에 우리의 의견을 물어봤어요."

롭과 나는 그와 팀원들의 삶을 바꾼 변화를 더욱더 촉진하기 위해 함께 노력했다. 일단 이 돌파구의 힘을 경험하고 지시에서 질문으로의 변화가 가능해지자, 롭은 협동적인 직장을 만드는 강력한 소통의 동력인 '공유'와 '발견' 쪽으로 도약할 준비를 갖추게 되었다. 어떻게 하면 직장에서 사람들에게 의욕을 줄 수 있고, 어떻게 하면 사기를 꺾게 되는지 계속해서 배워나갔고, 부서의 동력을 완전히 바꾸고 더 나아가 다른 부서와의 소통에까지 변화를 줄 수 있는 대화 절차를 도입했다. 그 이듬해, 롭은 CEO의 직속 임원 일곱 명 중에서 1순위에 꼽히는 리더가 되었다. 그리고 매년 그 자리를 유지했다. 드디어 터득한 것이었다! 대화에는 밀고 당기는 부분이 있고, '기분 나쁜' 요소와 '기분 좋은' 요소들이 있으며, 리더라면 마땅히 알아야 할 훌륭한 대화의 재료들이 있다는 것을 말이다.

다음 장에서는 순식간에 우리를 다시 원초적 두뇌로 되돌려 보내는 대화들, 우리를 낮은 단계의 관계에 가두는 대화에 초점을 맞추고자 한다.

Chapter

2
신뢰를 잃으면
목소리도 잃는다

Conversational
Intelligence

뛰어난 경영자들과 함께 일할 수 있었던 건 내겐 정말 행운이었다. 그들은 똑똑하고 직관이 뛰어난 훌륭한 리더들이었다. 그들은 각자 의 분야에서 더 높은 단계로 도약하는 사람들이었다. 하지만 리드하 는 법을 좀 더 배울 필요가 있었다. 리더십의 다음 단계로 올라가기 위해서는, 그리고 수천 명의 사람들을 리드하기 위해서는 기업의 리 더와 같은 사고방식이 요구된다. 그것은 한쪽 눈으로는 미래를 보고 동시에 다른 쪽 눈으로는 현재를 보아야 함을 뜻한다. 때로는 현재를 보고 있는 한쪽 눈이 머는 경우가 있다. 다음 단계에 진입하기를 열 망하는 사이 바로 우리 눈앞에 벌어지고 있는 것을 놓치고 보지 못하 는 것이다.

좋은 의도는
왜 변질되는가

캐서린은 떠오르는 스타였다. 아이비리그 학력과 CFO(재무 담당 최고 책임자)로서의 인상적인 경력을 갖춘, 글로벌 소프트웨어를 생산하는 회사 CEO의 유력 후보였다. 캐서린의 지적 능력에 의심을 품는 사람은 아무도 없었다. 동료들 모두가 '뛰어난', '천재' 같은 말로 그녀를 묘사했으니까. 문제는 캐서린이 직속 부하 직원들과의 관계가 원활하지 못하다는 것이었다. 특히 마고라는 젊고 똑똑한 직원과 문제가 많았는데, 바로 그것이 캐서린이 나를 코치로 고용하게 된 결정적 계기였다.

캐서린과 마고는 여러 해 함께 일하며 세간의 이목을 끄는 중요한 프로젝트 몇 건을 성공적으로 완수했고, 회사의 CEO와 자문위원회로부터 칭찬을 받았다. 그러나 몇 달 사이 무언가가 변해버렸다. 가장 눈에 띄는 징후는 마고의 업무 처리 능력이 심각하게 저하된 것이었다. 그래서 캐서린은 곧 마고를 강등시키거나 어쩌면 해고해야겠다고 생각하게 되었다. 캐서린이 내게 말했다.

"우리는 업무상으로 정말 관계가 좋았어요. 하지만 지금은 마고가 그냥 자리를 보전할 정도로만 일하는 것 같아요. 일을 잘 해낼 거라는 신뢰가 들지 않는 사람을 데리고 일할 순 없어요."

그래도 마고의 미래에 대한 결정을 내리기 전에 캐서린은 나에게 마고의 업무 능력이 떨어진 이유를 알아낼 수 있는지 한번 얘기를 나눠

보라고 했다.

문제의 근원을 밝히는 데는 그리 오래 걸리지 않았다. 바로 이 똑똑하고 근면한 두 여성의 협력적 관계가 불신으로 와해된 것이 원인이었다. 모든 게 내리막길로 미끄러지기 시작한 게 어느 순간인지 마고도 콕 집어낼 수는 없었다. 하지만 어느 순간부터인가 캐서린과 같이 일하는 것을 피할 방법을 찾고 있었다. 내가 물었다.

"왜죠? 캐서린은 얼마 전까지만 해도 두 사람이 손발이 잘 맞았다고 하던데요."

"저도 그렇게 생각했었죠. 하지만 요즘 들어서는 저를 비난하려고만 하는 것 같고, 자기가 '정답이라고 생각하는 답'을 제가 대지 못하면 저를 깎아내리는 것 같았어요. 마치 이제는 더 이상 저를 믿지 못하는 것처럼 행동하는데, 그러면 저는 정말 상처를 받아요."

"예를 들어줄 수 있나요?"

"최근 우리 판매사 중에 한 곳과 문제가 좀 생겨서, 제가 캐서린에게 문제 해결을 위한 제안을 몇 가지 했어요. 그랬더니 바로 쏘아붙이는 거예요. '그게 대체 무슨 뜻이야?', 아니면 '어떻게 그런 생각을 할 수가 있지?' 캐서린은 정말로 똑똑해요. 하지만 다른 사람의 관점에서 보는 법을 몰라요. 그리고 자신이 원하는 대답을 듣지 못하면 일을 맡길 수 없다고 생각해버려요. 정도가 너무 심해지니까 이젠 저도 캐서린이 좋아할 것 같지 않으면 아예 말도 꺼내지 않죠."

두려움이 가져온
대화의 실패

마고의 이야기, 어디서 많이 들어본 것 같지 않은가? 불행히도 신뢰의 문제로 직장 내 관계가 나빠지는 경우는 너무나 흔하다. 이 사례에서 캐서린은 자신의 생각대로 마고가 일을 해낼 것이라고 믿지 않았다. 마고의 접근법이 다른 방향, 혹은 새로운 방향으로 조금이라도 틀어지는 것 같으면, 캐서린은 바로 짜증을 내거나 노골적으로 적대적인 모습을 보였다. 현실의 간극이 문제였다. 하지만 그것의 존재조차 아는 사람이 없었고, 어떻게 해결해야 할지는 더더욱 몰랐다.

한편 마고는 자기가 아무리 열심히 일하고 새로운 아이디어를 내도 캐서린이 인정해주지 않을 것이라고 믿게 되었다. 그 결과 마고의 일자리는 위태롭게 되었다. 나는 이 모든 것의 원인이 대화지능 활용에 실패했기 때문이라는 사실을 깨달았다. 두 사람 모두 자신의 두려움을 이겨내고 신뢰의 관계를 다시 구축할 능력이 없었다. 어쩌면 마음 깊은 곳에서는 솔직한 소통과 직접적인 피드백이 모든 것을 바꿀 수 있다는 걸 알고 있었는지도 모른다. 하지만 수갑을 차고 있는 사람이 자유를 찾기 어려운 것처럼 그들도 그렇게 하지 못했다. 그들에겐 열쇠가 없었기 때문이다.

캐서린과 마고의 내면에 있는 '좋은 것'의 이미지는 완전히 상충되고 말았다. 서로의 생각을 확인하고, 동반 성공(shared success)을 확인할 시간을 갖고, 그들의 관계를 공고히 하는 데 실패했기 때문이다. 대신 마고는 캐서린이 자신에게 갖는 느낌, 본인의 두려움, 그리고 캐서린의 평가에 대한 불확실성에만 민감해졌고, 결국 현실에 대한 자기만의 해석을 시작했다. '마음속의 영화'를 찍기 시작한 것이다. 대화지능을 이용해 신뢰 회복을 위한 현실적인 대화를 시도하려고 하기보다는 두려워하기만 했다. 그리고 캐서린의 행동 역시 별 차이가 없었다.

뇌는 신뢰와 불신에 어떻게 반응할까

우리에게는 불신의 네트워크와 신뢰의 네트워크가 있다. 이것이 일단 작동하기 시작하면 하나는 주인이 되고 다른 하나는 노예가 된다. 이것은 하나의 시스템으로 작동하며, 둘 중 어느 것도 꺼버릴 수는 없지만 영향은 줄 수 있다.

fMRI 스캔과 다른 정교한 기구들을 통해 뇌의 내부를 들여다볼 수 있게 되자, 과학자들은 신뢰가 쌓이거나 무너지는 순간에 활성화되는 신경 연결통로들을 확인할 수 있게 되었다.

신뢰와 불신의 배경

신뢰와 불신은 뇌에 각기 다른 주소를 갖고 있다. 신뢰는 불신의 부재를 의미하지 않는다. 템플 대학교 폭스 경영대학 신경의사결정센터(the Center for Neural Decision Making)의 안젤리카 디모카에 따르면, 이 둘은 각각 뇌의 다른 부분에 살고 있다고 한다. 불신은 편도체를 통해 신호를 받고, 신뢰는 전두엽을 통해 신호를 받는다. 앞에서 살펴보았듯이 전두엽 피질은 앞으로 일어날 일(혹은 일어난 일)에 대한 기대치와 현실을 비교하는 부분이다. 이곳은 우리의 세계관과 다른 사람들의 세계관을 맞춰보는 부분이고, 관점이 일치하면 엄청난 신뢰를 느끼게 된다. 하지만 그렇다고 남들과 의견이 다르면 안 된다는 것은 아니다. 사실 의견이 다른 사람을 크게 신뢰하고 부정적인 결과로 이어지지 않는 경우도 많다.

그들이 개선되거나 바뀌어야 한다는 내용이라 해도 정직한 피드백을 받게 되면 그런 대화에는 강력한 영향력이 있어서, 직원들에게 힘을 실어주고 새로운 기술과 재능을 기르게끔 의욕을 심어줄 수 있다. 전달하는 방법만 괜찮다면 정직한 피드백은 성장을 촉발하고, 직원들은 미래에도 그 피드백을 신뢰할 수 있을 것이다. 그러나 그런 상호작용이 비판적이거나 불공정하거나 정직하지 않다고 느껴진다면 완전히 다른 신경전달물질이 쏟아져 나와, 그 뒤로의 상호작용에 관여하는 뇌는 아주 다른, 종종 불신에 찬 모습을 갖추게 된다.

우리에게 확신이 없을 때는 무슨 일이 일어날까? 우리는 신뢰와 불신이 뇌의 각기 다른 부분에서 발생한다고 알고 있지만, 신뢰와 불신이 겹쳐지는 곳이 딱 한 군데 있다. 그리고 그곳이 바로 우리가 불확실성을 가늠하는 부분이다.

신뢰는 뇌의 전두엽 영역에서 발생한다. 이 부분은 신임 여부나 의도를 가늠하고, 어떤 사람의 행동 예측을 관장하는 곳이다. 불신은 뇌 하부에서 발생한다. 다른 사람들의 위협 정도를 가늠하고 상실에 대한 두려움을 경험하는 곳이 바로 뇌의 이 부분이기 때문이다. 연구원들은 안와전두피질(전두엽의 한 부분으로 눈과 가까우며 후각 수용기에서 오는 정보를 받아들인다―역주)과 불확실성이 연관되어 있다고 했고,[8] 뇌의 이 부분을 활성화하면 불신이 증가한다는 사실을 입증했다. 접촉의 순간, 우리가 다른 사람들과 관계를 맺으며 그 상호작용을 어떻게 해석해야 할지 불확실하다고 느끼면 안와전두피질이 활성화된다.

인간은 협력하도록 설계되었고, 우리는 아주 복잡한 단계를 통해 파트너가 된다. 우리는 파트너 관계를 맺고, 팀을 이루고, 회사를 이루고, 사회를 이루어 서로에게 의지한다. 인간이 만드는 것들이 으레 그렇듯 복잡한 파트너 관계가 형성되려면 신뢰를 쌓기 위해 뇌섬엽(전두엽 피질 아래쪽에 위치)이라고 불리는 신경회로망이 필요하다. 이는 거울 신경과 대뇌 변연계 사이의 정보 고속도로 역할을 해서, 우리가 뇌 줄기를 통해 메시지를 전파할 수 있게 해준다. 이 사실이 우리가 어떤 사람들에게는 반향을 불러일으키고 어떤 사람들에게는 그러지 못하는지를 설명해줄 수 있으며, 신뢰를 쌓는 데 기본이 된다. 다음 장에서는 신뢰 구축의 기회를 늘리고, 불확실성과 불신의 감정을 줄이는 방법을 탐구하고자 한다.

캐서린과 마고의 경우처럼 현실을 서로 다르게 해석해서 생기는 갈등은 신뢰를 위협하는 가장 흔한 경우다. 이런 갈등은 다른 사람들 사이에서 우리의 입지에 대한 일련의 두려움을 촉발한다. 사람들이 가령 마고의 경우처럼 인정받지 못할 것이라는 두려움에 집중하게 되면 두려움의 신경화학 작용의 볼모가 된다. 그러면 두려움 신경네트워크가 활성화되고, 신뢰에 근거한 렌즈 대신 두려움이라는 렌즈를 통해 현실을 접하게 된다.

다른 사람들과의 조화는 건강한 관계에 필수적이다. 그리고 이것은 단순한 은유가 아니다. 우리가 누군가와 함께할 때 편안하다고 느끼면 심장 박동이 일정해지며 긴장을 풀고, 마음을 열고, 그 사람과 공유해도 좋다는 신호를 두뇌로 보낸다.[9] 우리가 기대하는 것과 실제로 갖게 되는 것의 차이가 커지면 우리는 관계에 대해 불확실해지고 두려움이 뇌를 지배하게 된다. 그 결과 다른 사람들을 신뢰하기 위해 필요한 신경화학적 지원과 호르몬의 도움이 부족하게 된다. 올바른 판단은 방어적, 공격적, 혹은 수동 공격적인 행동에 밀려나게 되고, 이는 직장에서 효율적으로 일할 수 있는 능력에 엄청난 영향을 미친다. 따라서 우리의 과제는 두려움을 차단할 방법을 찾거나, 적어도 두려움이 어디서 기인하는지 이해하고 그 원인으로 다시 돌아가 해결책을 찾는 것이다

편도체 장악이 가져온 부정적 결과

스스로에 대한 보호 본능은 우리 뇌에 탑재되어 있다. 캐서린과 마고의 이야기는 편도체가 장악되거나 두뇌 위쪽 중심부로 가는 문을 닫아버리는 위협 신호들에 의해 자극되었을 때 무슨 일이 일어나는지 이해하는 데 도움이 된다. 우리 모두가 종종 쓰는 표현들을 생각해보자. "전에는 네가 그런 식으로 행동하는 걸 본 적이 없어." 혹은 "이건 정말 너답지 않아." 두려움과 갈등은 뇌의 화학적 반응을 바꿀 뿐 아니라 우리의 감정, 행동, 그리고 다른 사람들이 인지하는 우리의 모습까지 바꾼다. 정말 순식간에 믿음직한 친구와 조언자에서 무서운 위협의 존재, 절대 신뢰할 수 없는 사람으로 바뀔 수도 있다. 두려움이 그렇게

뒤바꿔 놓았기 때문이다.

설상가상으로 편도체가 과하게 작동하기 시작하면 우리의 예전 기억들을 모두 보관하고 있는 대뇌 변연계가 활성화된다. 뇌의 이 부분이 한번 자극되면 다른 비슷한 상처와 위협들을 기억하게 되고, 앞서 언급했던 '영화'에 이 모든 걸 첨가하게 된다. 자각하지도 못한 상태에서 우리는 오랜 기억들을 모두 가져다가 이미 만들고 있던 영화를 새로운 공포 영화로 편집해서 현 상황에 대한 의미를 부여하게 된다. 우리의 상사나 동료들은 아마도 그 상황을 완전히 다르게 볼지도 모르는데 말이다.

주위 사람들과 공유하지 않는 드라마의 세상을 마음속에 구축하면 신뢰를 유지하기 어렵다. 달리 말해서, 우리가 마음속 세계를 공유하

도표 1-2 **불신과 신뢰**

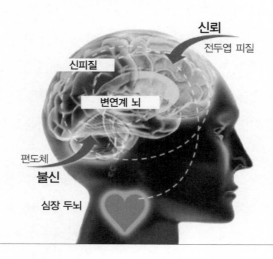

는 것을 두려워한다면 신뢰를 유지하기 어렵다. 마음을 공유하는 것이 현명하고 올바르고 정당한 방법임은 말할 것도 없다. 그것은 현실에 대한 우리의 생각과 남들의 생각의 격차를 줄이는 유일한 방법이다.

한마디
말의 힘

감정적인 위협은 우리를 두려움의 상태로 몰아넣는다. 비언어적 위협들을 감지하는 것과 더불어 우리는 한마디 말이 가진 힘에 위협당하기도 한다. 권위적인 위치에 있는 리더의 말은 직급이 낮은 사람의 말보다 더 무게감 있게 다가온다. 서로의 관계가 멀어지기 시작한 시점을 캐서린과 마고 둘 다 정확히 집어내지 못했지만, 아마도 딱 한 번의 대화, 아니면 단 한마디의 말이 그들을 불신으로 빠뜨렸을 가능성이 높다. 한번 나쁜 경험을 하고 누군가를 불신하게 되면 그 생각이 우리 뇌에 각인되어 거기서 벗어나기 어려워진다. 일시 정지 버튼을 누르고 되감기 버튼을 눌러 정확히 무슨 일이 일어났던 건지 다시 보는 법을 배우지 못하면, 우리도 어느 날 캐서린과 마고가 겪은 것과 비슷한 상황에 빠져 있음을 발견하게 될 것이다.

다행스러운 점은 편도체가 자극받기 전에 불신이 진전되는 순간의 신호들을 미리 인식하는 법을 배운다면 공감, 판단, 전략적 사회 기술을 관장하는 실행 두뇌의 고급 기능들을 활성화할 수 있다는 것이다.

두려움이 주는 영향을 하향 조절하거나 경감하는 법을 배우면 실행 두뇌의 영향력을 상향 조절하고 증가시킬 수 있다. 이는 사회적 관계를 형성하고 다른 사람들을 멀리하지 않고 어울리는 능력을 강화하는 데 도움이 된다. 연구 결과 실제로 편도체가 보내는 신호를 읽고 차단하는 법을 배우면 우리는 훨씬 더 효과적으로 신뢰를 쌓을 수 있고, 훨씬 더 대화지능적인 사람이 될 수 있다는 사실이 밝혀졌다. 편도체의 신호를 차단하는 방법은 다음과 같다.

- 우리가 위협에 어떻게 반응하는지 의식한다. '대항, 회피, 경직, 혹은 유화'에 착수하는지 관찰한다.
- 우리의 반응을 정상으로 받아들인다.
- 위협에 대해 늘 똑같은 반응(대항, 회피, 경직, 혹은 유화)을 선택하지는 않는지 살펴보고, 위협이 우리에게 얼마나 영향을 미치는지 살펴본다.
- 접촉의 순간에 대안이 될 만한 다른 반응을 선택한다(심호흡하기, '발견을 위한 대화' 실행하기, 그 순간의 감정 공유하기, 마음을 가라앉히고 아무것도 하지 않기).
- 우리의 반응을 더 잘 자각할 수 있도록 하고, 감정을 조절하고 다른 반응을 선택할 수 있는 능력이 있음을 깨닫는다. 발생 이전에 일어날 일을 인식하고 그 패턴을 방해한다.
- 두려움을 신뢰로 바꾸는 것, 이것이 대화지능의 핵심이다.

신뢰가 만든
대화 칵테일

신뢰를 통해 강한 유대감을 느끼면 옥시토신, 도파민, 세로토닌 같은 뇌의 '기분 좋은' 화학물질이 뒤섞인 칵테일이 만들어진다. 실질적으로 말하면, 신뢰감은 대화를 위한 칵테일을 만들어내는데, 이는 신경화학 반응을 변화시키고 우리 뇌의 신뢰 네트워크를 작동시킨다. 우리는 신뢰하게 되면 기분이 좋아지고 긍정적이 된다. 높은 단계의 신뢰를 경험하게 되면 새로운 경험에 마음을 열게 되고, 동시성이라고도 불리는 방식으로 다른 사람들과 연결된다.

우리 창조(Creating WE) 연구소에서는 산업의 모든 분야와 각 조직의 전 직급을 망라해서 4,000명 이상의 리더들을 조사했고, 이 조사를 통해 직장 내에서 가장 계발되지 않은 두 가지 기술을 확인했다. 바로 불편한 대화를 수행하는 기술과 '만약에'라는 질문을 하는 능력이었다. 이 두 가지 기술은 신뢰를 구축하고 유지하는 데 필수적이고, 서로에게 솔직하고 서로를 배려하는 데 필요하다. 사실 어려운 대화들이 참 많다. 어려운 대화를 할 때 정직하게 마음을 여는 것이 안전하지 않다고 느낀다면 우리는 문화를 바꿀 수 있는 경지에 절대 이르지 못한다.

다행히 캐서린과 마고의 이야기는 행복한 결말을 맺는다. 나는 내가 배운 것들을 두 사람과 나누기 위해 커피나 한잔하자고 둘을 불러냈고, 꼭 필요했던 '불편한 대화'를 나눌 준비를 시켰다. 두 사람 사이에 오갔던 대화를 해체하자 문제의 뿌리는 대화에서 촉발된 불신이었음을 그들 모두 분명히 알 수 있었다. 서로 간의 소통 체계가 무너졌다는 것을 두 사람이 인식했고, 우리는 신뢰를 새로 쌓아 올리기 시작했다.

캐서린이 한 일은, 가장 친한 친구로부터 의심에 찬 어조에 대해 자주 지적받는다고 털어놓은 것이었다. 달리 말하면 캐서린이 사람들의 마음을 닫아버리게 만드는 비언어적인 신호들을 내보낼 때 그 친구가 알려준다는 것이었다. 캐서린에게는 쉽지 않은 일이겠지만, 그녀는 이미 스스로의 모습을 인식하고 본인의 행동을 통제하는 법을 배우기 시작했다. 캐서린은 또 조직의 사다리에서 한 단계 위로 올라가고 싶다면 좋은 성과를 내라는 상사의 압박 때문에 극심한 스트레스를 받고 있다는 사실도 인정했다.

마고가 한 일은 자신이 식구들 중에서도 늘 예민한 아이였다는 사실을 공유한 것이었다. 그리고 어쩌면 캐서린의 말들을 너무 자의적으로 해석했을 수도 있다고 얘기했다. 마고는 자기 입장에서 역시 스스로를 잘 인식하기 시작했고, 주위에서 일어나는 일들을 자주 부정적으로 해석하고 어쩌면 실제로 위협이 아닌 것들까지 위협으로 받아들이고 있음을 깨닫게 되었다. 마고 역시 본인의 행동을 스스로 통제하는 법을 배우고 있다. 이는 두려움을 조절하고 신뢰를 유지하는 데 매우 중요한 단계다.

관계
재설정하기

나는 캐서린과 마고가 관계의 리셋 버튼을 누르고, 서로가 신뢰하고 비난이나 거절에 대한 두려움 없이 감정을 표현할 수 있었던 때로 돌아가도록 격려했다. 캐서린은 내가 '관계의 규칙'이라고 부르는 방식을 조직 내에 도입하겠다고 약속했다. 이 규칙은 마고와 같은 직원들이 직급에 상관없이 자유롭게 발언하도록 격려할 뿐만 아니라 포상까지 받을 수 있도록 한다. 마고의 생각과 관점을 알게 된 후 캐서린은 자신보다 더 예민한 사람들의 감정에 주의를 기울이려고 노력하고 있다. 마고는 캐서린의 까칠한 겉모습 뒤에 숨은, 자기가 진짜 좋아했던 그 여자가 아직도 거기 있음을 기억하려고 노력했다. 결국 마고는 자리를 보존했을 뿐 아니라 마침내 승진까지 했다. 신뢰를 다시 쌓기 위해 두 사람이 노력한 덕분이었다. 물론 캐서린 역시 승진했다.

그러면 위대한 대화란 어떤 것일까? 일상에서 대화지능의 기술을 알고 활용한다면 조직은 어떤 모습이 될까? 그리고 이 기술을 아주 잘 알아서 훌륭한 직장과 우수한 조직을 만들어낼 수 있다면 어떨까? 높은 단계의 신뢰가 생산성과 조직의 목표 성취에 어떤 영향을 줄까? 더 중요한 문제로 나아가 신뢰가 현실을 어떻게 바꿀 수 있을까?

다음 장에서는 파괴적이고 건강하지 않은 어려운 대화에서 신뢰를 쌓고 마음을 여는 대화로 옮겨가는 법을 다룬다. 이 기술은 직장이나 사생활에서 중요한 관계를 유지하는 데 필수적이다.

Chapter

3
불신에서
신뢰로 나아가기

Conversational
Intelligence

순간순간 삶에서 일어나는 일을 우리가 완전히 통제할 수 있다면 삶은
정말 단순해질 것이다. 하지만 현실은 다르다. 삶은 예상치 못한 사건
들로 가득하고, 그중 대다수가 우리를 폐부 깊숙이 자극한다. 이번 장
에서는 스트레스가 아주 심한 사건과 그에 따른 파문, 그리고 스트레
스가 심한 대화를 좀 더 잘 다루는 방식에 대해 살펴보기로 한다.

당신은 지금 팀 전체와 회의를 하는 중이다. 모두가 머리를 맞대고
현재의 금융 위기와 대응책에 관해 의견을 낸다. 실적은 형편없다. 사
람들이 당신 회사 제품을 더 이상 사지 않는다. 하룻밤 새 시장점유율
이 곤두박질쳤다. 당신은 두렵다. 다른 사람들도 두렵다. 모두가 아이
디어를 되는대로 던지는 중이다. 점점 감정적이 되고 있다. 서로에게

••• Chapter 3 불신에서 신뢰로 나아가기 **69**

화가 나는 사람들도 생겨난다. 사람들은 마음을 닫기 시작한다.

　당신은 이런 상황에 얼마나 자주 직면하는가? 당신은 팀에 보탬이 되고 싶다. 이 사업을 구하고 싶다. 이 대화를 잘 이끌어나가고 도움이 되고 싶다. 좋아하는 아이디어가 나오거나 뭔가 새로운 것을 향한 출구를 발견하면, 당신은 그 순간 바로 공유하고자 한다. 그런데 누군가가 그 출구를 닫아버리며 이렇게 말한다. "그건 바보 같은 생각이야. 전에도 시도했지만 실패했다고." '바보'와 '실패'라는 단어를 듣는 순간(말로 직접 한 게 아니라 그저 암시뿐이었다 할지라도) 당신은 그 상황과 그 사람에게 감정적인 반응을 하게 된다. 그 즉시 내 편이라고 생각했던 사람이 최대의 적이 된다. 내 편을 들어줄 거라 생각했던 동료도 나를 저버렸다. 그는 내가 약해진 순간에 다른 사람들 앞에서 내게 도전했다.

　이상한 일이 일어났고, 당신의 뇌에 스위치가 하나 켜졌다. 당신은 배신감을 느꼈다. 당신은 마치 이렇게 얘기하듯 동료의 눈을 본다. "꼭 지금 이래야겠어? 진짜 그렇게 생각하는 거야?" 하지만 '친구에게 배신당했다'는 생각에 빠져 당신은 아무 말도 하지 않는다. 더는 회의 내용을 듣지 않고 생각에 잠긴다. 팀은 여전히 당신이 참여하고 있다고 생각한다. 당신의 몸은 거기 있고, 얼굴로도 듣고 있다는 표정을 짓고 있었다. 하지만 당신의 가장 중요한 부분은 이미 회의에서 떠났다.

　당신의 몸이 경직된다. 대답이 될 만한 말을 찾을 수 없다. 이제 당신은 바보와 실패에 관한 주제로, 당신 내부에서 일어나고 있는 혼자만의 무언의 대화에 모든 주의를 집중하고 있다. 그가 그런 말을 했다는 게 믿기지 않는다. 당신은 당신의 의견이 진심을 대변한다는 확신이 있었고, 지금까지 늘 당신의 직감을 신뢰해왔다. 하지만 한순간에 당신의 마음은 신뢰에서 불신으로 옮겨 갔다.

자, 좀 과장되었다고 느껴질지 모르겠지만, 사실 이 이야기는 내가 실제로 코칭을 하면서, 심지어 기차나 비행기에서 만난 낯선 사람들에게서도 수백 번 들었던 실화의 종합판이다. 모든 이야기들의 공통 주제는 '동료들과 좋은 관계였다고 믿었는데 알고 보니 위협의 기운이 도사리고 있었고, 하룻밤 새 친구가 적이 되었다'는 것이다.

신뢰는 앞서 살펴봤듯이 정신적으로나 신경화학적으로 아주 뿌리가 깊다. 신뢰와 불신은 우리 내부와 외부의 현실이 충돌하면서 발생한다. 나의 내부와 외부의 현실, 그리고 나의 현실과 당신 현실의 충돌이다. 우리는 우리가 생각하는 것보다 더 복잡하다. 자기 자신의 복잡성과 극적인 드라마를 인정하는 것이 대화지능의 힘과 신뢰에 꼭 필요한 부분이다.

성공적인 대화를 위한
대화 계기판

우리가 두려운 상태일 때 대화는 두려움의 신경화학 반응에 의해 좌우된다. 우리는 스스로를 보호하는 것 외에는 생각할 수가 없다. 뇌가 두려운 상태일 때 가장 좋은 해독제는 신뢰, 공감, 지지다. 누군가가 우리를 걱정해주면 우리 뇌의 화학 반응이 바뀐다. 우리는 좀 더 차분해 지고 평정을 되찾고 다시 한 번 건설적인 방향으로 사고하기 시작한 다. 대화는 우리가 어떻게 생각하고, 어떻게 듣고, 어떻게 말하느냐에 따라 달라지기 때문에, 성공적인 대화를 보장하기 위해선 우리 자신을 신뢰의 상태로 끌어올리는 법을 배우는 것이 중요하다.

대화를 하는 동안 뇌에서 일어나는 현상을 시각화한 것을 대화 계기 판(Conversational Dashboard™)이라고 한다. 왼쪽은 '보호' 행동이고 오 른쪽은 '동반자적' 행동이다. 왼쪽은 극도의 두려움과 불신이 위치한 원초적 두뇌를 나타내고, 오른쪽은 신뢰, 진실성, 전략적 사고, 감정 조절과 같이 인간의 고차원적 능력이 위치한 전두엽 피질 혹은 실행 두뇌를 나타낸다. 우리가 '편도체 장악(amygdala hijack)'이라 불리는 위협적인 상황에 직면하면 뇌는 코르티솔을 분비하는데, 이 신경전달 물질은 뇌가 실행 기능을 차단하도록 지시하고, 행동의 의도가 그 안 에 있는데도 접근할 수 없게 만든다.

대화지능은 다른 사람들과 연계할 수 있도록 하고, 차원 높은 실행 기능과 인간적인 기능을 활성화할 수 있게 한다. 대화지능 기술을 활 용하면 여러 신경전달물질 중에서 옥시토신이라는 호르몬이 분비된 다. 옥시토신은 유대를 형성하는 행위와 관련될 뿐 아니라 신경과학계 의 새로운 연구 결과, 두뇌와 심장에서 사회적 접촉의 필요를 조절하 는 지배적인 역할을 한다는 가능성도 제시되었다. 어떤 과학자들은 옥 시토신을 '포옹 호르몬'이라고도 부른다. 엄마가 꼭 안아주는 것처럼 편안한 행복의 감정을 만들어내기 때문이다. 이 호르몬의 힘이 외로운

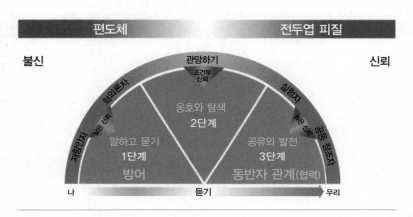

도표 3-1 대화 계기판

편도체 | 전두엽 피질

불신 | 신뢰

관망하기
조건부 신뢰

확인론자

옹호와 탐색
2단계

실험자

저항인자

낮은 신뢰

말하고 묻기
1단계

방어

높은 신뢰

공유와 발전
3단계

동반자 관계(협력)

양동 창조자

나 ———— 듣기 ————→ 우리

저항인자와 실험자

만약 당신이 주의 깊은 독자라면 대화 계기판을 보고 내가 저항인자(resistor)와 실험자(experimentor)의 철자를 틀리게 썼다고 생각할 것이다. 나는 이 용어들을 의도적으로 이렇게 쓴다. 저항인자(resistor)는 이 장치에 잡히는 저항의 값을 나타내기 위해 고안된 전기 요소를 뜻하는 용어다. 실험자(experimentor)는 '실험(experiment)의 멘토(mentor)'다. 이 용어들의 정의로 대화 계기판의 원리를 설명할 수 있다. 대화는 전류를 만들어낸다. 방어적 행동을 취하게 하는 전류는 강하고 부정적인 전류로서, 우리의 원초적 두뇌의 작용을 촉발해서 '대항, 회피, 경직, 혹은 유화' 반응을 유발한다. 우리가 속한 조직에서 실험을 전수하고 가르치는 법을 배우면, 뇌의 불안과 두려움을 가라앉히고, 공동 창조를 위한 실행 두뇌의 에너지와 능력을 활성화하는 긍정적인 힘을 불러일으킬 수 있다.

사람들이 일찍 죽는 이유, 그리고 감정적인 거부가 육체적 외상보다 더 고통스러운 이유를 설명할 수 있다고 본다.

그러면 배신과 불신에 직면해서도 옥시토신과 신뢰를 활성화하는 방법은 무엇일까? 불신에서 신뢰로 이동하고, 우리 대화의 모습을 변화시키는 방법은 무엇일까?

위기의 늪에 빠진 브렌다

나의 의뢰인 브렌다는 글로벌 화장품 기업에서 일하기 시작하며, 자신의 경력에 아주 큰 도약을 이루려던 참이었다. 새 직장으로 옮기며 더 높은 자리로 승진했을 뿐만 아니라 서로 다른 세 가지 분야를 모두 아우르는 중책을 맡았기 때문이었다. 기업 혁신, 상품 개발, 마케팅을 종합하는 것이 브렌다가 할 일이었는데, 이 회사에서도 처음 시도되는 일이었다. 브렌다는 다방면에서 회사 공급망의 시험 과정을 이끌도록 스카우트된 것이었다. 회사가 이렇게 큰일을 맡긴 이유는 그녀가 매우 똑똑하고 경력이 탄탄하며 경험이 풍부하기 때문이었다. 회사는 브렌다의 에너지와 리더십 역시 매우 마음에 들어 했다.

브렌다가 그 제의를 수락한 이유는 그 자리가 리더로서의 새로운 단계의 도전을 의미했고 브렌다는 성장을 원했기 때문이었다. 그녀는 늘 잠재력이 풍부한 리더였고, 늘 발전하며 결과를 만들어냈다. 이 기회는 그녀의 경력에 있어 새로운 목표였고, 브렌다는 자신의 능력이 어느 정도인지 알아보고 싶었다.

우리는 누구나 일을 잘 해내고 조직에 기여하고 가치를 더하고 싶은 포부를 품고 회사에 다닌다. 모두 일을 성공적으로 해서 동료나 상사로부터 존중받고, 그들이 감탄하는 사람이 되길 원한다. 하던 일에 실패하면 당황하거나 안 좋은 모습을 보이는 게 두려워서 원초적인 행동에 의지하게 되는 일이 잦다. 숨거나, 도망치거나, 싸우거나, 방어하거나, 우리 자신에게 쏠리는 관심을 다른 데로 돌리려고 다른 사람을 안 좋아 보이게 몰기도 한다. 달리 말해 우리는 장악된 편도체(hijacked amygdala)에 의지하기 시작한다.

오래지 않아 브렌다는 새 직장이 자신이 상상했던 것보다 힘들다는 것을 확실히 알게 되었다. 회사는 매트릭스 팀을 꾸려 다기능 프로젝트(cross-functional project: 고유 업무 영역의 전문가들이 모여 서로의 역량을 보완하며 조직의 특정한 문제나 목표를 해결한다- 역주)를 추진했고, 업무 수행의 목표치를 상향 조정하면서 그에 따라 필요한 협업의 강도도 높였다. 환경 자체가 긴박해졌다.

브렌다의 예전 직장은 거대 글로벌 기업이었는데, 그곳에서 브렌다는 문제에 직면할 때마다 훌륭한 판단력과 의사결정력을 발휘해 능력을 인정받았다. 따라서 새 자리에서도 브렌다는 자기가 늘 해오던 대로 했다. 눈에 보이는 대로 지시를 내리기 시작한 것이다. 무엇을 어떻게 해야 할지 지시를 내리는 것이 브렌다에겐 자연스러웠다. 예전 직장에서도 그렇게 업무를 처리했기 때문에 이 상황에도 그대로 적용했다. 이

보다 더 쉬운 게 뭐가 있겠어? 그런데 벽이 무너져 내리기 시작했다. 그것들은 브렌다에게, 그녀의 부하 직원들에게, 동료들에게 떨어졌다.

영화를 만들도록
설계된 뇌

새 직장으로 옮길 때 우리는 경험과 포부뿐만 아니라 옛날 '영화'도 함께 가지고 간다. 이 '영화'와 '요령'들을 잘 보관하고 있다가 미래에 써먹기 위함이다. 어떤 일에 성공을 거둘 때마다 우리는 그 과정에서 함께 얻은 요령들(신피질에 저장)과 함께 그 성공담을 기억의 저장고(변연계)에 목록을 만들어 잘 보관한다. 그리고 때가 되면 우리는 '우리가 배운 교훈과 통찰력의 디렉토리'를 열고 새로운 상황에 적용한다. 뇌는 이렇게 운영된다. 과거에 했던 대로 똑같이 하며 살 수 있다면 삶은 얼마나 간단할까? 그 전에도 성공했기 때문에 우리는 자신을 믿을 수 있다. 하지만 과거에 성공했던 방법이 현재의 비슷해 보이는 상황에는 적용되지 않는 경우가 종종 있다.

왜 그럴까? 예전의 해결책은 예전 상황과 현재의 새로운 상황의 차이를 배제하고 있기 때문이다. 사람이라는 요소, 다른 사람들의 경험, 그리고 다른 사람들이 참여하며 배우는 과정 역시 배제한다. 사람들이 가장 효과적으로 배우는 것은 무엇을 하라는 지시를 받을 때가 아니라 직접 일을 할 때다. '내가 하라는 대로 하든지 아니면 떠나든지' 식의 리더십은 사람들이 배울 수 있는 기회를 빼앗을 뿐만 아니라, 사람들의 경험도 활용하지 못한다. 예전의 지식과 경험에 의지해서 현재의 사안들을 해결하려고 한다면, 똑같은 일을 되풀이하고 결과는 더 나빠지는 덫에 빠질 수 있다.

리더가 힘을 잃으면
무슨 일이 생길까?

브렌다는 문제가 있다는 걸 알아차리지 못했다. 하지만 직원들은 3개월도 되지 않아서 그녀의 리더십을 불신하기 시작했고, 그녀의 의도마저 의심하기 시작했다. 사람들은 브렌다가 다른 의도를 숨기고 있다고 느꼈다. 그녀는 귀담아듣지 않았고, 직원들이 스스로를 바보처럼 느끼게 만들었다. 머지않아 브렌다의 팀은 그녀에게 등을 돌렸다. 브렌다와 팀 사이의 신뢰는 날이 갈수록 무너졌다.

- 브렌다와 실패에 대한 두려움
- 상대를 지배하는 브렌다의 행동은 원칙에 입각한 것이었지만, 팀원들로 하여금 그녀에게 숨은 의도가 있다고 믿게 만들었다.
- 브렌다의 팀원들은 통찰력과 지혜를 발휘할 방법을 찾지 못하면서 불안지수가 높아졌고, 그녀의 리더십에 부응하고자 했지만 실패했다.
- 브렌다와 팀원들 모두 브렌다가 자신만 옳고 팀원들은 틀렸다고 생

각한다고 느꼈다.

● 집단사고(대안의 충분한 분석과 토론, 이의 제기를 억제하고 합의를 쉽게 이룬 후 그 대안이 최선이라고 믿고 합리화하려는 현상 – 역주)가 만연하면서, 팀원들은 브렌다가 틀렸고 자신들이 옳다고 생각했다. 브렌다는 이제 아웃사이더가 되었고, 그녀의 팀원들은 그녀에게 대항해 단결하고 있었다.

신뢰가 사라지면
다른 사람이 된다

'예전에는 절대 그런 식으로 행동하지 않았는데', '이건 나답지 않아'. 브렌다가 배신당했다고 느꼈을 때 한 생각들이었다. 브렌다는 자기답지 않다고 느꼈다. 때로는 자신의 말하는 방식이 마음에 들지 않을 때도 있었다. 하지만 브렌다는 화학적으로 불신과 배신의 상태였고 어찌할 바를 몰랐다.

몸의 화학 작용이 신뢰에서 불신으로 바뀌고, 배신감을 느끼는 지경으로 더 떨어지게 되면 우리는 완전히 다른 사람이 되어 직장에 나타날 수도 있다. 두려움의 지배를 받게 되면 우리는 다른 사람이 된다. 두려움과 갈등은 신경화학 반응만 변화시키는 게 아니라 우리의 페르소나와 다른 사람이 우리에게 갖는 인식마저 바꾸어 놓는다. 순식간에 우리는 신뢰 깊은 친구와 조언자에서, 사람들이 혐오하고 불신하는 사

불신	신뢰
불신의 신호를 수신하게 되면 신경화학 반응이 변한다. 불신은 다음과 같은 것들을 만들어낸다.	신뢰의 신호를 수신하게 되면 신경화학 반응이 변한다. 신뢰는 다음과 같은 것들을 만들어낸다.
• 코르티솔 수치 상승과 카테콜아민 분비: 새로운 아이디어, 창의적 사고, 공감, 현명한 판단을 관장하는 전두엽 피질의 작용을 억제한다. • 전방대상피질 변화: 갈등에 민감한 뇌의 한 부분으로, 장악하고 방어하라는 신호를 편도체에 보낸다. • 테스토스테론 수치 상승: 우리를 더 공격적으로 만들고, 우리 영역을 보호하기 위해 싸우도록 유도한다. • 노르에피네프린 수치 상승: 부정적인 사고를 유도하고 싸움을 원하게 만든다.	• 도파민 수치 상승: 행복 호르몬이라고도 불리는 도파민은 긍정적인 관점을 갖게 하고(컵에 물이 반이나 있네), 좋은 기분으로 상호작용하게 한다. 우리는 더 긍정적인 기억들과 미래에 대해 더 낙관적인 관점을 갖게 된다. • 옥시토신 수치 상승: 옥시토신은 친화 호르몬으로 다른 사람들을 더 가깝게 느끼게 하고, 그들과 함께하고 싶은 마음을 만든다. • 도파민 수치 상승: 우리의 기분을 좋게 하고 수다스럽게 만들며 흥분하게 만든다. • 세로토닌 수치 상승: 기분을 좋게 만든다.

람으로 바뀌는 것이다.

브렌다는 팀원들과 직접 얘기를 나눌 수 없었고, 팀원들도 계속 발생하는 안건들에 대해 브렌다와 얘기를 나누지 못했다. 그래서 회사에서는 이들이 마음속 얘기를 공유할 수 있도록 '중재위원회'를 만들었다. 목표는 대화의 물꼬를 트고 안건들을 테이블 위에 올려놓는 것

도표 3-2 **결론의 사다리**

결론 · 감정

믿음 · 해석

생각 · 의미

"만들어내기"

감정

생물학적 반응

대화

이었지만, 사전 지식을 주거나 준비를 하거나 계획을 세우는 과정은 없었다. 이는 신뢰가 싹틀 수 있게 하는 과정들이다. 프로그램이 진행되면서 팀원들이 브렌다에 대한 생각을 굳혔다는 사실이 분명해졌다. 그들은 '결론의 사다리(Ladder of Conclusion™)'를 타고 올라갔던 것이다.

이 사다리는 맨 아래의 '대화'에서 시작해 위로 올라가며 읽는다. 접촉의 순간 화학적 단계에서 생물학적 반응이 일어나고, 인식의 단계로 나아가면서 우리의 관점이 깊이 자리 잡고 자신이 옳다는 생각을 굳히게 된다.

1. **생물학적 반응:** 대화는 화학적 단계에서 가장 먼저, 가장 빠르게 이루어진다. 판단은 0.07초 이내에 내려진다. 코르티솔이나 옥시토신의 수치가 올라갈 수 있고 심장 박동이 빨라질 수도 있다. 접촉의 순간에 일어나는 반응은 '보호-두려움' 네트워크나 '신뢰' 네트워크를 활성화한다.

2. **감정:** 우리는 상호작용에 대해 '기분 좋은' 혹은 '기분 나쁜'이라는 이름표를 붙인다. 이를 해석해서 우리가 대화를 나눈 사람이 친구인지 적인지 판단한다. 그에 상응해서 '나는 너를 신뢰할 수 있다, 혹은 할 수 없다'라는 판단이 병행된다.

3. **생각:** 사다리의 생각 단계까지 올라가면 우리는 감정을 언어로 표현한다. 의미를 부여하는 것이다(종종 이야기를 지어내기도 한다).

4. **믿음:** 일단 이야기를 만들고 의미를 부여하고 나면, 우리가 이 상황 또는 사람에게 가지고 있는 다른 믿음들을 끌어낸다. 우리는 이것을 과거의 경험에서 가져오고 우리의 생각을 뒷받침한다.

5. **결론:** 결론에 이르게 되면, 다른 사람들의 의견을 상당히 많이 차단한다. 다른 사람의 견해에 눈을 가리고 귀를 닫는다. 심지어 부정의 단계에까지 들어선다.[10]

일단 누군가에 대한 마음을 결정짓고 나면 우리는 우리가 옳다는 것을 증명하기 시작한다. '내가 옳다'는 생각에 빠지면 편도체, 특히 다툼 행동에 지배를 받고 '나 중심'의 관점에서 세상을 보게 된다. 브렌다의 경우가 그랬다. 그녀의 팀은 브렌다를 신뢰하지 않았고, 브렌다

역시 팀을 신뢰하지 않았다.

중재위원회는 모인 사람들 모두가 편을 가르고, 대부분은 브렌다를 비협조적이고 독재적인 리더라고 몰아세우며 감정을 분출하는 장으로 변질되었다. 책의 뒷부분에서 알게 되겠지만, 브렌다는 극심한 '2단계: 위치의 상호작용 동력'에 갇혔다. 브렌다는 자신의 자리를 위해 싸우고 있었고, 팀원들도 그들의 자리를 위해 싸우고 있었다. 협업을 위한 더 좋은 방법을 찾고, 신뢰와 이해를 도모하고, 관점을 바꾸려고 노력하는 대신 그들은 선입견을 더 확고히 했을 뿐이었다.

그 미팅은 조화와 이해를 불러오는 데 실패했다. 문제는 더 심각해졌다. 브렌다는 팀에 배신당했다고 느꼈다. 아무도 그녀의 리더십 스타일에 대해 그녀에게 직접 조언해주지 않았다. 새로 옮긴 회사의 문화에서는 브렌다가 심하게 밀어붙이는 편이고, 너무 직접적이라는 피드백을 준 사람이 아무도 없었다. 만약 브렌다가 그런 피드백을 받았다면 그 문화에 자신을 맞추는 데 에너지를 쏟았을지도 모른다. 하지만 모두가 침묵을 지키다가 회사가 개입하기에 이르렀고, 그렇게 되자 브렌다는 직속 부하 직원들이 모두 지켜보는 앞에서 저격을 당한 기분이었다. 브렌다에겐 속마음을 털어놓을 사람도 자신의 참모습을 볼 수 있도록 거울을 들어줄 사람도 없었다. 그녀는 자신의 경기를 내던져버리고 머릿속에서 누가 자기를 이렇게 만들었는지에 대한 영화를 찍기 시작했다.

팀원 한 사람, 동료 한 사람. 브렌다는 자신에게 이렇게 고통스럽고 깊은 상처를 낸 사람 둘을 색출했다. 브렌다는 강인한 경영인이었기 때문에 계속 전진하며 자기 일을 해나갔지만, 자신에 대한 여론이 고조되고 있음을 느낄 수 있었다. 브렌다가 문제의 근원으로 점찍은 두 사람과의 관계는 점점 더 껄끄러워져서 그들과 직접 얘기를 할 수 없을 정도였다. 브렌다는 더 이상 '진실'을 포용할 수 없게 되었다. 그녀는 팀과 동료들이 자기를 배신했다는 사실만 알 뿐이었다. 최대한 중립적으로 행동하고 쓴웃음을 지으며 참으려고 최선을 다했다. 8개월이 다 되어갈 무렵 모두의 불만이 한계에 달했다. 인력개발부에 불만이 접수되었고 내가 브렌다의 경영 코치로 불려왔다.

불신에서
신뢰로

내가 브렌다의 경영 코치로 일을 시작한 것은 그녀가 그 회사에서 일한 지 1년 반이 되었을 때였다. 문제들이 곪아 터질 만큼 긴 시간이었다. 브렌다는 팀으로부터 피드백 받기를 원하거나 기대하지 않았고, 팀원들의 지적은 브렌다의 정신과 균형감에 심각한 영향을 미쳤다.

중재위원회 이후 8개월이 지났을 때, 브렌다는 정신적으로나 감정적으로 일보 후퇴하여 자신의 적과 함께 일하고 신뢰를 다시 쌓기 위해 노력하고 있었다. 코칭은 그녀가 새롭게 시작할 수 있도록 계획되었다. 대화를 해체해서 잘못된 부분이 어딘지 밝혀내고, 그녀의 팀과 동료들의 신뢰를 회복할 방법들을 생각해내기로 했다. 신뢰를 쌓는 작업을 해나감과 동시에 우리는 미래를 위한 효율적인 리더십 전략도 함께 만들어보기로 했다.

이 과정에서 6개월간은 자기 인식, 리더십 평가, 그리고 과거, 현재, 미래를 보는 통찰력 얻기에 힘썼다. 360도 평가 과정과 대화지능의 체계를 통해 우리는 '그녀의 이야기'와 '그들의 이야기'에 대해 더 많은 것을 알게 되었고, 그들 사이의 관계 역학을 조사해서 무엇을 해야 할지 결정하기로 했다.

우리의 성공과 회사의 성공에 핵심적인 인물을 신뢰할 수 없다고 느끼면, '나는 괜찮아'라고 생각하기 위해 자의적 해석의 세계로 후퇴하기 쉽다. 내가 온전하다고 느끼기 위해 우리는 우리만의 이야기를 만들어낸다. 이 정도로 방어적이 되면 나의 이야기와 너의 이야기는 절대 같아질 수 없다. 나의 이야기에서는 네가 비난받을 사람이고 너의 이야기에서는 내가 비난받을 사람이 된다.

코칭의 핵심 과정은 브렌다가 머릿속에서 나오도록 돕는 것이었다. 그녀의 뇌는 두려움 네트워크가 장악한 상태였고, 거기서 만들어진 이야기와 드라마가 팀원들을 불신하게 만들었다. 브렌다를 거기서 빼내어 신뢰 네트워크가 활성화되고 신뢰를 바탕으로 한 열린 대화법을 배울 수 있는 현실로 되돌려 놓아야 했다.

매시간, 브렌다와 나는 신뢰와 배신의 문제들에 집중해 하나씩 차근차근 다루어나갔고, 매시간이 끝날 때마다 브렌다는 새로 개발한 신뢰의 기술을 연습해야 했다. 정작 브렌다와 팀에 변화를 가져다준 건 기술 이상의 것이었다. 브렌다는 팀과 새로운 영화, 새로운 현실을 만들 수 있는 신뢰 모델을 활용할 수 있게 되었던 것이다.

신뢰로 가는 단계	신뢰를 쌓고 유지하는 행동에 초점 맞추기
1단계: 투명성 두려움의 진압을 통해	**주도하기** 신뢰 회복을 방해하는 위협과 두려움에 대해 이야기함으로써 편도체의 작용을 억제한다. 위협을 공유하고 평정하기 위해 마음을 열고 다른 사람들과 소통한다. 그러면 편도체가 이해할 수 있는 신뢰의 메시지, '네가 나를 해치지 않을 거라 믿는다'가 전송된다. **재초점화** 신뢰 회복을 방해하는 위협과 두려움에 대해 터놓고 대화함으로써, 파충류의 뇌(편도체)를 진압하는 것에 새로 초점을 맞춘다. 솔직하고 배려심 있는 열린 대화가 신뢰의 메시지를 전송한다.
2단계: 관계 마음의 조화를 통해	**주도하기** 적으로 생각되는 사람들에게도 화해의 손길을 내밀고 소통하고 관계를 만들어나간다. 신뢰를 보내면 공감의 에너지를 창출하는 우정의 메시지가 전송된다. 진심어린 공감은 우리의 의도와 주의를 연결에 집중시키고, 사람을 지배하는 에너지에 대한 두려움을 줄이고, 사람과 함께하는 관계를 형성한다. **재초점화** 신뢰를 주기 위한 대화를 하고 사람들에게 공감의 메시지를 보냄으로써, 심장 두뇌(heart brain)를 활용하는 데 새로 초점을 맞춘다. 마음의 공감에 다시 집중하면 마음 일치의 수준을 끌어올릴 수 있고, 그렇게 되면 다섯 가지 뇌의 지혜가 활성화된다.
3단계: 이해 욕구 감정의 공유와 이해를 통해	**주도하기** 나의 영역 안으로 사람들을 불러들인다. 욕구와 열망에 대해 터놓고 얘기한다. 불편한 대화는 각자의 속마음을 알 수 있는 기회로 새롭게 인식한다. 이렇게 생각과 마음에 초점을 맞추고 듣기 시작하면 새로운 대화 채널이 열리고 '나는 어디에 속하나'라는 의구심이 가라앉는다.

	그러면 상대의 의도에 대한 불신의 상태에서 서로를 신뢰하고 이해하는 쪽으로 이동하게 된다.
	재초점화 사람들이 자신의 욕구와 감정에 대해 터놓고 대화할 수 있도록 청함으로써, 변연계를 활용하는 것에 새로 초점을 맞춘다. 다른 사람의 입장에 서보고 다른 사람의 눈으로 세상을 보면 그들의 세계관을 인정할 수 있다.
4단계: 동반 성공 동반 성공을 위한 전략을 통해	**주도하기** 동반 성공에 초점을 맞춘 대화를 나눈다. 나만 옳다는 생각에 집착하지 말고, 대화의 자세를 확신에서 발견으로 선회한다. 각자의 관점에서 성공의 의미가 무엇인지 알아보고, 성공의 기준을 마련한다. 성공이 어떤 모습을 하고 있을지, 다른 사람들과 함께 그려나가는 데 집중한다.
	재초점화 재평가나 징벌에 대한 두려움 없이 문제점과 갈등을 테이블에 올릴 수 있는 대화를 시도함으로써, 신피질을 활용하는 데 새로 초점을 맞춘다. 관계에 더 깊은 신뢰를 심는다.
5단계: 가정의 실험과 **진실 말하기** 진실, 공감, 판단을 통해	**주도하기** 현실에 대한 인식과 추정을 시험해본다. 당신이 기대한 것과 상대로부터 받은 것의 차이를 극복하는 데 집중한다. 각자의 입장에 서보고 상대의 관점으로 세상을 본다. 이것이 인간으로서 함께 경험할 수 있는 가장 높은 단계의 신뢰다. 그렇게 되면 함께 진실을 발견할 수 있고, 세상에 대한 하나의 시선을 얻을 수 있다.
	재초점화 서로의 입장에 서보고 상대의 관점에서 세상을 볼 수 있도록 하는 대화를 함으로써, 실행 두뇌인 전두엽 피질을 활용하는 데 초점을 맞춘다.

신뢰로 가는
5단계 과정

나는 브렌다에게 '신뢰 모델(TRUST Model)'을 소개했고, 우리는 그것을 로드맵으로 삼아 한 걸음씩 앞으로 나아갔다. 여기 브렌다가 따른 행동 지침을 소개한다.

신뢰 모델은 리더가 신뢰 회복을 위해 따라야 할 다섯 단계로 이루어져 있다. 이는 리더가 배울 수 있는 가장 강력한 기술에 속한다. 이 모델은 브렌다에게도 그랬듯, 경영자의 궤도를 수정할 수 있다. 각 단계는 더 높은 등급의 신뢰도를 성취할 수 있도록 우리 뇌에 신호를 보내는 방법을 제공한다.

1단계: 투명성

코칭의 첫 단계에서는 위협을 분명히 볼 수 있게 만들어 그 영향력을 최소화하기로 했다. 보복에 대한 두려움 없이 우리의 좌절과 걱정을 솔직하게 얘기할 수 있는 것이 신뢰를 쌓고 유지하는 첫걸음이다.

> **뇌의 작용:** 투명성이 보장되면 두려움, 위협, 상실에 반응하는 파충류의 뇌 혹은 원초적 두뇌가 진압된다.

두려움 진압에 필요한 조건들을 만족시키는 법을 배우게 되면, 신뢰 형성에 방해가 되는 요소인 위협과 두려움을 터놓고 얘기하도록 사람들을 독려할 수 있다. 이 과정에서 우리는 다른 사람들과의 연계 절차를 밟게 되고 신뢰가 발생한다. 투명성은 우리의 의도를 공유함으로써 사람들이 자의적으로 의미를 부여하지 않도록 하는 것과도 관련 있다.

실행: 브렌다는 불신 관계인 사람들 몇을 선택해서 의도적으로 마음을 열고 솔직한 대화, 배려하는 대화의 과정을 천천히 밟아나갔다. 먼저 더 쉬운 관계의 사람들부터 시작해서 터놓고 이야기하고, 피드백을 주고, 존중하고 공감하는 연습을 했다. 브렌다가 자신들을 존중하지 않는다고 느꼈던 그녀의 부하 직원들은 신뢰 재구축 과정에 마음을 열었다. 지금 배우는 것처럼 불신과 두려움은 파충류의 뇌, 특히 편도체에서 기원한다. 다음 단계로 나아가기 전에 브렌다는 그녀가 그들을 해고하지 않을 거라는 사실을 깨닫게 함으로써, 사람들이 그녀를 안전하다고 느끼도록 해야 했다. 그리고 그녀가 그들 편에 서서 그들의 성공을 돕고 싶어 한다는 사실을 알려야 했다.

2단계: 관계

동료들과 부하 직원들과의 관계를 형성하는 데 집중하는 것은 브렌다에게 아주 중요한 단계였다. 우리는 불신으로 점철된 관계를 재구축하는 전략에 힘썼다.

뇌의 작용: 관계를 형성하면 '친구냐 적이냐'의 신호에 반응하는 심장두뇌가 활성화된다. 이 사람이 나를 진심으로 위할 것이라고 신뢰할 수

있는가?

브렌다는 매우 의욕적인 성격이었다. 일단 목표를 정하면 사람들이 그 목표를 이루도록 밀어붙였고, 그들이 실패하면 지지를 철회했다. 관계보다는 업무가 그녀의 신념이었지만, 이 철학은 새 직장의 관계 중심 문화에는 잘 맞지 않았다.

실행: 브렌다는 업무의 핵심인 부하 직원들과 동반자적 대화(Partnering Conversations)라 이름 붙인 대화를 나누었다. 이 대화법은 인간관계를 비판에서 존중으로 바꾸고 사람들이 생산적으로 함께 일할 조건을 만들고 합의를 이끈다. 이 방식은 어려운 대화를 위한 로드맵을 제공하고 신뢰를 쌓거나 넓히는 방법을 제시한다.

'나에게 맞는 것과 너에게 맞는 것'에 대한 대화에 집중하는 연습을 하면서, 브렌다는 자기 사람들에 대해 그들의 욕구에 대해 많은 것을 배웠다. 그렇게 알게 된 사실들은 브렌다에게 조직을 이끌어나갈 방법을 제시했다.

브렌다가 동료들과 부하 직원들을 개인적으로 알아가는 데 마음을 열자 변화가 찾아왔다. 사람들은 더 이상 브렌다를 '사람을 지배하는' 리더라고 느끼지 않았고, '사람들과 함께하는' 리더로 인식하며 함께 일하는 법을 터득했다. 그들은 상사가 자신들을 인정한다고 느꼈고, 브렌다는 의식적으로 신뢰의 메시지를 보내기 시작했다. 인정받지 못하는 것에 대한 불안을 진정시키는 메시지, 브렌다는 적이 아니라 친구라는 메시지였다. 그 덕에 브렌다는 그들과 관계를 맺고 개인적으로 알아갈 수 있었다.

우리의 심장, 마음의 에너지는 신뢰의 이야기에 깊이 기여하는데, 브렌다는 예전에 한 번도 시도해보지 않았던 마음의 소통을 시도하고 있었다. 브렌다는 마음과 생각이 열리는 느낌을 받았다. 다른 사람들의 행복에 점점 더 관심을 갖게 되는 자신의 모습을 발견했다. 두뇌의 두려움을 진정시키는 것은 신뢰, 공감, 지지였고, 브렌다는 예전에는 한 번도 느끼지 못했던 방식으로 그런 감정들을 느끼고 있었다. 사람들은 소통하기 시작하면 아주 활발하게 조화를 이루어나간다. 전두엽 피질 바로 아래쪽에 위치한 거울 신경은 맹렬히 신호를 보내며, 다른 사람들과의 이해 및 공감의 다리를 놓는다. 우리는 다른 사람들과 유대하고, 협력하고, 정말 즐거운 순간들을 보내는 더 높은 수준의 능력을 활성화하는데, 이는 우리가 소통함에 따라 옥시토신의 수치가 상승하는 것을 의미하며 이 신경화학물질이 유입되면 신뢰가 강화된다.

3단계: 이해

다음 단계에서는 브렌다가 사람들의 생각을 더 많이 알게 되었는지 확실히 하는 데 중점을 뒀다. 그녀는 자기 눈이 아닌 그들의 눈을 통해 세상을 보는 법을 배워야 했다. 일단 상대의 입장에 서는 법을 배우고 그의 관점을 이해하게 되면 우리는 서로를 존중할 수 있는 유리한 고지를 얻는다. 나는 이해(understand)가 남들과 '같은 자리에 서서(stand under)' 세상을 보는 것이라고 믿는다. 우리가 상대를 진심으로 위한다고 생각되면 사람들은 우리를 더 신뢰한다. 서로의 '사정'과 '관점'을 이해하는 것은 신뢰 구축에 매우 중요하다. 다른 사람이 현실을 어떻게 생각하는지 경청하되, 비판 없이 듣는 것은 정말 값진 행동이다.

뇌의 작용: 우리 뇌의 변연계는 모든 상호작용에 대한 기억을 저장함으로써 이해를 돕고, 우리는 이 기억들을 '좋은 감정'과 '나쁜 감정'에 따라 분류한다. 변연계는 우리가 상대에게 마음을 열거나 걸어 닫을지 부추기는 화학적 메시지를 전송하고, 이에 따라 우리가 누구를 신뢰할 수 있고 누구를 신뢰할 수 없는지 인지하는 데 큰 역할을 한다. 변연계는 기억의 저장고 역할도 한다. 우리는 우리가 만난 사람들과 사회적 교류의 기억들을 전부 보관한다. 우리는 우리가 잘 맞는지—소속감을 느끼는지—가늠하는 법을 배우고, 이 소속감은 정신 건강에 매우 중요하다. 인간은 집단을 이루는 존재다. 집단의 일원이 되는 것은 정신 건강에 필수적이다.

실행: 험난한 적응 과정을 통해 브렌다는 자기가 따돌림을 당하고 있다고 느끼고 있었음을 깨달았다. 리더들 역시 집단에 잘 적응한다는 소속감을 느낄 필요가 있다는 사실도 깨달았다. 돌이켜보니 예전 회사에선 잘 어울렸는데, 왜 지금은 잘 어울리지 못하고 있는지 이해하게 되었다. '신뢰(TRUST)' 과정의 3단계를 통해 브렌다는 자신의 마음가짐을 바꾸고 다른 사람들과 소통할 수 있는 통찰력을 얻었다. 브렌다는 리더로서의 역할에 확신이 없었을 때 사람들을 지배하는 리더십에

의지했고, 그 바람에 자신의 리더십이 손상되었다는 사실을 깨달았다. 자신의 왕좌를 주장하면서 다른 사람들과의 거리가 멀어졌다. 신뢰 회복 과정은 사람들과 함께하는 관계 형성을 위한 전략을 볼 수 있게 했고, 그녀의 삶을 영원히 변화시킬 통찰력을 선물했다.

4단계: 동반 성공

브렌다는 발전하고 있었다. 우리는 이 세션에서 그녀가 다른 사람들과 성공의 비전을 공유하는 것에 중점을 두었다. 성공에 대해 같은 생각을 갖게 되면 다른 사람들이 우리와 비슷한 결정을 할 것이라고 직감적으로 믿게 되고 갈등이 생겨도 공정하게 해결할 것이라는 신뢰가 생긴다.

뇌의 작용: 신피질은 성공을 위한 전략 구축을 돕는 기능을 한다. 나만 옳다는 생각에 사로잡혀 다른 사람들을 누르고 나의 관점만 옹호하려 들면, 저의가 있다는 인상을 주게 된다. 나의 관점에 대한 고집은 불신을 부르고, 방어적 행동을 유발하는 대화를 양산한다. 다른 사람이 나의 성공을 원하도록 설득할 수는 없다. 그러면 저항을 부를 뿐이다.

실행: 성공을 위한 비전을 다른 사람들과 공유하면 관계의 신뢰가 더 공고해진다는 것을 브렌다는 배우고 있었다. 일단 좀 더 쉬운 관계에서 성공하자, 배신감을 느끼고 불신하는 사람들과도 진심이 담긴 대화를 할 만큼 강해졌고 준비도 갖췄다. 그것은 마치 다음 단계를 위해

신뢰라는 근육을 만드는 일과도 같았다. 다음 단계는 얼굴을 맞대고 진실을 이야기하고, 지속적인 공감과 파트너십을 구축하는 것이었다.

5단계: 가정의 실험과 진실 말하기

브렌다는 예전에는 팀에서 한 번도 느껴보지 못했던 감정을 경험하고 있었고, 배신자들을 보는 새로운 통찰력도 갖춤으로써 새 출발을 할 수 있는 가능성을 보게 되었다.

> **뇌의 작용:** 연구 결과, 한번 배신당하면 배신한 사람을 적으로 규정한다는 사실이 밝혀졌다. 만약 같은 사람으로부터 여러 번 배신당하면 정신과 육체가 모두 그 사람을 적으로 대한다. 이 경우 뇌는 다른 방식으로 작동하게 되고, 배신자를 만나면 고통을 느끼는 것만으로 끝나지 않고 보복할 방법을 찾게 되기도 한다.

실행: 브렌다의 경우 다행히도 배신이 그 정도까지 진행되진 않았다. 신뢰를 다시 쌓는 과정에서 브렌다는 긍정적인 변화를 경험했고, 그것을 다음과 같이 묘사했다. "마치 뇌에 어떤 스위치가 켜진 것 같아요. 이제는 더 큰 그림을 볼 수 있어요. 나만 옳다는 생각에 집착하지도 않아요. 이 문제가 어떻게 일어났는지 볼 수 있고 남 탓을 하지 않아요." 이제 브렌다는 모든 것을 완전히 다르게 볼 수 있게 되었다.

브렌다는 마음이 열리고 새로운 통찰력이 생겨, 예전에는 몰랐던 새로운 단계까지 인식하게 되었음을 느꼈다. 이제 그녀는 진실에 접근할 수 있었다(진실 말하기는 우리 자신의 행동의 진실을 보는 능력에서부터 시작한다). 브렌다의 머릿속의 영화에 변화가 생겼고 다른 사람들에 대한 생각도 바뀌었다. '친구인가 적인가'라는 가정을 시험해보기 시작했고 적이었던 사람들이 동료로 보이기 시작했다. 이제 예전의 가정을 버리고 적으로 배척하던 사람들을 내 사람으로 포함하는 새로운 배경과 틀을 만들어나갔다. 대화는 우리 마음가짐을 그대로 반영한다. 브렌다는 이제 다른 방식으로 사람들과 소통했고 그녀의 대화는 이 새로운 통찰을 반영했다.

우리는 의견의 불일치에 대해 그리고 공감과 인정을 통해 갈등을 해결하는 법에 대해 이야기를 나누었다. 브렌다가 한 차원 높은 진실 말하기의 기술, 공감하기, 자신의 가정 다시 확인하기를 배우고 나니 신뢰의 본질을 파악할 수 있었고, 다른 사람들과 제대로 좀 더 열린 마음으로 관계를 맺을 수 있었다.

우리의 심장도 두뇌일까?

뇌에서 공감의 단계를 좀 더 높이고 갈등에 직면했을 때 좋은 판단을 내리도록 돕는 부분은 전두엽으로, 이는 뇌의 나머지 부분, 구체적으로 심장 두뇌와 함께 작용한다.

심장을 두뇌라고 할 수 있느냐에 대해서는 논란이 많다. 나는 심장

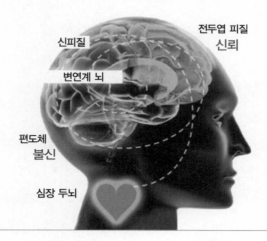

도표 3-3 심장 두뇌

전두엽 피질
신뢰

신피질

변연계 뇌

편도체
불신

심장 두뇌

을 실질적인 두뇌에 포함한다. 심장은 다른 뇌들과 함께 작용하며, 심
장이 소통과 관계 맺기에 미치는 영향과 전두엽 피질에 접근할 수 있
는 능력도 이미 입증되었다. 우리가 새롭게 알아가는 것은 심장의 전
기 패턴이 뇌에 메시지를 전송해서 마음을 열지 닫을지 신호를 준다는
것이다. 하트매스(HeartMath) 연구소의 연구에 따르면, 심장 박동이 일
정하면 우리는 안전함을 느끼고 뇌에 문을 열어도 좋다는 메시지를 전
송한다고 한다. 심장 박동이 일정하지 않고 불규칙하면, 우리는 안전
하지 않다고 느끼고 전두엽 피질이 문을 닫아버린다.

심장 박동이 일정한지 아닌지에 대한 이 두 가지 패턴을 이해하는
것은 1, 2단계에 갇히지 않고 3단계에 이르는 방법을 이해하는 데 매
우 중요하다. 심장 두뇌는 다섯 개의 두뇌 모델의 지혜를 이해하는 중

심축이다.

리더들이 신뢰 모델을 효율적으로 활용하는 법을 익히면 긍정적인 뇌의 작용을 강화할 수 있고 다음 내용이 가능해진다.

- 투명성을 창조한다. 이는 파충류의 뇌(편도체)에 안전하다는 신호를 보낸다.
- 다른 사람들과 소통하기 위한 관계에 먼저 초점을 맞추면 상대가 적이 아니라 친구라는 신호를 보낸다. 이는 심장 두뇌에 소통해도 괜찮다는 신호를 보내고, 사람들은 마음을 맞추게 되고 친밀한 관계 형성에 마음을 연다.
- 서로 이해하고 상대방의 눈으로 세상을 보는 데 초점을 맞춘다. 그러면 변연계가 진정되고 유대가 강해지며 우리는 모두 함께라는 감정이 생긴다.
- 미래를 위한 동반 성공을 창조하는 데 초점을 맞춘다. 신피질은 성공의 모습을 말과 그림으로 표현하며, 전두엽 피질에 마음을 열어도 좋다는 신호를 보낸다.
- 진실을 말하고 가정을 시험하는 데 초점을 맞춘다. 이는 신뢰를 구축하고 확장한다.

이 다섯 단계는 전두엽 피질의 신뢰 네트워크를 활성화하고 우리가 대화지능에 접근하도록 돕는다. 이 단계들을 밟아나가며 우리는 신뢰 네트워크 안에서 두뇌의 연계성을 활성화하고 공동 창조한다. 상대방의 관점에서 세상을 보는 법을 배우면 가장 높은 단계의 신뢰를 구축할 수 있다. 하지만 브렌다의 과정은 아직 끝난 게 아니었다. 더 큰 신뢰를 향해 앞으로 나아갔고, 가장 신랄한 비평가 둘을 만났다.

무엇이
부족했던 걸까?

배신당했다고 느끼면서도 열린 마음으로 피하지 않고 솔직하게 누군가를 대면한다는 것은 거의 불가능해 보인다. 신뢰를 잃으면 빨리 회복하기 어렵다. 우리는 그 생각에 깊이 빠지고 누구 탓인지 확인하려고 다른 사람들과 뒤에서 수군거린다. 최악의 경우에는 보복하고 싶은 욕구를 느끼고 먼저 배신한 사람에게 실제로 똑같이 갚아줄 기회를 노리기도 한다.

회사의 중재 과정이 진행되는 동안 브렌다는 자신에 대한 집단사고가 발생함을 느꼈다. 브렌다는 외로웠고 자신을 방어할 준비가 되어 있지 않았다. 다른 사람들이 내 편일 때는 마음을 열기 쉽다. 하지만 집단사고와 '우리-그들' 관계가 형성되면 혼자 남게 되고 두려움을 느낀다. 브렌다는 자신이 혼자임을 깨달았다. 중재 과정에 관련된 모두가(다른 경영진 전부가) 브렌다에게 문제가 있다고 결론을 내렸다.

개인으로든 집단으로든 다른 사람들과 대면할 때는 내가 투명해져도 과연 안전할 것인지에 초점을 맞추게 된다. 양측이 대화의 힘을 느끼며 관계를 함께 형성해나갈 때는 사람과 함께하는 관계가 발전한다. 반대로 상대가 나를, 혹은 나의 힘을 장악하려 한다는 느낌을 받으면 우리는 두려움을 느끼고 솔직하게 마음을 열 수 없다.

게다가 어려운 대화를 하며 다른 사람을 대면해야 할 때는 잠정적으로 격한 감정이 깔려 있기 때문에, 우리는 조심스럽게 접근하면서 진짜 감정은 가슴속에 묻어둔다. 가장 극단적인 경우, 감정이 아주 고조되는 상황에 직면할 때 대부분의 긴장과 드라마가 사실 우리 마음속에서만 일어나고 있는 것이다.

이것은 우리의 이야기다. 우리가 의미를 만들어내고 경험과 감정의 드라마를 설명하는 방식일 뿐이다. 감정은 언어 없이 두뇌가 데이터를 처리하는 하나의 방식이다. 할 이야기가 정말 복잡한데 감정을 설명할 적당한 말을 찾아야 하면 우리는 좌절하게 된다. 감정에서 언어로의 이동은 대개 커다란 도약이고 그 과정을 수행하기 위해서는 대화지능이 필요하다. 하지만 그 뒤에는 도전이라는 현실이 도사리고 있다. 비록 쉽지 않겠지만 우리가 벼랑 끝에 몰렸다고 느낄 때에도 상대와 소통하고 건강한 대화를 하려면 어떻게 해야 할까? 관계를 좀먹지 않고 관계를 형성하기 위해서 사람들을 어떻게 상대해야 할까? 우리의 추측과 방해 요소들을 다시 확인해가며 우리 자신을 능숙하게 열린 상태로 유지하는 방법은 무엇일까?

영역 싸움과 우월감이 존재하는 환경에서는 솔직함, 협업, 협동이 설 땅이 없다. 아무도 지고 싶어 하지 않는다. 경쟁은 우리 기업 문화에 깊이 뿌리내리고 있다. 누군가가(그게 내 친구라고 해도) 내 자리를 노리고 있다고 느끼면 신뢰는 쉽게 생기지 않는다.

우리가 말에 담긴 속뜻을 알아차리게 되면 솔직하고 배려하는 열린 대화를 위한 안전한 환경을 만들 수 있고, 그렇게 되면 양측 모두 가장 높은 신뢰 단계에서 마음을 열고 공유하고 교류할 수 있다. 대화할 때 위협적인 화제를 터놓고 다루고, 성급히 결론을 단정하지 않도록 가정들을 시험하기 시작할 때 모든 것이 달라진다.

내면의 깊숙한 감정, 열망, 관점을 공유하는 것은 인간의 욕구다. 이를 통해 우리는 배우고 성장하고 관계를 맺고 서로 인정하게 된다. 그 과정에서 우리는 통찰력과 지혜를 더 높은 수준으로 발전시킨다.

나에서
우리로의 변화

브렌다가 배운 것처럼 신뢰란 사람과 사람 사이에서, 우리 안에서 생겨나는 것이다. 신뢰가 양측에 살아 있을 수 있도록 외부의 공간과 내부의 공간 사이에 다리를 놓아야 한다. 나에서 우리로의 변화를 위한 지침은 다음과 같다.

● **T-투명성(Transparency, 파충류 뇌의 언어)**

- 나 중심: 비밀, 닫힌 문, 위협, 투명성의 결여, 지지 결여
- 우리 중심: 개방성, 위협·의도·포부·목표 공유, 공동의 하나 된 목

표 설정을 향한 움직임

● R-관계(Relationship, 심장 두뇌의 언어)

  • 나 중심: 거부, 저항, 보복, 적대적인 관계, 의심

  • 우리 중심: 존중, 친밀한 관계, 배려, 솔직함, 깊이 있는 소통과 파트
    너십 구축을 위한 비판 없는 경청

● U-이해(Understanding, 변연계의 언어)

  • 나 중심: 불확실성, 업무에 초점, 비현실적인 기대, 실망, 비판

  • 우리 중심: 이해, 상대의 입장에 설 수 있는 능력, 상대의 상황에 대한
    공감, 현실에 대한 다른 관점의 이해, 파트너십, 지지

● S-동반 성공(Shared Success, 신피질의 언어)

  • 나 중심: 자기만의 이익 주장, 나에 집중, 개인적인 인정과 보상 추구

  • 우리 중심: 동반 성공의 비전을 창조하기 위해 사람들과 유대하기,
    함께하는 성공을 위한 더 큰 틀의 기반을 지탱하는 공통된 비전 만들
    기, 동반 이익 추구와 동반 성공 축하

● T-가정을 시험하고 진실 말하기(Testing Assumptions and Truth
  Telling, 전두엽 피질의 언어)

  • 나 중심: 분노, 불안, 후퇴, 체념 반응

  • 우리 중심: 협동적 문제 해결의 일환으로 가정과 실망에 대해 정기적

으로 비판 없이 개방적으로 논의하기, '현실의 간극'을 확인하고 그에 대해 토의하며 함께하는 성공을 위해 간극을 메우려고 노력하기, 불신이 나타나면 기꺼이 새롭게 시작하기

다음 4장에서는 대화 의식(conversational rituals)과 대화의 사각지대에 대해 다루고자 한다. 다음 장의 목표는 제3의 눈(The Third Eye)을 개발하도록 돕는 것이다. 제3의 눈은 대화를 하는 동안 의도와 그 영향력의 고리를 민감하게 인지하는 것을 말한다. 더 많이 볼 수 있게 의식을 키우는 법과, 가장 어려운 대화에서도 다른 사람들과 함께 나아갈 수 있도록 전략적으로 주의를 집중하는 법을 알게 될 것이다.

66 Conversational
Intelligence 99

원하는 것이
있다면
대화지능을
높여라

Chapter

4

대화 고속도로에서
운전하기

Conversational
Intelligence

나는 대화가 우리의 문화와 관계 속에 심어놓은 '의식'이라는 통찰을 소중히 여기게 되었다. 이 의식은 사람들과의 관계를 성공적으로 조직하는 방법을 열어준다. 이번 장에서는 성공을 위한 대화를 나누기 위해 우리가 할 수 있는 일에 초점을 맞추려고 한다.

조직 인류학자로서 나는 평생 대화 의식(儀式)을 공부하는 학생이었다. 인사를 하기 위해 살짝 고개를 숙인다거나, 모닥불 앞에 앉아 평화의 담뱃대를 돌린다거나, 대화가 시작되기 전에 방에 모인 사람들을 소개하는 시간을 갖는 행위는 각각 그에 걸 맞는 자리가 있으며, 이런 의식들은 소통과 관계에 힘을 보태기도 하고 방해하기도 한다. 의식은 대화를 시작하기 위해 하는 것 이상의 무엇이다.

이번 장에서는 양측이 가진 최대치를 이끌어내 상호적인 성공을 이끄는 대화를 설계하는 데 필요한 의식과 실천법을 찾도록 돕고자 한다. 이러한 실천법은 일대일 관계에서도, 팀 내에서도, 큰 조직의 변화에서도 효과가 있다. 이런 실천법이 효과가 있는 이유는 신경화학적 단계에서 그것이 우리 행동에 영향을 주기 때문이다. 우리는 그렇게 만들어졌고 그 때문에 우리가 인간인 것이다.

대화의 의식은 인간을 다른 종과 구별하고, 인간이 가진 복잡함, 모호함, 변화를 다루고 발전시킬 수 있도록 해준다. 이 의식들은 우리를 진화하고 성장하게 해준다. 우리가 아는 것을 자신과 서로에게 가르치고 모르는 것을 배울 수 있는 도구이기도 하다. 대화의 의식은 공통의 언어, 정의, 의미를 만들고 이들은 다시 사회를 창조한다. 우리는 우리의 세계를 더 튼튼하게 만들기 위해 대화의 의식을 진화시켜왔다. 그러니 당신이 세상의 어느 지점에 살고 있든 간에 이 실천법들은 효과가 있을 것이다.

유니언 카바이드 사의 변화

30여 년 전에 나는 첫 번째 대화지능 실험을 시작했다. 실험 대상자는 유니언 카바이드(Union Carbide) 사의 중책을 맡고 있는 영업담당 이사 열일곱 명이었는데, 그들은 아주 중요한 계약을 따내지 못할까 봐 두려워하고 있었다. 나를 부른 이유도 그 건을 따내고 경쟁자 일곱을 물리칠 수 있는 방법을 알아내기 위함이었다.

나는 2주 이상 그들의 상호작용을 기록했다. 내가 '리얼 플레이(real-play)'라 이름 붙인 고객과의 대화 재현 과정을 거치자 그들의 상호작용 패턴이 명확하게 드러났다. 관찰 기간을 통틀어 그들이 서술문을 사용한 시간이 85퍼센트에 달했고, 질문을 통해 묻는 시간은 15퍼센트에 그쳤다. 그나마 그 15퍼센트도 대부분은 질문으로 위장된 서술문이었다. 나는 그 영업 이사들이 별로 도움이 되지 않는 대화 의식에 묶여 있다는 것을 깨달았다.

누군가에게 자신의 생각을 납득시키려고 애쓸 때 이런 대화 패턴에 빠지게 되는 사람들이 많다. 제대로 훈련받지 못하고 제대로 알지 못하는 영업사원들이 이런 경우가 많다. 그들은 상대방이 요점을 확실히 알아듣게 하기 위해 말하고 또 말한다. 그들은 오직 자기 생각을 말하는 것, 혹은 그들의 생각이 옳다고 설득하는 데만 초점을 맞추고, 그것이 좋은 대화라고 생각한다. 유니언 카바이드 판매 팀은 대화의 의식, 즉 그들의 상호작용의 동력을 바꾸는 법을 배우고 난 뒤 프레젠테이션을 개선했고, 계약을 따냈으며, 그 과정에서 장기적인 고객을 확보했다.

그로부터 거의 30년이 지났다. 하지만 사업을 발굴하거나 개발하고, 직원들을 검토하고, 팀을 이끌고, 새로운 계획에 착수하고, 혁신을 독려하는 경영진들을 수천 시간 관찰해보니 결과는 여전했다. 상대의 관점(특히 우리의 관점과 매우 다를 경우)을 존중하는 대화 의식을 창조할 때, 우리는 더 나은 대화와 새로운 아이디어를 위한 공간을 창조한다.

나는 이 가장 진화된 대화지능의 형태를 3단계 상호작용 동력, 혹은 변화의 대화라고 부른다. 이는 서로의 생각, 아이디어, 그리고 신념 체계를 변화시키는 '공동 창조 대화법(Co-Creating Conversations)'이다. 대부분의 경우 그 변화의 과정은 양측 모두 '현실'이라는 그림을 더 잘 맞추어나갈 수 있게 했다. 그리고 이는 대화지능 실천을 통해 가능했다.

대화의 다섯 가지 사각지대

대화 의식은 '나 중심'일 수 있다. 상대가 항복할 때까지 설득한다거나, 협상하기 전에 상대를 위협해서 원래 계획보다 더 많은 것을 포기하게 하는 경우가 그렇다. 대화 의식은 '우리 중심'일 수도 있다. 어려운 대화를 하기 전에 먼저 악수를 나누며 인사를 한다거나, 다툼 끝에 화해를 하는 경우다. 이런 모든 대화 의식이 우리가 다른 사람들과 관계 맺는 방법을 규정한다. 또 우리가 이곳에서 무엇을 어떻게 하는지에 관한 우리의 문화를 만든다.

그 외에 내가 배운 또 한 가지는, 신경과학의 도움으로 입증된 것처럼 대화 의식이 우리가 남들과 좀 더 완전하게 소통하는 것을 돕도록 고안되었다는 것이다. 물론 인간에게는 대화의 사각지대라는 것도 있다. 이는 우리가 다른 사람들과 마음속 깊이 소통하는 것을 방해하는 생각들을 말하며, 이런 사각지대가 있는 곳에서는 갈등과 파경이 뒤따른다.

파경은 너와 내가 서로 말하고 있다고 생각하지만 사실은 서로가 안중에 없이 서로를 그냥 지나치는 말을 내뱉고만 있을 때 발생한다. 우리가 말해야 하는 것에만 너무 몰두한 나머지, 우리가 대화가 아닌 독백을 하고 있다는 사실도 깨닫지 못한다. 우리의 대화가 앞을 보지 못하면 대화는 궤도를 이탈한다. 우리의 관점에서만 세상을 보고 다른 사람들의 관점에서 보지 못하기 때문이다.

그렇다면 어떻게 대화지능을 더 개발할 수 있을까? 한 가지 방법은 가장 흔한 대화의 다섯 가지 사각지대를 인식하고 극복하는 것이다.

사각지대 #1

첫 번째 사각지대는 우리가 보는 것은 남들도 보고, 우리가 느끼는 것은 남들도 느끼며, 우리가 생각하는 것은 그들도 생각한다는 가정과 관련되어 있다.

> **배경 이야기:** 우리의 관점에만 몰두하고 집착하면 다른 사람들의 관점을 이해할 수 없다. 만약 이해했다면 그들이 세상을 얼마나 다르게 보는지 깨달았을 것이다. 하지만 우리의 몸은 소통의 부족을 감지하고, 우리가 옳다고 상대를 설득해야겠다는 더 강력한 욕구를 발동시킨다. 인간

이라는 존재는 '내가 옳다'는 것에 크게 집착한다. 우리가 옳다고 남들을 설득하면 도파민 수치가 올라간다. 마치 자연적으로 좋은 기분에 취하는 것과 같다. 도파민은 두뇌의 보상 센터이기 때문이다. 내가 이기면 기분이 좋지만 남들은 기분 나쁘다. 하지만 우리는 종종 그것을 깨닫지 못한다.

사각지대 #2

두 번째 사각지대는 두려움, 신뢰, 불신이 우리가 현실을 보고 해석하는 방식을 바꾸고, 따라서 말하는 방식까지 바꾸어놓는다는 사실을 깨닫지 못하는 것이다.

> **배경 이야기:** 두려움의 상태일 때 전두엽 피질의 작용을 차단하는 코르티솔과 카테콜아민이 분비된다. 그러면 위협을 느끼고 방어적인 행동을 취하게 되는데, 우리는 그런 행동을 인식하지 못할 때도 많다.

사각지대 #3

세 번째 사각지대는 두렵거나 화가 났을 때 다른 사람의 입장에 서지 못하는 것이다.

> **배경 이야기:** 이탈리아 파르마 대학교의 지아코모 리촐라티(Giacomo Rizzolatti)가 이끄는 연구팀이 1996년 원숭이로 실험한 결과, 우리의 뇌에는 거울 신경이라 불리는 독특한 신경이 있다는 사실을 발견했다. 이

신경은 다른 사람들의 감정, 생각, 의도를 볼 수 있게 한다. 적극적으로 경청할 때는 비판의 메커니즘은 꺼두고 다른 사람들과 소통하게 되는데, 이때 우리가 다른 사람과의 공감으로 알고 있는 거울 신경 체계가 활성화되는 것이다. 하지만 우리가 두려움을 느낄 때는 소통의 힘이 단절되고, 다른 사람들의 관점에 대한 민감도도 약해진다.

사각지대 #4

네 번째 사각지대는 남들이 얘기했다고 믿는 우리의 기억이, 사실은 기억의 가정일 수 있다는 것이다.

> **배경 이야기:** 연구원들은 두 가지 결론을 도출했다. 첫째, 대화할 때 사람들은 말하는 내용의 데이터 처리를 위해 매 12초에서 18초마다 대화에서 분리된다는 것이다. 둘째, 우리는 상대가 말하는 것에 대한 우리의 생각을 기억한다. 왜냐하면 그것이 내부의 더 강력한 과정이고 화학적 신호이기 때문이다. 달리 표현하면 우리 내부에서 일어나는 듣기와 대화가 다른 사람들의 말을 능가한다.

사각지대 #5

다섯 번째 사각지대는 의미는 실제로 듣는 사람에게서 만들어지는데, 말하는 사람에게 속해 있다고 추정하는 것이다.

> **배경 이야기:** 의미를 만들기 위해 나는 당신이 말하고 있다고 생각되는

것을 내 경험의 저장고에서 꺼내온다. 구체적으로 말하면 변연계 혹은 감정의 두뇌에서 기억을 저장하는 대뇌 측두엽의 해마에서 꺼내거나, 무엇을 어떻게 해야 하는가에 대한 기억을 보관하고 있는 신피질에서 꺼내오는 것이다. 나의 뇌는 나의 기억들에서 의미를 찾아내어, 내가 듣는 것을 이해하기 위해 대화 속으로 가져온다. 그것이 당신의 얘기를 내 마음의 눈으로 본 것과 당신의 마음으로 본 것이 완전히 다른 이유다. 만약 말하는 사람이 시간을 들여 두 사람이 같은 그림을 보고 의미를 공유한다는 것을 확실히 하기 위해 되짚어 입증하지 않는 한, 의미는 듣는 사람으로부터 만들어진다.

현실의 간극
극복하기

사각지대는 현실의 괴리에서 생겨난다. 당신의 현실과 나의 현실은 같지 않다. 당신과 나는 경험이 다르고, 아는 사람들이 다르고, 출신이 다르며, 세상을 규정하기 위해 쓰는 언어도 다르다. 심지어 같은 시간, 같은 공간에 있는 사람들조차 함께하는 그 시간에 대해 다른 인상을 갖는다. 그래서 문화가 매우 중요하다. 문화는 대화의 의식과 관습을 창조하고 우리의 경험을 조화하며 공통된 언어를 창조하고 다른 사람들과 더 완전하게 소통하도록 다리를 놓는다. 문화는 현실을 공유하게 한다.[11]

우리는 우리의 현실이 함께 이야기하는 사람의 현실과 같지 않다는 사실을 종종 인식하지 못한다. 코칭을 통해서 유니언 카바이드 판매 팀은 '현실의 간극'이라는 용어를 사용하는 법을 배웠고, 보이지 않던 사각지대를 보는 법도 배웠다. 작위적으로 가정하고 있거나, 정확하지 않게 해석하거나, 성급하게 단정하는 행위를 하면 바로 알아차릴 수 있게 되었다.

발견을 위한 질문을 하는 법도 배웠다. 이런 질문에는 정답이 없다. 올바른 질문을 하기 시작하자 그들은 고객의 마음 지도를 그릴 수 있게 되었다. 그리고 이를 통해 예전에는 보지 못했던 고객의 요구를 볼 수 있는 통찰력을 얻었다.

마음의 문을 여는 질문

유니언 카바이드 사의 경영진을 지켜보며 발견한 사실은, 사람들이 '예', '아니요'로 대답 가능한 질문부터 한다는 것이다. 예를 들면 이런 것이다. "당신은 'X'를 해야 합니다. 그렇게 생각하지 않습니까?" 이것은 1단계 질문이다. 2단계 질문처럼 자극이 있는 것도 아니고, 3단계 질문처럼 변화를 촉진하지도 않는다. 사실은 질문의 탈을 쓴 서술문일 뿐이다. 내가 의뢰인들과 설정한 목표는, 그들이 내가 '발견하는 질문'이라 이름 붙인 가장 높은 단계의 질문을 하는 것이다. 이런 질문은 서로 생각의 동네를 탐험할 수 있도록 마음의 문을 열어준다. 또한 우리가 서로의 세상으로 들어가 서로의 생각과 감정 안에서 길을 찾고, 아직 아무도 발견하지 못했던 통찰력과 지혜를 거두어들일 수 있게 해준다.

다음은 1단계, 2단계, 3단계 질문의 예시로, 똑같은 사안이 다른 수준의 질문을 통해 얼마나 다르게 처리될 수 있는지 보여준다. 이 질문들은 예상 답안이 없는 것들이다.

1단계: 우리 마케팅 자료에 두 번째 글쓰기 샘플을 채택해도 될까요?

2단계: 두 번째 글쓰기 샘플이 정말 마음에 듭니다. 좋은 글쓰기의 특징이 모두 담겨 있네요. 어떻게 생각하시나요? 제 생각에 동의하십니까? 이걸 채택하는 데 혹시 마음에 걸리는 부분은 없으신가요?

3단계: 이 글쓰기 샘플들 중에서 어떤 것이 판매 증진과 마케팅에 최고의 성과를 낼까요? 이 프로젝트의 성공에 대해 어떻게 추정하고 있나요? 대화를 나누며 고려해야 할 부분이 있을까요? 이 상황에서 성공을 어떻게 묘사하십니까? 결정하기 전에 우리가 고려하고 더 이야기해야할, 걱정되는 부분들이 있나요?

팀원들이 다른 유형의 질문들에 민감해지고 3단계 질문을 통해 고객과 소통할 수 있다는 것을 이해하자, 유니언 카바이드 팀은 공감을 통해 고객과 소통하기 시작했다. 고객의 입장에 설 수 있게 되고 고객의 문제와 좌절을 완전히 다른 관점, 즉 고객 중심의 관점에서 볼 수 있게 되었다. 그렇게 되자 고객들은 영업사원들을 더 이상 물건만 파는 사람들로 보지 않게 되었고, 유니언 카바이드 팀이 고객의 어려움을 이해하고 그 문제를 해결하는 데 파트너로서 기꺼이 일할 마음이 있다는 것을 알게 되었다. 상호작용의 동력을 1단계(말하기/질문하기)에서 2단계(옹호/관망)를 거쳐 3단계(공유/발견)로 변화시키면서, 유니언 카바이드 사는 계약을 성사하고 장기 고객을 유치할 수 있었다.

대화 계기판
활용하기

이제 우리는 대화의 사각지대가 우리도 모르게 나타날 수 있음을 알게 되었다. 그렇다면 우리가 가능한 선에서 최고의 대화를 하고 있는지 어떻게 확인할 수 있을까? 우리의 대화가 변화를 부르는 결과를 이끌어내는지 어떻게 알까?

　다음은 내가 대화의 계기판이라 이름 붙인 훌륭한 대화 도구다. 이것을 통해 상호작용의 동력, 상대와의 신뢰 수준, 각 단계의 대화를 통해 생산되는 결과물을 인식할 수 있다. 대화 계기판의 활용법을 배우면 대화지능의 사각지대를 없앨 수 있고, 1, 2, 3단계에서 건강한 대

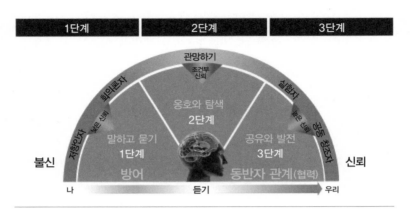

도표 4-1 대화 계기판

1단계	2단계	3단계

관망하기
조건부
신뢰

회의론자

적절한 신뢰   옹호와 탐색
                2단계
말하고 묻기
1단계   공유와 발전
                3단계
불신   신뢰
        방어
              동반자 관계(협력)

실험자

낮은 신뢰 창조자

나   듣기   우리

화를 할 수 있다.

1단계: 거래를 위한 대화, 업무적 대화

대화는 종종 '말하기와 묻기' 상호작용 동력으로 분류된다. 사람들은 서로의 현실을 맞추어나가고, 서로가 이해하는 것이 같은지 확인하기 위해 정보, 근황, 사실을 교환한다. 이 단계에서는 신뢰도가 낮고, 사람들은 현실에 대한 자신의 관점을 인정하고 확인하기 위해 서로에게서 필요한 것을 얻는 데 더 초점을 맞춘다.

2단계: 위치에 따른 대화

이 단계 대화의 특징은 '옹호와 탐색' 상호작용 동력이다. 2단계 대화에서 나는 내가 원하는 것을 옹호하고(단순히 말만 하는 것이 아니다), 내 관점에 따라 당신에게 영향을 주기 위해 당신의 생각을 묻는다.

신뢰는 조건적이다. 당신이 내 뒤를 봐주고 있고, 나를 깔아뭉개거나 기어코 이기려 들지 않을 거라 느끼면 신뢰도가 올라간다. 하지만 당신이 공정하지 않거나 나를 이용할 거라고 느끼면 나는 방어적 행동을 하게 된다. 조건부 신뢰는 불확실성을 키우고, 그러면 두려움 네트워크를 촉발할 수도 있다. (마음을 열 수 있을까, 없을까? 신뢰할 수 있을까, 없을까?)

3단계: 변화를 부르는 대화

변화의 대화는 '공유와 발견' 상호작용 동력이 특징이다. 내가 먼저 공유하면 나의 뇌는 내가 당신으로부터 영향을 받을 것이고, 내 안의 생각, 아이디어, 감정을 내보일 것이라는 신호를 받게 된다. 대화의 상대들은 당신이 기꺼이 영향을 받을 준비가 되어 있고, 그들을 존중하며, 함께 실험하고 혁신해나갈 만큼 당신을 신뢰할 수 있다는 신호를 받게 된다. 공유하고 발견하다 보면 우리는 '실험의 멘토'가 되고, 우리의 상상을 훨씬 뛰어넘는 위대한 성공을 함께 이룰 수 있다.

대화지능
높이기

대화지능(C-IQ)을 높이려면 대화 의식의 주인, 창조자, 더 나아가 공동 창조자가 되어야 한다. 그러면 아이디어, 감정, 예감, 생각, 열망을 훌

대화지능™ 매트릭스

무엇을 교환하는가?	1단계 거래를 위한 대화, 업무적 대화 '정보의 교환' 말하기 → 묻기	2단계 위치에 따른 대화 '힘의 교환' 옹호하기 ↔ 조사하기	3단계 변화를 부르는 대화 '에너지의 교환' 공유하기 ↔ 발견하기
상호작용 동력	묻기 말하기	옹호 탐색	공유 발견
공간	공간 폐쇄	공간 제한	공간 창조
초점	정보 주고받기	상대의 위치 분석, 원인 해결책 모색	상대의 관점 탐구, 현실에 참여, 변화주기, 확신
시각지대의 남용	말하기-설득하기-소리치기 증후군: 묻기보다 말하기의 비중이 높아지는 경향	'내가 옳다' 증후: 이미 답이 존재하는 것에 대해 질문하는 경향	답만 있고 실천이 없음: 말만 많아지고 실천이 뒤따르지 않는 경향
의도	통지	설득	공동 창조
	방어	수락 혹은 거부	소통
나 우리(I-WE)	나 중심	나와 우리 중심	우리 중심
성공	나의 성공	무조건적인 승리	동반성공
신뢰	낮은 신뢰	조건부 신뢰	높은 신뢰
영향	폐쇄적	영향을 주겠다는 욕망	개방적
깨달아야 할 기술	열린 질문을 수행할 능력, '주고받기' 개발	대화의 공간을 공유하는 능력, 열린 질문을 공유하는 능력	정답이 없는 질문을 수행할 능력, 공동 창조

룡하게 표현할 수 있다. 일단 이런 기술과 도구들을 익히면 대화지능의 힘을 경험할 수 있는 대화 공간을 능숙하게 만들어나갈 수 있다.

다음으로 1, 2, 3단계 상호작용 동력 뒤의 신경과학 쪽으로 좀 더 깊이 들어가, 대화가 진행되는 동안 신경과학의 어떤 작용으로 우리의 뇌가 열고 닫히는지 알아보려고 한다.

다섯 가지 뇌 영역을 활용한 대화지능 얻기

Conversational
Intelligence

대화는 단순히 정보 공유를 위한 방편(1단계)이 아니다. 우리는 수천 년 간 진화를 거듭하며, 대화가 우리의 몸과 뇌에 신체적, 감정적 변화를 촉발하는 단계에 이르렀다. 이 변화에는 유대와 협업을 조성하는 옥시토신의 분비가 포함되어 있을 수 있고, 두려움 호르몬인 코르티솔과 공격적인 행동을 조장하는 테스토스테론의 분비도 포함되어 있을 수 있다. 많은 신경과학자들이 대화 중에 활성화되는 신경전달물질을 좀 더 깊이 이해하기 위한 연구를 진행하고 있다.

'우리 창조(Creating We)' 연구소의 이사진에는 세계적인 과학자들이 포함되어 있다. 뉴멕시코 대학교의 조교수인 렉스 정(Rex Jung) 박사는 창립 멤버로서, 과학 위원회를 감독하고 연구 결과의 실생활 적용에 조언을 해주고 있다. 다른 멤버들로는 브루스 S. 매큐언(Bruce S. McEwen) 박사와 록펠러 대학교의 해롤드 마가렛 밀리켄 해치(Harold and Margaret Milliken Hatch) 신경내분비학 실험 연구소 소장인 알프레드 E. 머스키(Alfred E. Mirsky) 교수가 있다.

매큐언은 신뢰에 대해 다음과 같은 생각을 갖고 있다.

신뢰는 옥시토신에 의해 강화되는 현상이다. 옥시토신은 사람들이 사회적으로 상호작용하고, 대화에 참여할 수 있도록 한다. 이것은 일부에 불과하다. 우리에게는 원초적 두뇌에 위치한 편도체가 있는데, 이는 파수꾼으로서 전두엽 피질(더 발달된 두뇌)과 함께, 상호작용이 보상이 될지 형벌이 될지 결정하기 위해 주의를 기울인다. 이들은 한 팀이 되어 우리가 대화 중에 마음을 열고 신뢰해도 좋은지, 아니면 신뢰하지 말고 마음을 닫아야 할지 판단하도록 돕는다. 만약 상호작용이 힘들어지거나 극도로 위협적이면 우리는 의심이 많아지고 공격적이 된다. 상대의 의도가 의심스럽다고 느껴지면 조심스러워지고 방어적 행동을 취하게 된다.

심장의 역할과 신뢰에 대한 이해는 신경과학계에서 대단히 논란이 많은 주제다. 하지만 여러 신경과학자들이 배운 것을 서로 공유하고 비교함으로써(3단계 대화) 점점 더 윤곽이 드러나고 있다. 매큐언 박사는 이렇게 이야기한다.

"호르몬과 대화의 '균형 잡기'를 완전히 익혀야 한다. 이 균형 잡기는 심장이 아니라 두뇌에서 일어난다."

매큐언 박사는 뇌가 하부 뇌(원초적인 편도체)와 전두엽 피질 같은 상부 뇌 센터 사이의 대화를 조직해서 뇌의 다른 부분들(시상하부)과 소통한다고 믿는다. 이를 통해 코르티솔과 같은 호르몬의 분비가 활성화되고, 심장으로 가는 교감신경과 부교감신경이 자극된다. 매큐언은 주요 신호를 관장하는 것이 뇌라고 주장한다.

롤린 맥크래티(Rollin McCraty) 박사와 하트매스 연구소는 심박 변이 혹은 심장 리듬과 감정 사이에 아주 긴밀한 관련이 있다고 밝혔다. 심장은 호르몬에 반응해서 규칙적이거나 불규칙적으로 뛴다. 롤린 맥크래티 박사가 최초로 소개한 바로는 심장의 규칙성은 잔잔한 심장 리듬으로 이어져서 안전함과 신뢰를 표시하는데, 심장에서 두뇌로 가는 구심 신경이 더 많다는 사실에서 알 수 있듯이 주요 신호들은 심장에서 뇌로 보내지기도 한다.

다미주 신경 이론(Polyvagal Theory)으로 유명한 스티븐 포지스(Stephen Porges) 박사와 함께 맥크래티 박사는 심장 박동의 규칙성을 신뢰, 불규칙성을 불신과 연결함으로써 심박 변이를 최초로 파악했다. 심장이 '방어 혹은 협력', '두려움 혹은 신뢰', '친구 혹은 적'의 신호를 보낸다고 해석하는 신경과학자들의 접근은 흥미로운 교향곡과 같다. 심박 변이는 두려움의 네트워크와 신뢰 네트워크에 신호를 보내는 역할을 한다. 몸 전체에 피를 공급하는 것 이상의 역할을 하는 심장 두뇌는 그 자체에서 뻗어 나오는 구심 신경망을 통해 두뇌로 연결된다. 심장은 뇌와 여러 가지 방법을 통해 화학적, 신경화학적, 정열적으로 소통한다. 이것이 내가 심장을 뇌의 조절 체계라고 믿는 이유다.

편도체는 뇌에서 두려움과 불신이 자리하는 부분이고, 전두엽 피질은 신뢰와 성장이 자리하는 부분이라는 사실을 우리는 배웠다. 전두엽 피질이 두려움 호르몬에 장악되지 않는다면 대항, 회피, 경직 반응을 가라앉히도록 편도체와 변연계를 완전하게 통제할 수 있다. 이렇게 심장은 다른 네 가지 뇌와 협력해서 인간의 행동을 만들어낸다.

뇌의 다양한 역할 이해하기

이제 우리는 인간의 뇌가 지난 수천 년 동안 진화해왔고, 더 오래된 뇌인 파충류의 뇌라 불리는 부분과 그 파수꾼인 편도체는 물리적인 위협과 자존심에 대한 위협에 반응한다는 것을 잘 알게 되었다. 위협을 받게 되면 듣는 방식이 달라지고, 우리는 위협 받은 귀로 듣게 된다. 위협 받은 귀로 들으면 우리가 듣는 것을 왜곡하게 되고, 두려움에 근거한 나의 해석과 나쁜 의도를 다른 사람의 말에 선택적으로 덧붙이게 된다. 이 위협은 진짜인가? 우리에게는 진짜이지만, 상대에게는 진짜가 아닐지도 모른다. 하지만 우리가 이 과정을 경험하게 되면 그것은 우리의 진실이 된다.

우리의 오래된 뇌는 디폴트 두뇌(우리가 아무 생각 없이 있을 때 디폴트 네트워크(default network)가 활성화된다고 알려져 있다— 역주)이며, 두려움과 불신에 대해서는 우리의 최신 두뇌보다 이 두뇌가 훨씬 빨리 반응한다. 최신 두뇌는 성장, 배움, 더 높은 단계의 소통을 가능하게 하지만, 아는 것이나 믿는 것을 처리하는 과정에는 더 많은 시간이 걸린다. 뇌는 상부 뇌 센터와 협력해서 우리가 정신 상태를 통제하도록 돕는다. 이에 따라 남들과 더 잘 연결될 수 있고, 우리가 연결되면 마음을 열고 우리의 생각을 말할 수 있는 더 큰 신뢰를 느낀다.

흥미롭게도 우리의 뇌가 진화해온 방법 때문에 하부 뇌가 훨씬 빨리 반응한다. 우리는 위협의 존재 유무를 먼저 읽고, 다음으로 상부 뇌가 감정을 규정하는 작업을 한다. 어떤 과학자들은 언어를 관장하는 상부

위협에 귀 기울이기

우리가 다치지 않도록 보호하는 파충류 뇌의 일부인 편도체는 우리를 위협할 가능성이 있는 말과 의미에 늘 귀를 기울이고 있다. 위협을 감지하면(이 자각의 여부가 중요하다) 편도체는 우리를 위협에서 보호하는 화학물질을 분비하고, 이 화학물질은 대항 혹은 회피 반응을 활성화한다.

하지만 이런 화학물질은 우리 뇌의 사고하는 부분이 적극적인 역할을 하는 것을 차단하기 때문에 만약 당신이 위협을 느끼게 되면 생산적인 미팅을 할 수 없다. 사실 이 화학물질들은 우리의 주의를 대화 자체에서 우리 내부의 생각으로 돌리고, 그 생각 속에서는 다음과 같이 위협에 대한 질문들이 제기된다.

• 나 자신을 보호해야 할까?

• 나는 소속되어 있는 걸까, 배제되어 있는 걸까?

• 이들은 나를 인정하고 가치 있게 생각할까?

뇌가 0.1초 만에 작동하는 반면, 하부 뇌는 0.07초 만에 반응한다고 주장한다. 우리 뇌는 감정과 생각을 언어로 규정하는 탁월한 능력을 위해 진화해왔다. 하지만 비언어적 기능을 담당하는 부분들은 우리가 경험하는 것들의 의미에 더 큰 무게를 부여하고, 훨씬 더 빠르게 판단을 내린다.

우리 상호작용의 의미를 정의하는 데는 대화의 비언어적인 부분이 언어적 요소보다 훨씬 더 중요하다. 느낌과 감정이 관련된 부분에서 뇌의 오래된 부분의 영향력과 역할을 이해하는 것이 얼마나 큰 가치가 있는지 잘 알 수 있다. 마음-뇌-몸 체계의 요소들이 모두 함께 통합적으로 작용할 때만 우리는 다른 사람들과 우리 자신을 제대로 신뢰할 수 있다. 그렇게 되면 좀 더 전략적이고 발달된 사고의 기술에 접근할 수 있다.

행복 호르몬,
옥시토신

옥시토신이라는 호르몬은 유대 행위와 관련된 신경전달물질이다. 폴 자크(Paul Zak) 박사(클레어몬트 대학원 대학교, '신뢰 호르몬과 행복의 연관성'이라는 논문의 제1저자)는 옥시토신이 심장과 뇌에서 가장 일반적인 호르몬이며, 사회적 접촉에 대한 욕구 뒤에 숨은 가장 중요한 원동력이라는 설을 제시했다. 아홉 개의 아미노산으로 구성된 펩티드 호르몬인 옥시토신은 뇌, 특히 뇌하수체와 시상하부, 난소와 고환에서 생성된다.

자크 박사에 따르면, 옥시토신이 생성되면 협동심과 더불어 행복감을 더 느끼게 된다고 한다. 이 호르몬의 힘은 신경과학 분야의 최신 발견에 속하며, 이 호르몬이 결여되면 왜 고립이 고통스럽고, 왜 외로운 사람들이 요절하며, 왜 거부당하는 것이 육체적 통증보다 더 고통스러운지 설명할 수 있다고 본다. 옥시토신이 보살핌 받는다는 느낌을 들게 하기 때문이 이를 '포옹 호르몬'이나 '사랑 호르몬'으로 부르는 과학자들도 있다. 행복감을 만들고 유지하는 이 호르몬의 힘은 엄마의 포옹과 같다.

심장과
호르몬의 유대

위협을 받았다, 인정받지 못한다, 부당하게 비난받았다, 괴롭힘을 당하고 있다, 당황스럽다……. 우리가 이런 느낌을 받게 되면 심장 두뇌는 더 빨리 뜀으로써 인지된 위협에 반응한다. 상대와 소통하려 하기보다는 방어적 행동을 취한다. 이런 두려움에 대한 반응은 심장에서부터 각각의 뇌로, '소통을 중단하고 방어를 시작하라'는 메시지를 전송한다.

우리가 사람들과 일관된 감정[12]을 가지면(그들과 하나 되고, 소통하며

우리의 다섯 가지 뇌

우리(WE)의 신경과학 배후에는 우리의 뇌를 한가지가 아니라 다섯 가지 뇌로 보는 모델이 존재한다. 각각의 뇌는 우리가 다른 사람들과의 상호작용을 자세히 살피고 처리할 수 있도록 돕는다.

- 파충류의 뇌는 우리 안전에 대한 위협(육체적으로 정신적으로)을 통지한다(편도체).
- 변연계 뇌는 친구와 적을 인식하도록 돕고 어떻게 어울려야 하는지 알려준다. 욕구, 감정, 관계와 관련 있다.
- 신피질은 우리의 감각, 기억, 경험의 내용을 살펴, 현실을 이해하도록 돕고, 이해도를 향상시킨다.

다음 두 개의 뇌는 함께 작용하며 인간으로 사는 것의 의미에 영향을 준다.

- 심장 두뇌는 가장 오래된 뇌로서, 우리 몸의 생리를 판독해서 우리가 상호작용을 하는 동안 발생하는 활동적인 호르몬의 메시지를 해석할 수 있도록 한다.
- 전두엽 혹은 실행 두뇌는 내부와 외부의 진실을 파악하도록 도와서, 우리를 외부 세계와 미래로 연결하는 역할을 한다. 현재의 정보와, 충동, 생리를 해석함으로써 판단을 내리고, 공감하고, 미래를 예측할 수 있게(이를 우리는 선견지명이라 부른다) 돕는다.

우리의 뇌는 사회 활동을 하도록 만들어졌기 때문에, 스스로의 업무나 할 일에 주의를 기울이지 않고 있을 때는 남들과 소통한다. 우리의 뇌는 이를 필요로 한다. 대화를 나눌 때, 당신의 다섯 가지의 뇌가 당신의 대답에 통찰력을 주도록 하라.

유대를 가질 때) 한편으로 우리의 심장은 일정한 리듬을 유지하게 된다. 이 리듬은 신뢰를 전하고 뇌에 마음을 열어도 안전하다는 신호를 보낸다. 나의 대화지능 실천법은 3단계 상호작용 동력이 우리가 사람들과 높은 단계의 유대를 유지할 때 가능해지고, 높은 단계의 유대는 3단계 대화로써 가능해진다는 믿음에 바탕을 두고 있다. 이것은 자기 강화 시스템이다.

신경전달물질은 뇌에서 순환하면서 뇌의 연계성을 증폭하고 하나의 신경에서 다른 신경으로 신호를 전달한다. 대화가 관계를 지향하듯 신경전달물질은 뇌를 지향한다. 각 신경전달물질은 저마다의 기능이 있고, 옥시토신은 '사람들을 향한 이동'을 창조하는 기능이 있다. 이는 뇌의 모든 활동의 통합을 강화하고 다른 사람들을 들여도 좋다는 신호를 보내는 아름다운 체계다. 우리가 이렇게 실행하고 다른 사람과 함께 변화하는 경험을 하게 되면 '행복 호르몬'의 화학물질 세례에 푹 빠지게 되고, 이는 남들과의 동반 성공이라는 신호를 보내게 된다. 이어지는 논의에서 살펴보겠지만, 화학적 단계에서 이루어지는 소통은 언어적 단계에서만 이루어지는 소통을 압도한다.

몸은 대부분의
이야기를 담당한다

조직 내의 소통이 아무리 복잡하다고 하더라도, 사람들이 서로 주고받는 대화가 종이에 인쇄된 글자나 입에서 일방적으로 나오는 말보다 훨씬 더 복잡하다. 상호작용을 통한 소통은 입에서 나오는 말보다는 비언어적인 단계에서 발생하는 상호작용 동력의 영향을 훨씬 크게 받는다. 신뢰 성립의 유무는 바로 이 비언어적인 단계에 달려 있다.

소통이 단순한 말 이상으로 중요하다는 것은 어제 오늘 이야기가 아니다. 1967년, 알버트 메러비언(Albert Mehrabian)은 우리가 얼굴을 맞대고 감정과 태도를 전달할 때 작용하는 요소들을 세 가지로 분류했다.

- 말
- 목소리의 톤
- 비언어적 행동(얼굴 표정이나 눈빛 교환 등)

중요도의 관점에서 볼 때 사람들은 말에 7퍼센트, 목소리 톤에 38퍼센트, 비언어적 행동에 55퍼센트를 할당한다. 효과적인 소통을 위해서는 이 세 가지 측면이 서로 뒷받침되어야 한다. 그렇지 못할 경우에 사람들은 위의 세 가지에 마음대로 중요도를 배분하게 되는데, 이 경우 비언어적 소통이 말을 항상 능가한다.

어떻게 대화를 꾸려나가야 다섯 가지 뇌의 지혜를 효과적으로 활용할 수 있는지는 본문에서 계속 알아볼 것이다. 뇌가 아무리 복잡하고 우리 대화를 해석하는 데 다채로운 경험이 요구된다고 해도, 우리 뇌는 유대 지향적이다. 실제로도 우리는 신뢰의 상태에 있고 남들과의 관계가 일관적일 때, 그리고 다섯 개의 뇌가 모두 현재 상황을 해석하도록 돕고 있을 때 더 잘 듣고 더 잘 말할 수 있다.

프린스턴 대학교의 유리 해슨(Uri Hasson) 교수는 대단히 흥미로운 발견을 내놓았다. 해슨 교수는 사람들이 상호작용하는 동안 뇌의 작용을 연구한다. 성공적인 소통이 이루어지고 있을 때 말하는 사람의 뇌와 듣는 사람의 뇌는 똑같은 활동 패턴을 보인다는 사실을 밝혀낸 것이다. 하지만 두 사람이 서로 이해하지 못하는 언어로 얘기하고 있을 때, 이 '신경작용의 일치'는 현저히 떨어진다.

해슨 교수의 연구는 우리가 효과적으로 소통할 때 뇌끼리 서로 활동을 일치시키는 방식을 이해하는 데 도움을 주는 동시에, 언어적인 그리고 비언어적인 신호를 가늠하는 새로운 방법을 제시한다. 우리는 좋은 관계와 신뢰는 그냥 주어지는 것이 아님을 배우는 중이다. 좋은 관계와 신뢰는 사람들이 3단계 대화를 실행하는 환경에서 계발된다. 그리고 3단계 대화 안에서의 일치와 소통은 상대를 존경하고 존중하고 신뢰하는 것을 의미한다. 3단계 대화는 정보 수집에 초점을 맞추는 대화나 상대를 설득하는 대화보다 신뢰를 더 발전시킨다. 그뿐만 아니라 공동 창조 대화는 말 그대로 우리 뇌의 시스템 자체를 바꾸는 힘이 있음을 해슨과 다른 신경과학자들의 연구 결과가 시사하고 있다. 하지만 나는 나의 논리를 따라 나가보려고 한다. 먼저 우리 사회적 상호작용에 가장 큰 영향을 주는 단계, 비언어적 단계에서부터 시작하기로 한다.

대화지능
수확하기

우리의 뇌는 신뢰가 있는 건강한 관계일 때 최상의 기능을 한다. 하지만 다섯 가지 뇌의 지혜를 연구하면서, 때로는 하나의 뇌가 나머지 뇌를 지배한다는 사실을 알게 되었다. 이 과정이 어떻게 이루어지는지 설명하기 위해서 '주인과 노예'라는 용어를 사용할 수 있겠다.[13] 우리가 두려움 때문에 스트레스를 받게 되면 파충류의 뇌가 주인이 된다. 기대치가 충족되지 않는 경우에는 변연계 뇌가 개입해서 우리 감정에 대한 정보를 제공하고 다른 사람들과 함께하는 여정의 길잡이 역할(그들이 친구인지 적인지 결정하도록 안내하는 역할)을 한다.

우리가 어떤 상황의 처리를 놓고 고심할 때는 신피질이 우리 여정의 주인이 되어 현실을 이해하고 행동을 취할 수 있도록 대본을 제공한다. 우리가 복잡한 결정이나 정직과 진실, 공감과 전략적 사고 등에 집중해야 할 때는 전두엽 피질이 안내를 맡는다.

심장—뇌 신경과학 연구 결과, 우리의 심장이 다른 사람들과 조화를 이룰 때 높은 수준의 신뢰가 생긴다는 사실을 알 수 있다. 우리의 뇌가 다른 사람들과 연결되면(깊은 관계를 형성해나갈 때) 심장 박동 패턴이 일정해지고, 그러면 전두엽 피질과 나머지 뇌로 우리가 다치지 않을 테니 상대를 신뢰해도 좋다는 메시지가 전송된다. 우리는 상대에게 마음을 열고 현실에 대한 견해를 나누고 각자의 최고의 생각들을 합해 함께 새로운 통찰력을 수확한다.

인간은 이 지구 상에서 가장 사회적인 종이다. 우리가 다른 사람들과 마음과 마음으로, 머리와 머리로 깊이 소통하는 데 성공하면, 신뢰는 최고조에 달하고 사람들은 놀라운 방식으로 함께 일할 수 있다. 사회적 소통은 우리의 뇌가 건강과 활기를 유지하기 위해 꼭 필요하다. 공동 창조 대화는 상호작용 동력을 2단계까지 끌어올리는데, 2단계에서는 우리의 아이디어를 의식적인 단계에서 변화시키고, 유전자 단계에서 DNA까지 형성하게 된다. 이런 얘기는 어쩌면 공상과학 소설처럼 들릴 수도 있겠지만 그렇지 않다. 과학자들은 우리의 뇌가 상상 이상으로 바뀌기 쉽고, 형태마저 쉽게 바뀔 수 있다는 사실을 밝혀내고 있다.

우리의 뇌는 신경가소성(神經可塑性)을 드러낸다.[14] 게다가 견본 유전자(template genes)라 불리는 우리 유전자의 1퍼센트에 해당하는 유전자는 다른 유전자들을 변형할 수 없지만, 전사 유전자(transcription genes)는 환경에 의해 영향을 받는다. 나는 공동 창조 대화와 사람 사이의 역동적인 상호작용을 통해 오직 인간만의 특성인, 우리의 DNA를 우리가 만들어가는 능력을 발휘할 수 있다고 믿는다.

이 이야기에서 또 하나 놀라운 측면은, 언어가 독특한 유전자인 FOXP2 유전자에서 비롯된다는 것이다. 이 유전자가 없었다면 언어도 없고 대화를 나눌 수도 없었을 것이다. 이 유전자는 특별하다. 견본 유전자처럼 머리카락 색깔이나 신장, 체형을 만드는 유형의 유전자가 아니다. FOXP2 유전자는 조절 유전자다. 우리에게 언어를 주고, 과학자들에 따르면 우리의 감정을 상향 조절하거나 하향 조절하도록 돕는다.

따라서 대화는 우리가 내면의 감정과 기분을 조절하게 해준다. 기분이 안 좋을 때 누군가가 위로해주면 코르티솔 수치가 내려가고 옥시토신 수치는 올라가며, 보살핌을 받을 때 느끼는 것과 똑같이 신뢰와 사랑을 느낀다. 기분이 좋을 때 누군가 함께 기뻐해주면 엔도르핀 수치가 상승하고, 우리는 기분이 더 좋아지고 행복해지며 더 소통이 잘된다고 느끼게 된다.[15]

대화지능의
신비한 힘

우리가 이 책에서 배우고 있는 것은 대화가 단지 정보 공유의 방편이 아니라는 것이다. 대화는 뇌에 물리적·감정적 변화를 촉발해서, 당신이 마음을 열고 신뢰가 있는 건강한 대화를 하게 하거나, 마음을 닫고 두려움과 걱정 속에서 조심스럽게 말하게 한다. 소통을 하면서 우리는 기분을 좋게 하거나 나쁘게 하는 신경화학물질을 분비하고, 내면의 그 경험을 단어, 문장, 이야기로 해석한다. 기분 좋은 대화는 도파민, 옥시토신, 엔도르핀, 그리고 우리에게 행복의 느낌을 주는 다른 화학물질의 수치 상승을 불러온다.

다른 사람들과 대화할 때 우리는 정보만 공유하는 것이 아니라 우리 내면의 세계, 현실에 대한 감각도 공유한다. 다른 사람들과 함께 현실을 입증하기도 한다. 무엇보다도 가장 중요한 것은, 다른 사람들과 마음을 열고 공유하고 함께 해나갈 수 있을지 결정하기 위해 관계의 신뢰도를 가늠하는 것이다. 우리 대화의 질은 그 접촉의 순간에 우리가 얼마나 열려 있다고 혹은 닫혀 있다고 느끼는지에 좌우된다.

우리 뇌 속에서 분 단위로 일어나는 수백만 번의 신경화학 반응이 정신의 상태를 결정한다. 이런 정신의 상태가 우리가 다른 사람과 신뢰 관계를 만드는 방법, 소통하는 방법, 일상에서 관계를 만들어가는 방법에 하루 종일 영향을 준다. UCLA의 과학자인 매트 리버먼(Matt Liberman)과 나오미 아이젠버거(Naomi Eisenberger)는 우리의 뇌가 사회적으로 설계되어 있고, 인간과의 접촉에 대한 욕구가 안전에 대한 욕구보다 더 강하다고 주장한다. 그들의 연구는 사회적으로 배제되었다는 느낌이 육체적 고통으로 활성화되는 부분과 동일한 신경 영역을 활성화한다는 사실을 입증했다. 사회적으로 거부당하는 것은 정말로 아픈 것임을 시사하는 것이다.

직장에서도
포옹이 허락될까?

우리는 매일 서로에게 어떤 영향을 줄지 선택할 수 있다.

예를 들어 어떤 팀원이 프로젝트를 성공적으로 처리할 것이라고 상사가 믿는다면, 상사는 그 믿음을 미묘하지만 확실한 행동으로 전달한다. 이 접촉의 순간 상사와 팀원 사이에 신경화학적인 무언가가 발생한다. 두 사람이 연결되는 것이다. 이렇게 되면 팀원의 마음속에서 '내가 소속되어 있는가?'라는 불확실성이 사라지고, 두 사람은 자기 자신과 서로에 대한 자신감으로 충만해져 새로운 마음가짐을 갖게 된다. 두 사람은 함께 실험하고, 위험을 감수하고, 배우고, 성장하고, 사업을 키우기 위한 도전 과제들을 해결하기 위해 파트너가 될 수 있다. 리더가 상대를 인정하고 지지하는 모습을 보이는 여러 가지 다양한 방법들을 나는 배려의 효과(Caring Effect)라고 부른다. 리더의 이 행동들은 그런 지지를 받는 상대의 마음을 더 긍정적인 상태로 유도한다.

소통을 위한 다섯 가지 질문

다른 사람들과 소통하는 동안 우리의 마음은 다섯 가지 질문 사이를 우리가 의식할 수 없을 정도의 빠른 속도로 오간다. 우리 안에서 일어나는 이 질문들과 대답들은 잠재적이지만 우리가 남들과 관계를 맺게 해주는 신경화학물질의 방식을 규정한다. 우리가 받는 대답들에 따라 우리는 마음을 열고 사람들과 소통할지의 여부를 결정한다.

질문 1 보호: 나는 어떻게 나 자신을 보호할까? 보호할 필요가 있을까?

질문 2 소통: 누가 나를 사랑하고, 누가 나를 미워하는가? 나는 이 사람을 믿어도 될까?

질문 3 소속: 나는 어디에 속하고 어디에 어울리는가?

질문 4 발전: 성공하려면 무엇을 배워야 할까?

질문 5 파트너: 어떻게 다른 사람들과 함께 가치를 창조하는가?

만약 상사가 긍정적 의도를 내비치고, 직원이 상사와 대화하는 동안 은연중에 긍정적인 대답을 얻게 되면, 직원은 당장의 업무를 성취하고 위험을 감수하는 데 더 자신감을 갖게 된다. 직원의 자신감에 따라 세로토닌이나 도파민 같은 신경전달물질 증가로 직접 이어지는 신경화학적 변화가 일어난다. 이런 변화가 상사와 직원 두 사람 모두에게 일어나면 그들의 대화지능이 높아진다.

우리가 공개적으로 칭찬이나 지지를 받게 되면, 뇌 전체에 긍정적 화학물질을 폭포수처럼 쏟아내는 또 다른 신경화학적 패턴의 문이 열린다. 의욕이 강한 직원들은 일을 잘할 때의 기분이 거의 약에 취한 상태와 비슷하다고 묘사한다. 왜냐하면 이런 상호작용을 통해 분비되는 도파민과 엔도르핀은 실제로 약에 취했을 때와 꽤 비슷하기 때문이다. 자신이 충분한 자격이 있을 때 적절하고 솔직한 (진심 어린) 칭찬을 받아서 이런 긍정적인 각성의 상태가 만들어지면, 직원들은 상사로부터 신뢰받고 지지받고 있다고 느낀다. 그러면 그들은 위험을 좀 더 감수하기도 하고, 적극적으로 발언하고, 해야 할 말이 있을 때는 과감하게 하며, 동료들과의 관계에서도 더 자신감을 갖게 된다.

Chapter

6
삶과 조직에서
대화 활용하기

리더들의 경우 같은 전략을 그대로 반복하면서 결과는 다르게 나오길
바라는 업무 방식에 빠져 있는 경우가 많다. 나는 1단계 대화에 갇혀
버리는 상황을 '말하기-설득하기-소리치기 증후군'으로 표현한다.

여러 해 동안 리더들과 그의 팀들과 함께 일해오면서 내가 깨달은
바는, 실상은 그렇지 않은데도 사람들은 자신이 좋은 의도를 갖고 훌
륭한 대화를 나누며 살고 있다고 착각한다는 것이다. 예를 들어 회사
의 비전과 미션을 팀이 제대로 이해하지 못한다고 생각하는 리더는 아
마도 더 많은 정보를 주면 결과가 달라질 것이라는 희망으로 더 많이
말할 것이다. 만약 더 많이 말해도 원하는 결과가 나오지 않으면 그 리
더는 사람들이 따라올 수 있도록 설득할 것이고, 그래도 소용이 없으

면 결과를 내기 위해 소리칠 것이다. 하지만 직원들에게 필요한 건 더 많은 비전이 아니라, 그들이 비전을 수행할 수 있도록 도울 수 있는 리더와의 깊은 관계다. 그러한 동력이 발생하지 않으면 직원들은 방어적 행동을 하게 되고, 관계에 깊숙이 발을 디디기보단 오히려 뒷걸음질 치게 된다.

'말하기-설득하기-소리치기'에 발목을 잡힌 리더의 예로, 2000년에 포드의 CEO로 취임한 자크 내서(Jacques Nasser)를 살펴보기로 하자. 내서의 목표는 포드를 수직적인 계층적 조직에서 직원들의 마음과 영혼이 맞물려 돌아가는 조직으로 바꾸는 것이었다. 초기에는 매우 성공적이었다. 내서는 전국에 걸쳐 타운홀을 세우고 많은 지역을 방문하며, 전 직급의 직원들이 목소리를 내고 조직의 변화에 참여할 방법에 대해 이야기했다. 그러나 결과가 원하는 만큼 빨리 나오지 않자 그는 좌절하고 불만의 목소리를 내기 시작했다.

그는 '말하기-설득하기-소리치기'에 돌입했다. 그의 의욕은 실망으로 변했고, 직원들도 그 변화를 감지했다. 곧 이사회가 개입했고 내서에게 CEO에서 물러나달라고 요구했다. 내서는 '말하기-설득하기-소리치기 증후군'에 빠졌고, 그 영향을 적기에 깨닫고 해결하지 못했기 때문에 힘찬 시작이 실망스러운 결말로 끝나게 되었다. 내서는 3단계 관계를 구축하지 못하고 1단계, 2단계 대화에 머물렀고, 이런 패턴은 긴밀한 관계와 변화를 필요로 하는 시장의 요구를 거스르는 것이었다.

처음에는 관계와 참여를 고취했지만 결국에는 조직을 발전시키는 데 실패한 리더들의 이야기를 보면, 이런 패턴이 똑같이 반복됨을 발

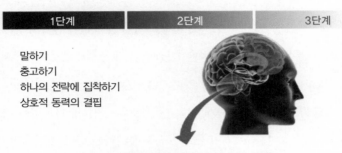

도표 6-1 말하기-설득하기-소리치기 증후군

1단계	2단계	3단계

말하기
충고하기
하나의 전략에 집착하기
상호적 동력의 결핍

방어적 행동과 관계의 손상 초래

견할 수 있다.

　반면에 나의 의뢰인이었던 제너럴 모터스 부회장을 역임한 밥 러츠(Bob Lutz)는 글로벌 배터리 회사인 엑사이드 테크놀로지(Exide Technologies)를, 지리에 근거한 위치 중심적 기업에서 고객 중심적 기업으로 변화시키기를 원했다. 2년이 넘는 기간 동안 나와 밥은 우리가 '엑사이드 재충전'이라 명명한, 기업을 좀 더 혁신적이고 고객 중심으로 변화시키고 개혁하는 과정을 함께 계획하고 이끌어나갔다.

　이 관계를 더욱 강력하게 해준 것은 내가 밥과 나눈 어떤 대화였다. 변화의 과정을 진행해나가면서 나는 밥에게 본인이 원하는 관계의 단계를 결정해달라고 했다. 그의 사무실에 앉아 내가 제안하는 몇 가지 안 중 1단계 대화를 이용한 과정을 선택할 수 있었다. 이 과정은 그가 원하는 변화를 이메일과 성명 발표 등으로 설명하고 사람들이 그대로 실행하는 것이었다. 내서가 했던 것처럼 자신이 각국의 대표와 팀들을 참여시키고 변화에 동참하라고 설득할 수 있을 거라 믿으며 말이다. 그는 전 세계 핵심 지역을 일일이 방문해서 변화에 대해 얘기할 수도 있었다. 엑사이드를 위한 새 비전을 폭포수처럼 쏟아내며 변화의 중요성에 대해 모두를 설득하는 방법은 1단계(업무적, 정보적)와 2단계(위치에 따른 권위 이용) 대화를 활용하는 것이었다.

밥은 그런 방법들 대신 3단계 전략을 선택했고, 전 세계에 있는 조직 전체가 변화를 만들고 기여할 수 있도록 참여하게 했다. 18개월 만에 엑사이드 사는 위치 중심에서 고객 중심 조직으로 탈바꿈했고, 조직 전체가 생산적이고 혁신적이고 경쟁력 있는 방식으로 고객과 함께 일할 태세를 갖추게 되었다.

논쟁을
좋아하는 뇌

우리가 1단계에만 빠져 있는 것과 마찬가지로, 2단계에서 빠져나오지 못하는 경우도 있다. 우리는 이미 하고 있는 것의 강도를 높이면 더 나은 결과를 낼 수 있을 거라고 생각한다. 하지만 그렇지 않은 경우가 더 많다. 2단계 위치의 동력은 신경화학적으로 우리를 '나만 옳다'는 생각에 중독되게 만든다. 이 동력은 내 관점에 따라 사람들에게 영향을 주려는 의도로 내 관점을 옹호하고 사람들의 생각을 탐색하는 것이다. 우리의 뇌는 '내가 옳다'는 것을 좋아한다. 내가 옳을 때는 도파민이 분비되는데, 이 느낌은 중독성이 있다. 내가 옳다는 기분은 정말 좋아 우리의 뇌는 그에 동반되는 긍정적인 느낌을 갈구한다.

레옹에 위치한 언어-두뇌와 인지 연구소(Labortatoire Sur Le Langage, Le Cerveau Et La Cognition in Leon)의 위고 메르시에(Hugo Mercier)와, 헝가리 부다페스트에 있는 센트럴 유러피언 대학교의 댄 스퍼버(Dan Sperber)는 우리가 논쟁할 수 있도록 뇌가 진화해왔다는 점에서 대화 지능에 대한 견해를 같이한다. 인류의 조상들은 설득력 있게 논쟁하는 능력에 관심이 있었을 것이고, 따라서 인류가 진화하면서 대화의 형태도 더 발전했을 것이다.[16] 직장 내에서 이런 행동의 양상은 대단히 중요한 사안에 대해 리더들끼리 대립하게 되는 회의에서 많이 볼 수 있다. 상대를 설득하기로 작정하고 그를 실행하는 과정이 궤도에 오르면 승리를 포기하기란 정말 어렵다. 특히 동료들이 관중으로 지켜보고 있을 때는 말이다. 따라서 처음에는 아이디어 교환으로 시작된 것이 기 싸움이 되어 한 사람은 승자로, 또 한 사람은 패자로 만들 수도 있는 것이다. 2단계 대화에 빠져 있으면 '나만 옳다'에 중독되는 결과를 낳고, 이런 경향이 다른 사람들에게 미칠 수 있는 부정적인 영향을 깨닫지 못하게 된다.

약물 중독과 마찬가지로 신경화학물질의 공급에 의한 기분 역시 중독으로 이어질 수 있다. '나만 옳다'는 기분에 중독되는 것은 실질적으로 가능한 일이다. 내가 옳을 때(남들은 틀렸을 때) 우리의 뇌는 기분 좋은 호르몬을 생산한다. 내가 옳다는 것은 우리에게 힘이 있다는 기분을 들게 하는데, 이는 테스토스테론과 아드레날린 수치를 높인다. 이

두 화학물질은 우리가 남들보다 똑똑하고 강하다는 감정을 고조시킨다. '나만 옳다' 중독은 기업 문화에 유해하다. '알파 지배자'와 그에 따른 당연한 귀결을 우리는 아주 많이 본다. 사람들에게 굴복을 주입하고 목소리를 빼앗아가며 그 뒤에 불평만 남기게 된다.

나는 큰 금융 회사, 보험 회사, 테크놀로지 회사의 의뢰인들을 종종 코칭한다. 그런 회사의 리더들은 남들보다 훨씬 똑똑하고, 대표 자리에 오르는 것으로 그 똑똑함을 인정받으며 살아왔다. 그런 형태의 보상은 '대화 전쟁'에서 승리하면 더 많은 것을 가질 수 있을 것이라는 보이지 않는 깊은 믿음을 품게 한다. 하지만 오히려 그 반대의 경우가 더 많다. 이 유형의 사람들은 따지기 좋아하고 거만한 인상을 주며 다른 사람들을 뒤에 남겨두고 혼자 앞서 나갈 사람들로 보이기 쉽다. 동료들 앞에서 바보가 되고 싶은 사람은 아무도 없다. 나는 이런 경향을, 남들을 밟고 가는 '당신은 바보 중의 바보(You Stupid Idiot)', 혹은 'YSI 증후군'이라 부른다. 남들보다 지능이 높다고 해서 다른 사람들이 자신을 가치 있다고 느끼게 할 수는 없다. 해결책은 바로 대화지능을 개발하는 것이다.

동반 성공의 청사진 그리기

3단계 대화에 도달하면 다른 사람들과 진정한 교류의 힘을 발휘할 수 있게 된다. 대화지능이 진화하면 우리는 대화의 의도를 제대로 의식하게 되고, 그 대화가 상대에게 주는 영향도 알아차릴 수 있다. 3단계 대화가 생활화되면 우리는 각자가 사용하는 단어들에 자기만의 의미를 담게 된다. 그런 의미들과 자기 생각을 하나로 연결하는 방식이 우리모두를 저마다 특별하게 만들고, 우리가 생각을 진화시키면 우리의 말과 의미도 함께 진화한다. 의미가 공동으로 창조되는 것이라는 이해는, 한 나라 혹은 한 회사의 문화가 공동 창조된 의미의 총합이라는 것을 인식하는 데 매우 중요하다. 회사마다 모두 문화가 있고, 그곳에서 공동 창조된 의미는 그 문화만의 특별한 것이다. MIT의 조직연구학 교수인 데보라 앤코나(Deborah Ancona)와 피터 셍게(Peter Senge), 그리고 리더십 전문가 몇몇은 '이해 만들기'가 새로운 리더가 갖추어야 할 가장 중요한 기술임을 밝혔다.

우리의 현실을 이해하기 위해서는 공유와 발견의 가치를 이해하는 것이 필수다. 공유와 발견은 우리가 의미와 경험을 공유한다는 기본 전제하에 새로운 정의를 수확하는 것이다. 대화 계기판(도표 6-2) 오른쪽의 3단계 대화는 우리가 공동 창조한 현실을 고려하는 단계다.

- 의미는 진화한다.
- 우리는 함께 의미를 만들어간다.
- 우리는 다른 사람들과 함께 의미를 확인해야 한다.
- 와해는 우리가 사람들과 의미를 다르게 볼 때 발생한다.
- 와해는 우리가 자기의 의미가 옳다고 남들을 설득할 때 발생한다.

- 돌파구는 우리가 공유와 발견을 위해 시간을 투자할 때 만들어진다.
- 돌파구는 우리가 현실을 공유할 수 있도록 공동 창조하고, 서로가 창조의 파트너가 될 때 마련된다.

대화지능의 대가들은 언제 다른 사람들과 이해를 같이하고 있는지, 언제 그렇지 못한지 인식하는 능력이 있다. 또 대화에 다시 초점을 맞추고 대화를 재구성하고 전환해서 더 많은 발견과 대화를 위한 공간을 열 수 있다. 어떤 대화에서는 충족되지 않은 기대치, 수면 위로 드러나지 않은 불만, 입 밖에 내기엔 너무 어려운 얘기들에 초점을 맞춰야 한다. 그러나 대화지능의 대가들은 3단계 대화란 TRUST를 위한 공간을 마련하는 것임을 잘 알고 있다. TRUST는 투명성(Transparency), 관계(Relationship), 이해(Understanding), 동반 성공(Shared Success), 가정의 실험과 진실 말하기(Truth telling and testing assumptions)를 가리킨다. TRUST를 위한 공간을 만들 때 우리는 더 심도 있는 탐구와 발견을 위한 문을 열어두게 된다. 동반 성공이라는 청사진을 그리기 위함이다. 이렇게 하기 위해서 3단계 사고방식으로 전환해야 한다. 비판적인 태도를 버리고 열린 마음으로 영향을 기꺼이 받아들이며, 듣는 것에 집중해야 한다. 쉽게 들릴 수도 있겠지만, 우리가 질 수 있다고 느끼거나 미묘하지만 치명적인 위협을 느끼는 상황에서는 쉽지 않은 일이다.

이번 장에서는 공동 창조적 대화의 의식을 통해 1단계에서 3단계로 올라가는 방법을 보여주는 이야기를 공유하고자 한다. 비즈니스에서 훌륭한 성과를 거두어들일 수 있도록 당신의 대화를 변모시키는 법에 초점을 맞출 것이다.

업무적 대화에서
변화의 대화로

P&G(프록터&갬블) 사에 통합된 클레롤(Clairol) 브랜드는 얼마 전까지만 해도 생존 여부조차 의심스러웠다. 판매는 급락하고 있었고 비판과 비난이 난무했다. 경영진들은 서로 생각이 다른 정도가 아니라 아예 다른 곳을 보고 있었다. 마케팅 부서에서는 더 효과적인 판촉 방법을 만들어내면 상황이 달라질 거라 생각했다. 영업 이사들은 판매 인력의 성과급을 올려주면 수익도 늘어날 것이라 생각했다. 광고 부서에서는 더 젊은 소비자들이 등장하는 새 광고가 상황을 바꿀 수 있을 거라 생각했다.

회사 밖에 있는 사람인 내 눈에는 대화지능의 결여가 명백한 문제로 보였다. 따라서 현재 이 회사의 분위기가 대화 계기판 상에 어떻게 나타나는지 점검하는 것이 내가 첫 번째로 할 일이었다. 내 예상은 그대로 들어맞았다. 3단계 도전 과제들을 수행하려고 애쓰는 상황에서 그들은 1단계, 2단계 대화에서 벗어나지 못하고 있었다. 간단히 말해서 이 사람들의 소통법은 무엇을, 왜 성취해야 하는가에 대한 공통된 의미를 공유할 수 없는 방식이었다. 각 부서의 대표들은 회사의 수익에

도표 6-2 대화 계기판

영향을 미칠 만한 아이디어 내기에만 급급했지, 정작 '시장의 도전에 어떻게 대처할 것인가'라는 대의에 대해, 회사의 명운을 바꾸겠다는 확신과 용기를 가지고 조직 전체를 오가며 소통하고자 하는 사람은 거의 없었다.

대화 계기판을 떠올려보자. 사람들을 1단계, 2단계에서 3단계인 변화의 대화로 발전시킬 방법을 찾아내면 조직은 변화한다. 나는 대화 계기판을 시각적인 도구로 자주 소개한다. 그러면 팀들이 관계의 단계를 측정할 수 있고, 그에 따라 그 상황에서 필요한 관계를 만들기 위해 함께 조정하는 과정을 밟을 수 있다. 나는 하나의 팀을 업무적인 대화에서 변화의 대화로 이끌어갈 수 있게 해주는 나침반으로 대화 계기판을 활용한다.

1단계 대화는
어떤 모습일까?

대화지능을 개발하기 전에 클레롤은 이런 식이었다. 영업 총괄 부사장이 영업 부서 직원들 앞에 서서 자기가 원하는 것을 그들에게 지시한다. "이번 분기 판매를 4퍼센트 늘려야 합니다." 그다음에는 정확히 어떻게 해야 하는지 일일이 알려준다. "새로 나온 마케팅 매뉴얼을 나눠드릴 테니, 거기 쓰인 그대로 따라주면 됩니다." 이 사람은 계기판의 왼쪽 끝, 자기 팀에 할 일을 지시하는 1단계 동력에 갇혀 있었다. 저항 인자가 보일 때는 가끔씩 2단계로 넘어가 매우 독단적으로 자기 입장을 옹호하기도 했다. 3단계로 올라서기 위해 그는 '공유와 발견'의 동력 안에서 영업 팀원들과 관계를 맺어야 했다. 그러면 팀원들이 단순히 명령을 하달받는 게 아니라 대화에 참여할 수 있는 공간이 열린다.

  3단계 대화를 목표로 코칭을 받고 난 후, 이 영업부 부사장은 자기 자신과 회사 전체에 닥친 문제를 공유했다. 얘기를 나눌 때도 단지 도움을 청하는 데 그치지 않고 공유, 발견, 공동 창조로의 비약적인 발전을 이룰 수 있는 무대를 마련했다. "이 분야를 지배하기 위해, 즉 이 분야의 리더가 된다는 우리 목표에 근접하기 위해서 이번 분기에는 판매를 5퍼센트 늘려야 합니다. 저에게도 여러분과 공유하고 싶은 생각들이 있고, 목표의 가장 효율적인 성취를 위해 여러분의 좋은 생각들도 꼭 필요합니다. 어떻게 하면 이 목표를 함께 이룰 수 있을까요?"

더 나은
대화로의 변화

대화 의식은 변화 과정의 핵심이다. 사실 대화 의식의 활용은 저항과 두려움 없이 변화를 부르는 기폭제와 같다. 클레롤 변신의 한 방편으로 우리는 변화를 위한 안전한 공간을 마련했다. 고위 간부들에게 '방어'에서 '동반자(협력)'로 옮겨 가는 방법과, 공유, 발견, 공동 창조의 연습을 코칭한 다음, 조직 전체를 통틀어 대화지능을 연습할 공간 창조에 돌입했다. 이제 대화지능이 실제로 적용되는 단계에 대해 이야기해보자.

리더들은 신뢰를 쌓고 유지하는 것이 필수적이라는 것을 알았다. 따라서 그들은 신뢰를 바탕으로 생활하겠다는 의도에 집중하며, TRUST 체크 리스트에 따라 움직였다.

- ☑ 투명성 유지하기
- ☑ 업무에 집중하기 이전에 서로에 대한 존중, 그리고 친밀한 관계 형성에 집중하기
- ☑ 다른 사람들의 관점을 이해하기 위해 더 깊이 경청하기
- ☑ 사리사욕에서 벗어나 동반 성공에 초점 맞추기
- ☑ 현실의 간극이 존재할 때는 회의석상에 올려 함께 논의하며, 진실을 말하고 가정 시험하기

리더들이 신뢰에 닻을 내리고 신뢰를 바탕으로 조직을 이끌 준비를 갖추자, 새로운 아이디어에 더 개방적이 되었고 더 나은 대화를 유도할 수 있었다. 자기 사람들이 동반 성공이라는 비전을 중심으로 공유, 발견, 공동 창조할 수 있다고 확신하면서 말이다.

클레롤의 성공으로 본 대화 활용하기

클레롤에서 우리의 작업이 시작되었을 때, CEO 스티브 사도브(Steve Sadove)는 사람들이 이해를 같이하고 있지 않다는 사실을 깨달았다. 회사의 사업상 문제들에 대한 접근법을 두고 임원들은 모두 다른 견해를 갖고 있었다. 각각 현실의 간극이 너무 심한 나머지 앞으로 할 일에 대한 갈등이 종종 임원실을 지배하기도 했다. 사도브는 진행되고 있는 모든 상황에 철저한 투명성이 필요함을 인식했다. 그는 갈등을 대화로 대체하길 원했다.

공동 창조에 사람들이 더 마음을 열기 쉬운 환경을 조성하기 위해서 우리는 내부 뉴스 네트워크를 만들었다. 클레롤 뉴스 네트워크는 '비전(Visions)'이라는 비디오 뉴스 프로그램 하나와, 현 상황에 도전하는 사람들의 이야기를 다루는 챌린저(Challenger), 그리고 변화를 다루는 방식에 초점을 맞춘 매니저(Manager)라는 두 개의 뉴스레터로 구성되었다. 우리는 이런 매개체를 이용해서 클레롤이라는 회사 전체를 관통하는 하나의 대화를 창조하고자 했다. 이 소통 수단을 통해 모든 부서들이 하나의 대화의 일원이 되었고, 그 안에서 전 직원이 클레롤의 변신에 긍정적인 영향을 주었다. 무엇보다도 이 과정을 통해 클레롤은 독한 화학 염색약보다 천연 헤어 제품을 제공함으로써 회사 이미지 갱신의 필요성을 받아들이게 되었다. 클레롤 뉴스 네트워크는 클레롤의 변신 과정이 담긴 성공 스토리와 최신 정보들을 전 직원에게 전달해서, 회사가 문을 닫을지도 모른다는 직원들의 불안감을 팀워크와 혁신을 부르는 대화로 전환했다.

그다음 단계로 클레롤은 고객중심 팀을 만들어 고객 위주의 재편성을 단행했다. 새로운 역할, 임무, 관계를 구축하고, 고객들이 진짜로 원하는 것이 무엇인지 발견할 수 있도록 협력과 공유를 위해 헌신했다. 고객을 향한 이런 헌신은 가장 중요한 우선순위가 무엇인지에 대해 전부 다르게 해석하던 팀원들을 고객 중심으로 다시 집중시키고, 고객의 이익을 모든 결정과 행동의 중심에 놓을 수 있게 만들었다.

예를 들어 각각의 고객중심 팀은 이 사업의 핵심 분야를 대표하는 영업, 마케팅, 홍보 등의 대여섯 명의 직원으로 구성되었다. 그뿐만 아니라 신상품 개발은 고객들의 현재 진행형 피드백에 근거해 이루어질 수 있도록, 영업 팀과 연구개발(R&D) 팀이 정기적으로 만나서 고객들의 생각과 피드백을 공유했다.

다른 사람의 관점에서 보는 현실을 이해하기 위해 각 고객중심 팀은 서로의 입장에 서보았다. 이 과정을 통해 팀끼리 서로 협조하는 방법과, 무엇보다도 고객을 도울 수 있는 방법을 배워나갔다. 이렇게 해서 클레롤에서는 제품을 만드는 방식, 마케팅 부서가 홍보 팀과 협력하는 방식, 영업 팀이 혁신 팀과 함께 일하는 방식 등에 대변혁이 일어났다.

이 프로그램의 일환으로 동반 성공에 대한 비전을 창조했고, 이 분야의 리더가 된다는 가장 중요한 목표를 비전 비디오 뉴스 네트워크를 통해 반복해서 얘기했다. 공유, 발견, 협력, 공동 창조를 가장 높은 단계로 유지하기 위해서, 우리는 클레롤의 변신에 대한 인터뷰를 경영진, 연구원, 영업 마케팅 이사, 재무 담당 이사와 진행했다. 이 프로그램의 프로듀서로서 나의 역할은 의견 교환과 논의가 대화지능의 가장 높은 단계에서 이루어지도록 하는 것이었다.

나의 도발적인 인터뷰를 통해, 이 분야의 리더가 된다는 것의 의미에 대해 모두 함께 생각하게 되었고, 이 목표를 현실로 만들기 위한 각자의 역할을 논하는 대화에 불이 붙었다. 바꾸어 말하면 모두 진실 말하기와 현실의 간극 메우기에 동참하게 된 것이다. 성공에 대한 모두의 견해가 하나가 될 수 있도록, 이 프로젝트가 진행되는 기간 내내 '비전' 영상물을 회사 전체에 배급했다. 비전 영상물 외에도 뉴스레터 출판물인 매니저와 챌린저도 직원들에게 배포했다. 이는 회사의 새 방향을 강조하고 조직의 전 직급에 걸쳐 대화를 확장할 수 있는 도구를 제공함으로써, 이 분야의 리더가 무엇이고 어떻게 도달해야 하는지 모두가 확실히 이해할 수 있도록 돕기 위해서였다.

우리는 클레롤 뉴스 네트워크를 통해 진전 사항에 대한 최신 정보 전달, 핵심 성과에 대한 보충 설명, 성공담의 공유를 가능케 했다. 앞서 다룬 원칙들(투명성, 관계, 이해, 동반 성공, 가정의 실험과 진실 말하기)을 활용해서, 고위 경영진에게 타운홀 미팅을 통해 이 업계의 전망을 이끌어내는 방법을 가르치기도 했다. 우리는 이 회사의 미래를 만드는 과정에 모두가 참여하길 원했다. 이 회사의 리더들이 대화지능을 활용할 수 있는 사람들이라는 것을 확실히 하고 싶었다.

이렇게 강도 높은 대화의 변화를 통해 클레롤의 직원들은 같은 눈으로 성공을 보기 시작했다. 그들은 효과가 있는 것은 무엇이고 효과가 없는 것은 무엇인지 서로 진실을 이야기하고, 현실의 간극을 메우기 위해 공유와 발견을 함께하기 시작했다. 혁신 팀, 신상품 개발, 홍보 등 자기가 몸담고 있는 곳이 어디든 모두가 같은 대화를 나누는 일원이었고, 모두가 성공이 어떤 모습이고 어떻게 함께 성취해낼지에 대해 의견을 같이했다.

아드레날린과 코르티솔 수치가 내려가고 옥시토신 수치가 올라가면서 사람들은 함께 일하는 것이 생각보다 쉽다는 것을 깨달았다. 신뢰가 조직 전체를 통해 형성되기 시작되었다. 새롭게 발견한 이 협력 정신 덕분에 클레롤의 경영진은 회사뿐만 아니라 이 산업 전체를 탈바꿈시킬 수 있었다.

클레롤의 가장 큰 변화는 '말하기-묻기'(1단계)인 원초적 대화의 동력에서 '공유-발견'(3단계) 상호작용 형태로의 전환이었다. 사람들은 정답이 없는 질문을 하기 시작했다. 그들은 영향에 열려 있었고, 혁신을 위한 열의가 있었다. 어려운 대화가 진행되어도 계속 참여하고자 하는 의욕이 있었다. 이 회사의 가치는 약 10년 만에 2억 5,000만 달러에서 45억 달러로 뛰었다.

클레롤은 헤어 케어와 컬러 분야(머리 염색 아님)의 리더로 인정받게 되었다. 규모가 큰 편의점이나 대형 마켓에 들어가 보면 가로로 6미터에 달하는 제품들과 정보, 조언들이 첨부된 클레롤 컬러 초이스 시스템을 만나볼 수 있다. 심지어 다른 회사의 제품들까지 그 아래 진열되어 있다. 클레롤이 이 업계의 리더라는 증명이다. 2001년 P&G는 한때 경영난에 허덕이던 회사를 49억 5,000만 달러(한화로 약 5조 3,000억 원 - 역주)에 매입했다.

클레롤 경영진이 배웠듯이, 올바른 대화가 올바른 방식으로 이루어지면 죽어가던 회사도 생생하게 되살릴 수 있다. 대화지능을 통해 우리는 다른 사람들과 더불어 현재를 묘사하고 미래를 보고 만들고 예견할 수 있었다. 지금 우리가 있는 곳과 우리가 가고 싶은 곳을 연결하는 다리를 놓을 수 있다.

Chapter

7

3단계 대화
준비하기

당신에게 다른 사람들의 의도를 즉각적으로, 10억분의 1초 만에 읽을 수 있는 직감이 내재되어 있다고 가정해보자. 이 직감은 그 사람이 신뢰할 만한 사람인지 아닌지 결정하기 위함이다. 뇌는 당신의 이 내장 직감(Gut Instinct)에 근거해서 열지 닫을지, 공유할지 숨길지 판단할 것이다. 그런데 당신에게는 정말로 이 능력이 있다. 사실 우리 모두에게 있다.

여러 해에 걸쳐 내가 배운 사실은, 최고의 소통자는 자신의 의도와 그에 따른 영향을 나란히 일치시키는 법을 안다는 것이다. 의도가 무언가 일어나게 하고 싶은 마음 또는 성취를 위한 계획이라면, 영향은 듣는 사람의 관점에서 비롯된 경험의 질과 관련이 있다. 그리고 그 영향은 의사 전달자의 의도와는 일치하지 않을 수도 있다. 의사 전달자가 자신의 의도와 영향을 모니터링하고 성공적으로 일치시키면, 사람들은 그 사람을 더욱 신뢰하게 된다. 일단 우리가 어떤 사람과 3미터 이내로 가까워지면 서로의 에너지 장(Energy Field, 대체의학에서 말하는 한 사람의 몸에서 나오는 영적 에너지 – 역주)과 접촉하게 되고, 상대를 얼마나 신뢰할 수 있는지 읽을 수 있게 된다.

이 민감한 측정기가 우리 모두에게 존재한다는 것이 나의 주장이고, 나는 이 놀라운 인간의 능력을 생존필수본능(Vital Instinct)이라 칭한다. 나는 이 생존필수본능이 우리의 감각 체계에 내재되어 있고, 다른 사람들의 신뢰도에 대한 신호를 감지하게 해준다고 믿는다. 이런 직감은 누가 친구이고 누가 적인지 결정할 때 활용할 수 있는 무형의 체크리스트를 제공한다. 그리고 이 직감은 매우 본능적이기 때문에 원초적 두뇌에 존재하며 뇌의 다른 어떤 부분보다도 빨리 반응한다.

생존필수본능 차트에서 각 질문을 생물학적 검증 절차라고 생각하기로 하자. 사람들이 공정하고, 우리의 주인의식을 높이 평가하고, 상호존중하고, 협력적이고, 발언의 자유를 주며, 집단 내에서 우리의 지위를 존중해줄 때 우리는 그들을 신뢰할 수 있다고 느낀다.

도표 7-1 생존필수본능™ – 신뢰에 영향을 주는 힘

공정함(**F**airness) 주인의식(**O**wnership) 상호 존중(**R**eciprocity)
협력(**C**ooperation) 표현(**E**xpression) 지위(**S**tatus)

- **공정함:** 이 상호작용과 관계에서 공정함을 느끼는가? 우리는 우리를 세워나가고 있는가, 아니면 이 관계는 단지 나뿐인가? 우리는 생각할 거리를 공유하고 있는가?

- **주인의식:** 우리는 주인의식을 갖고 있는가? 내 것과 네 것이 분명한가? 주인의식과 관련해서 관계의 규칙이 서 있는가?

- **상호 존중:** 나는 당신을 배려하고 당신은 나를 배려하는가? 상대를 위한 우리의 긍정적인 행동으로는 무엇이 있는가?

- **협력:** 우리는 어떤 방식으로 힘을 모으고, 우리의 욕구를 성취하기 위해 서로를 어떻게 지지하는가?

- **표현:** 우리는 서로에게 발언할 수 있는 공간을 주고 생각을 공유하는가? 우리는 서로가 각자의 생각을 말할 수 있는 여유를 주는가?

- **지위:** 사회적 위계에서 우리 위치를 존중하고, 서로 그 위치에 있음을 존경하는가?

빛의 속도로
다른 사람의 존재 감지하기

만약 인간이 0.07초 내로 친구와 적을 감지할 수 있는 것이 사실이라면, 상대방의 움직임만으로 그에 대한 신뢰 여부를 판단할 수 있음을 의미한다. 편도체는 이런 역할을 하게끔 만들어져 있기에 우리가 다치지 않도록 스스로 보호할 수 있다. 이런 시각으로 보면 인간의 소통 체계가 얼마나 놀라운 것인지 잘 알 수 있다. 우리는 당장 눈앞의 일에 초점을 맞출 뿐만 아니라, 뇌는 동시에 당장 눈앞의 일을 수행하기 위해 다른 사람들을 얼마나 신뢰할 수 있는지 가늠한다.

체계는 이렇게 복잡하지만, 다른 사람들과 소통할 때 우리는 기본적으로 기분이 좋거나 나쁘거나 둘 중 하나다. 공정함, 주인의식, 상호 존중, 협력, 열린 표현, 지위의 존중을 느끼면 우리는 기분이 좋다. 이런 상태는 도파민과 세로토닌(행복 신경전달물질), 그리고 옥시토신(유대 호르몬) 같은 신경전달물질과 공존하고, 이 신경전달물질들은 함께 스트레스를 완화하고 즐거움을 생성한다. 어떤 특정한 사람들과 있을 때 우리가 늘 일관되게 기분이 좋다면 그 느낌은 대개 신뢰로 이어진다. 그리고 우리가 신뢰를 느끼면 이런 사이클이 강화된다. 신뢰는 말이나 기분 이상의 보상을 가져다준다. 그것은 신경화학적인 사실이다.

반면에 누군가와 소통하면서 두려움, 슬픔, 우울함, 언짢음, 노여움, 과도한 흥분을 느끼게 되면, 두려움의 화학 물질이 깨어나 우리는 도파민의 과다 분비를 경험하게 된다. 이는 우리에게 위협을 알리고 경계하게 하는 교감신경계(대항 혹은 회피)를 과도하게 자극하고, 노르에피네프린(스트레스 호르몬)의 수치를 높이고, 공격성을 자극하는 테스토스테론의 양을 늘리고, 육체적 힘을 강화하는 스테로이드를 폭발적으로 증가시킨다. 우리가 위협을 받거나 불안함을 느끼거나 화가 나거나 싸움을 하게 되면, 이 화학 물질들이 우리 몸 안에서 힘을 발휘하게 된다. 사람들이 우리를 거부한다고 느끼면 그들을 불신하게 되는 게 당연하고(세포 단계와 인식 단계 모두에서 상대방이 우리를 진심으로 위하지 않는다고 결론 내림) 그 느낌의 진위 여부를 떠나서 우리는 관계를 부정적으로 혹은 불확실한 눈으로 보게 하는 이야기를 만들어낸다.

다행인지 불행인지, 다른 사람들에 대한 두려움과 불신이 촉발되면, 이런 감정과 연관된 신경전달물질은 신뢰 화학물질보다 효력이 훨씬 오래 지속된다. 과학자들에 따르면, 두려움 호르몬인 코르티솔은 체내에서 26시간 지속된다고 한다. 만약 경험에 대해 오래 깊이 생각하고 두려움을 더 키우면 불편한 느낌을 며칠, 몇 달, 심지어 몇 년까지 연장할 수도 있다. 그래서 리더들은 신뢰를 위한 대화의 환경 조성 방법을 이해해야 하는 것이다. 생산성, 협업, 창의력, 그리고 사업의 성과가 모두 거기에 달려 있다. 대화의 상호작용 동력을 다루는 법에 대한 이해 없이 3단계 대화로 바로 도달할 수는 없다. 그것을 이해하기 위해서는 제3의 눈을 개발해야 한다.

제3의 눈
활용하기

의도와 그 영향을 일치시키는 능력을 개발하는 방법들이 있다. 대화지능이 바로 그것이다. 우리는 우리 안의 욕망 이야기, 그리고 우리 행동이 다른 사람들에게 미치는 영향을 유심히 관찰할 필요가 있다. 이 두 가지가 일치할수록 다른 사람들에 의해 생기는 신뢰의 크기가 커진다.

대화가 원초적 뇌의 작용을 유발하면 우리는 실행 기능을 상실한다.

우리 뇌에서 소통, 공감, 행동의 절차 판단, 사람들과 관계를 맺는 새로운 방법 찾기 등을 관장하는 부분이 대화 능력과 단절된다는 의미다. 우리는 더 이상 뇌의 그 부분에 접근하지 못하기 때문에 활성화된 뇌에 의지하게 된다. 바로 '대항, 회피, 경직 혹은 유화' 충동이 그것이다.

대화가 잘 진행되면 우리에게 소통하려는 의도가 생기고 서로 연결된다. 이러한 영향은 긍정적이고 이는 양쪽 모두를 풍요롭게 한다. 3단계 동력으로 소통할 때는 긍정적이 되는 데서 그치지 않고 더 정직하고 솔직해지며 공유에 더 마음이 열리고 쉽게 영향받게 된다. 그래서 3단계를 '공유와 발견'의 동력이라고 부르는 것이다. 3단계에 이르면 우리는 다른 사람들과 정말 깊은 신뢰를 느끼게 되어 마음 가장 깊은 곳까지 열고 공유할 수 있게 되고, 비판의식 없이 다른 사람들의 생각을 탐구하고 발견할 수 있게 된다.

신뢰가 촉발되는 대신 대화가 위협의 느낌을 만들어내고 원초적 두뇌를 자극하면, 우리는 제한된 기술만으로 대화를 하게 된다. 설상가상으로 지금 일어나고 있는 일에 대해 있지도 않은 사실을 만들어내고 사람들과의 단절이 더 심해진다.

영원한 단절과 불신에 빠지는 것을 막는 해결책은 제3의 눈을 활성화하는 것이다. 리더들과 작업할 때 나는 그들에게 이마 한가운데에 눈하나가 있다고 상상해보라고 한다. 이 눈은 지혜가 자리한 곳이다. 이마의 이 부분은 실행 두뇌가 존재하는 곳이기도 하다. 나의 의도는 리더들이 전두엽 피질(중립적인 시각에서 무슨 일이 일어나고 있는지 판단하고,

다른 시각으로 상황을 바라보며, 그들의 관계를 더 발전시킬 대안들을 선택할 수 있는 뇌의 부분)을 활성화하도록 하는 것이다.

앞에서 배웠듯이 신뢰는 전두엽 피질에 살고 있다. 그리고 뇌의 이 부분이 관여하기 시작하면 위협을 상쇄하고 그 순간에 대안을 볼 수 있게 해주는데, 그때의 대안은 예전에는 볼 수 없던 것들이다. 자기 의도에만 집중해 그러한 영향을 보지 않는 리더들은 '나 중심' 세계에 살고 있다. 제3의 눈을 개발하는 리더들은 의도와 영향을 동일 선상에 두고 대화를 조절하며 더 긍정적인 영향을 창조한다. 당신은 이렇게 말할지도 모른다. "내 의도가 누군가가 자기가 한 일에 대해 정말 속상하게 느끼도록 하는 것이라면요?" 그러면 나는 코치로서 이렇게 질문할 것이다. "왜 그러고 싶으신 거죠?" 그때 만약 대답이 "그러면 내 기분이 좀 나아질 것 같아서요"라면 당신은 아마도 1단계, 혹은 2단계에 살고 있는 것이다. 바로 이 부분이 당신을 3단계로 코칭하는 시작

도표 7-2 제3의 눈

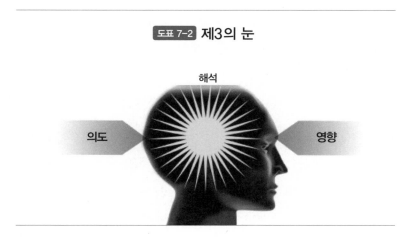

해석

의도　　　　　　　　　　영향

점이 된다.

 3단계는 협력하고 공동 창조하겠다는 마음가짐으로 당신이 열린, 신뢰하는, 참여하는, 정직한, 솔직한, 배려하는 사람으로 산다는 의미다. 또한 당신은 기꺼이 영향받고자 하며 비록 당장 어떻게 실천해야 할지 모른다고 해도 새로운 생각들을 기쁘게 즐긴다. 연민에 마음이 열려 있고, 비판하지 않고 경청하며, 당신의 연약함과 불확실함을 다른 사람들과 공유할 수 있다. 당신은 진심을 담은 인간이고자 한다. 왜냐하면 당신은 상대가 이 놀랍도록 활짝 열린 공간에 당신과 기꺼이 함께 있고자 함을 믿기 때문이다. 또 혹시 그럴 수 없을 때는 말을 해 줄 것이라고 믿기 때문이다.

 당신의 마음 상태를 의식적으로 인지하는 것은 대화지능 개발에 대단히 중요하다. 내가 한 말들이 남들에게 어떤 영향을 주는지 스스로에게 물어야 한다. 나의 사고는 '나 중심'인가, '우리 중심'인가? 이 다른 접근법, 그리고 다른 마음가짐은 당신이 나누는 대화와 당신이 창조하는 성과물에 극적인 변화를 불러온다. 제3의 눈을 활용하면 한 발 물러나서 당신이 촉발하는 것이 영역 본능(불신/방어)인지 생존 본능(신뢰/성장)인지 스스로에게 질문을 던질 수 있다. 일단 그 차이를 인식하면 스스로의 사고방식을 지배하고, 의도와 영향을 연결 지으며, 건강한 대화를 통해 건강한 업무 환경을 창조할 수 있다.

변화를 이끄는
점화 효과

파충류 뇌를 활성화하고, 우리를 방어적 행동에 갇혀 있게 만드는 위협과 두려움을 줄이고, 변화의 선두에 서는 방법이 있다. 그 기술을 우리는 '점화(priming)'라고 부른다. 점화 효과란 무엇인가? 점화란 자극에 노출된 경험이 그다음에 일어나는 반응에 영향을 주는 경우 발생하는 내재적 효과다. 지각, 의미, 혹은 개념에 따른 자극의 반복을 불러일으킬 수 있다.

예를 들면 이런 경우 발생한다. 만약 어떤 사람이 'table'이라는 단어가 포함된 단어의 목록을 읽은 후, 'tab'으로 시작되는 단어를 완성하라는 요구를 듣는다고 하자. 이 과정을 거치면 그러지 않았을 때에 비해 'table'이라고 말할 확률이 훨씬 높아진다. 또 하나의 예는 아직 알아볼 수 없는 미완성의 스케치를 사람들에게 보여주고, 그 그림을 알아볼 수 있을 때까지 스케치를 조금씩 더 보여주는 것이다. 나중에는 처음 이 실험을 했을 때보다 더 이른 단계에서 스케치만 보고 그림을 식별할 수 있게 된다.

점화는 다른 방식으로 생각하게 하고, 일에 접근하는 마음가짐에 변화를 준다. 비즈니스 상황에서 대화 공간을 설계하기 위해 우리가 창조하고 싶은 것이 무엇인지 생각해보게 하고, 상호작용 동력이 긍정적인 신경전달물질들로 충만하게 만든다. 점화는 위의 예시에서 살펴본 간단한 인식적 기억보다 훨씬 더 현저하고 지속적인 효과를 불러올 수 있고 사건, 관계, 신뢰 형성, 대화의 궤도에 무의식적인 영향을 준다. 심지어 물질적 환경 같은 요소가 우리에게 특정한 인식을 갖도록 점화하기도 한다. 믿기 어렵겠지만 우리가 직장에서 마시는 커피의 온도도 신뢰를 높일 수 있다.

2007년, 내가 예일 대학교의 존 바(John Bargh) 박사를 처음 만났을 때, 그는 뜨겁고 차가운 커피에 대한 연구와 해석에 매진하는 중이었다. 그 연구 결과는 정말 놀라웠다. 어린아이들과 보호자 사이의 따뜻한 신체적 접촉이, 아이들이 성인이 되었을 때 건강한 인간관계 형성 능력에 아주 중요하다는 사실을 심리학자들은 오랜 기간 주목해왔다. 따라서 바 박사와 그의 연구 파트너인 로렌스 E. 윌리엄스(Lawrence E. Williams)는 성인의 지각에 따뜻함이 미치는 영향을 실험해보기로 했다. 온도의 중요성에 대한 그들의 가설을 실험하기 위해 연구 팀은, 대학생 실험 참가자들이 정보를 받아 적을 때 따뜻한 커피나 아이스커피를 잠깐만 들고 있으라고 했다.

그런 다음 실험 참가자들에게 어떤 사람의 정보가 담긴 자료를 나눠준 후 그 사람의 성격 특징을 평가해보라고 했다. 따뜻한 커피를 들고 있던 실험 참가자들은 아이스커피를 들고 있던 참가자들보다, 그 사람에 대해 훨씬 더 따뜻한 평가를 내렸다. 따뜻함의 특징과 상관없는 성격에 관해서는 따뜻한 커피와 아이스커피를 들고 있던 참가자들의 대답에 전혀 차이가 없었다.

두 번째 연구에서 참가자들에게 제품 평가 실험의 일환으로 치료용 핫 팩이나 아이스 팩을 들고 있으라고 한 뒤, 친구에게 줄 수 있는 상품권과 자신이 가질 수 있는 선물 중에 하나를 받을 수 있다고 말했다. 핫 팩을 들고 있었던 참가자들은 친구를 위한 상품권을 달라고 하는 경우가 더 많았고, 아이스 팩을 들고 있던 참가자들은 자기 선물을 가져가는 경우가 더 많았다.

바 박사는 이렇게 말했다.

"신체의 온도는 우리가 상대를 보는 시선뿐만 아니라 우리 자신의 행동에까지 영향을 주는 것으로 보입니다. 육체적 따뜻함은 다른 사람들을 더 따뜻한 사람들로 보게 해주고 우리 자신도 따뜻해지도록, 그러니까 더 너그럽고 신뢰하는 사람이 되도록 만들어주는 거죠."

성격 평가에 있어 온도의 힘이 영향을 끼친다는 이 실험은 최신 뇌 영상 연구에 의해 뒷받침되고 있다. 예를 들어 뜨겁거나 차가운 자극의 경험은 감정, 인식 기능, 대인 관계의 경험과 관련된 뇌섬엽 피질의 강한 작용을 촉발한다. 연구원들은 두뇌의 이 부분과 경계성 인격장애(자아상, 대인관계, 정서가 불안정하고 충동적인 특징을 갖는 인격장애—역주)의 연관성을 시사하기도 했다.

당신의 대화가 뜨겁고 차가운 커피 같다고 생각해본 적이 있는가? 누군가와 얘기를 나눌 때 당신은 차가운 느낌을 만들고 그 사람을 밀쳐내는가, 아니면 따뜻함을 마음속에 그리며 그를 끌어당기는가? 신경과학자들은 정말 흥미로운 사실을 발견했다. 육체가 느끼는 차가움과 어떤 사람이 당신에게 차갑게 행동할 때의 기분은 뇌의 같은 지점에서 인식된다는 것이다. 따라서 뇌는 환경의 신호를 판독할 때 거부와 차가움을 동일시하고, 공감과 따뜻함을 동일시한다. 이런 이유로

냉대(冷待)라는 일반적인 용어는 거부를 나타낸다. 이런 사실을 깨닫지 못한 채 우리는 대화 속에 따뜻한 느낌과 찬 느낌을 집어넣고, 우리 자신에 대한 사람들의 느낌에 영향을 준다. 그들이 우리를 얼마나 신뢰할 만하다고 느낄지, 접촉의 순간에 얼마나 다가갈 만하다고 느낄지에 영향을 줄 수 있는 것이다. 점화 효과는 어쩌면 차가운 대화를 따뜻한 것으로 전환함으로써 대화의 방향과 궤도를 변화시킬 수 있다.

삶 속에서
점화 실천하기

생활 속에서 중요한 대화를 어떻게 점화해야 할까? 한 가지 방법은 환경이나 물리적 공간을 대화 친화적으로 조성하는 것이다. 대화를 둘러싸고 있는 상황을 차가움보다는 따뜻함을 느낄 수 있도록 바꾸는 것을 말한다. 예를 들어 테이블의 자리 배치는 대화에 영향을 줄 수 있다. 테이블의 상석에 앉아 있는 사람은 나머지 사람들에게 권위자의 영향력을 발휘하지만(차가움), 사람들이 원탁에 둘러앉았을 때는 따뜻한 분위기가 만들어진다.

　중요한 대화를 위해 한 사람을 점화하는 방법을 아는 것도 도움이 된다. 어려운 대화를 풀어나가기에 앞서 친밀한 관계를 형성해두면 상대가 당신에게 갖는 신뢰를 높일 수 있다. 대화 이전에 상대가 당신에게 받은 느낌은, 당신이 하는 말을 그가 해석하는 방식에 영향을 준다.

우리의 뇌는 차가움과 조심스러움을 동일시하고, 조심스러움은 하부 뇌가 불신을 감지하도록 자극한다. 환경 속에서 불신을 감지하고 두려움과 불확실함을 가라앉혀 대화를 따뜻하고 좀 더 신뢰성 있게 만드는 방법은 어떻게 배울 수 있을까? 불안, 불확실함의 상태에 있을 때 그것을 인식하고 자신을 점화하는 법은 어떻게 배울 수 있을까? 당신이 자신의 대화, 관계, 팀, 조직에 주는 영향을 어떻게 예견할 수 있을까?

먼저 간단한 자기 인식 체크를 해보자.

- 당신은 뒤로 물러나거나 다른 사람들을 배제하고 있는가?
- 당신은 방어적, 반작용적으로 행동함으로써, 영역주의가 생길 만한 환경을 조성하고 있는가?
- 어떻게 하면 당신의 마음가짐을 배제에서 포용으로 바꾸고, 당신과 다른 사람들이 공동의 성공을 위한 동반자가 될 수 있도록 하는, 신뢰성 있고 열린 대화를 위한 새로운 환경을 조성할 수 있는가?

따뜻한가, 차가운가?
선택은 당신의 몫

중요한 미팅, 관계, 만남, 팀 회의, 혹은 다른 사람들과 긍정적인 환경에서 교류하길 원하는 그 어떤 상황이든, 준비 과정에서 최상의 성과를 위해 뇌를 점화할 수 있는 방법들이 있다. 점화를 건강한 정원을 만들기 위해 토양을 준비하는 일이라고 생각해보자.

앞서 논의했듯이 존 바 박사는 뜨겁고 차가운 커피의 효과에 대한 그의 연구에서, 대화 전에 단순히 두 가지 중 하나를 들고 있는 것이 뇌의 각기 다른 부분의 활동을 유발한다는 사실을 밝혀냈다. 따뜻한 커피는 따뜻한 만남의 신호이고, 차가운 커피는 차가운 만남의 신호다. 존 바 박사는 딱딱한 의자와 푹신한 의자로 실행한 시험에서도 비슷한 결과를 얻었다. 푹신한 의자는 대화를 쉽게 만들었고 딱딱한 의자는 대화를 경직시켰다. 이 모든 것이 다 시시하다고 생각될 수도 있겠지만 환경의 효과는 실질적이다. 비즈니스 세계에는 모두를 놀라게 할 만한 이 지혜를 적용한 사례가 있다.

나는 글로벌 전문 서비스 회사에서 14명의 경영 코치 중 한 사람으로 10년 넘게 일했다. 50명의 경영진 그룹과 하는 훈련 중 하나는, 사람들에게 어떤 가공의 인물을 묘사하는 형용사 7개의 목록을 나눠주는 것이다. 그런 다음 경영진에게 이 가공의 인물이 어떤 사람인지 판단해보라고 한다. 절반이 '차가운'을 포함한 단어 일곱 개를 선택하고, 나머지 절반은 '따뜻한'을 포함한 단어 일곱 개를 선택한 목록을 만든다. 그다음에 '이 사람을 신뢰할 수 있느냐 없느냐'라는 질문에 손을 들어보라고 한다.

정말 놀라운 점은 두 가지 목록에서 다른 단어는 '차가운'과 '따뜻한' 뿐인데, 이 실험을 할 때마다 거의 매번 '따뜻한'을 포함해 목록을 만든 사람들은 그 사람을 신뢰할 만하다고 판단한 반면, '차가운'을 포함한 목록을 만든 사람들은 그 인물을 신뢰할 수 없다고 판단했다는 것이다. 이 실험과 우리가 발견한 통찰을 감안할 때, 최선의 결과를 가져올 대화를 조종하지 않고 점화하기 위해 할 수 있는 일이 분명 있는 것이다.

의도가 중요하므로 점화 작업은 성실하고 정직한 목표와 함께 이루어져야 한다. 기만이나 세력 과시가 아니라 진정한 동반 관계를 염두에 두고 이루어져야 한다. 우리의 정신과 마음은 그 무엇보다도 기만이나 조작을 먼저 감지한다. 우리는 스스로를 보호하도록 설계되어 있음을 기억해야 한다.

사전 점화로
대화 분위기 조성하기

성공을 위한 환경을 조성하는 대화가 시작되기 전에 우리가 미리 취할 수 있는 조치들이 몇 가지 있다. 유대, 신뢰, 이해를 촉발하기 위해 직장에서 적용할 만한 실천법들이다. 신뢰도가 약한 사람들과 함께 있을 때는 악수를 함으로써 신경화학적으로 신뢰도를 높일 수 있다. 악수하기 위해 손을 뻗을 때 옥시토신이 분비되고, 이는 뇌의 이런 반응을 촉발한다. "이 사람은 적이 아니라 친구다."

이 느낌이 완전히 자리 잡기까지는 몇 번의 악수가 더 필요하겠지만, 악수가 신뢰도를 개선하는 것은 분명하다. 옥시토신의 분비는 뇌의 화학적 칵테일 같은 것으로 사람들에 대한 인식을 전환시킨다. 다시 말해 불확실성을 제거하는 것이다. 우리는 스스로에게 이렇게 말할지도 모른다. "흠, 그러고 보니 그 사람, 그렇게 나쁜 사람은 아닌 것 같네." 그리고 왜 이런 생각을 하게 되었는지도 모를 것이다. 협상에 앞서 악수를 하면 긍정적 결과로 이어질 확률이 높아진다.

관계의 규칙

신뢰 구축 활동을 시작으로 미팅의 결과를 바꿀 수 있다. 이런 활동은 편도체의 속도를 늦춰 조용히 가라앉히고, 뇌의 다른 부분들이 '이 일은 믿음이 생기는, 좋은 경험이 될 거야'라는 내용의 데이터를 적극적으로 찾게 한다. 신뢰를 높이는 미팅을 하기 위한 최선의 방법은 관계의 법칙을 세우는 것으로부터 시작한다.

관계의 규칙 훈련

이 연습을 하는 한 가지 방법은 회의실 앞쪽에 '관계의 규칙'이라고 쓴 플립차트를 세워두고 활용하는 것이다. 일단 참가자 전원에게 이 대화와 미팅에서 최상의 결과물을 끌어낼 만한 연습법이나 '규칙'을 찾아보라고 한다. 사람들은 대부분 "신뢰가 있는 열린 대화를 나누고 우리가 합의한 내용을 잘 지킬 거예요"라는 식으로 대답할 것이다. 이것을 기본 규칙들 중 첫 번째로 놓고 시작하는 것은 정말 좋은 생각이다. 그 다음엔 사람들에게 가장 신뢰 넘치는 대화 공간 조성을 위해 필수적인 행동, 태도 등을 정해보라고 한다.

사람들이 관계의 규칙을 추가해나가는 사이 뇌의 화학 작용이 변화한다. 그들의 편도체는 만족감을 느껴 더 이상 보호자로 나설 필요가 없게 되고 대화는 진정된다. 진심이 안전하게 공유되는 상황에서 여러 조건에 대해 이야기하고 있기 때문에(예를 들어 '우리는 서로의 얘기를 비판하지 않고 들을 것이다' 같은 규칙) 우리의 감정 저장고인 변연계 뇌는 잘 단속된다. '모든 아이디어는 소중하다'와 같은 규칙을 만들 때 신피질이 초대를 받고 참가하게 된다. 전두엽 피질은 열리고 공감하며 생각할 준비를 갖춘다. 왜냐하면 일단 편도체가 조용해지면, 작동을 시작해도 안전하다는 신경화학적 메시지가 전두엽 피질에 전송되기 때문이다.

이것의 의미는 두려움과 방어 충동을 유도하는 편도체의 자극이 완화되고 전두엽 피질과 심장 두뇌의 연계가 강화되는 대화의 조건을 만들면 개인적 인간관계, 팀, 조직 간의 신뢰가 커진다는 것이다.

신뢰와 열린 마음을 위한 공간 만들기

미팅을 할 때 우리 의뢰인들 중 다수는 테이블의 상석에 앉고 상대는 그 반대편에 앉는다. 사람들이 지위의 권한을 이런 식으로 주장하면 '극도로 지배적'이라는 신호가 뇌로 전송된다. 이렇게 반대편의 위치에 앉게 되면, 파트너가 되기 위해 왔다는 신호를 보내는 대신 위치에 따른 힘을 주장하게 된다. 이런 힘겨루기를 완화하고 상대에게 신뢰의 신호를 보내기 위해 미팅에 앞서 할 수 있는 몇 가지가 있다.

- **사전에 안건 보내기:** 안건의 항목을 첨가하자는 제안에 열린 마음을

갖는다.

- **신뢰의 서클 확장:** 미팅에 누가 더 참석하면 좋을지, 이 대화에 포함되면 이익을 볼 만한 사람은 없는지 묻는다.

- **개정된 안건 보내기:** 회의 참석자가 제안해서 항목이 새롭게 추가되면 안건을 다시 보낸다.

- **자리 배치 다시 생각하기:** 미팅에서는 상대와 반대편에 앉지 말고 나란히 앉는다. 안건을 두 사람 앞에 모두 놓고 함께 해결해나간다. 메모도 하고 함께 아이디어도 낸다.

- **대화의 질에 신경 쓰기:** 위 단계들의 결과로 미팅의 기본적인 질에 변화가 있을 것이다. 열린, 협조적인, 대립하지 않는 대화를 유지하는 데 집중한다.

이런 공간 전환의 실천은 대화가 펼쳐지는 방식에 큰 차이를 만든다. 우리의 뇌는 공간의 수축과 확장을 감지한다. 공간의 수축은 자율성과 성장의 제한으로 해석되는 반면 확장은 성장으로 읽힌다. 이런 실천은 우리를 확장해준다. 또 존재감을 크게 해주는 사람 혹은 우리를 제한하고 존재감을 작게 하는 사람에게 어떻게 행동하고 반응해야 하는지 알려주는 구체적인 신호가 된다.

진행 과정 중
분리하기

일단 차가운 태도에 빠져들었다면 어떻게 따뜻한 감정으로 돌아갈 수 있을까? 비결은 '분리하기'와 '다시 관계 맺기'다. 미팅이나 대화 중에 우리는 종종 어색한 순간에 맞닥뜨린다. 우리는 누군가에게 동의하지 않을 수 있고 갈등할 수 있으며 벽에 부딪혀 더 이상 발전할 수 없음을 느낄 때도 있다. 그다음 순서로 충돌이 기다리고 있다는 것도 안다. 우리는 상황이 더 악화될 수 있음을 알기에 더 이상 제대로 들으려 하지 않는 감정 상태가 되거나, 사사건건 내 관점만을 더 확고히 하려 들 수 있다.

이런 상황이 발생하려 할 때 협상에 능한 사람은 '분리하기'라는 기술을 활용한다. 이 기술은 미팅을 재치 있게 중단하고 휴식을 가짐으로써, 좋은 판단을 방해하는 감정들을 놓아버리고 '결론의 사다리'에서 내려올 수 있게 한다. 그 사다리의 꼭대기에서는 이미 마음의 결정을 내리고, 우리의 관점으로만 세상을 보며, 다른 이의 말에는 귀를 닫게 된다. 분리는 건전한 협상 전략으로 대화를 발전시키고, 편도체와 몇몇 두려움 센터들을 진정시킬 수 있다. 이 과정은 코르티솔과 흥분 신경전달물질들을 하향 조절해서 우리의 시스템과 대화에 미치는 영향을 줄일 수 있다. 코르티솔의 양이 감소함에 따라 상부 뇌의 접근 능력이 회복되고, 공통의 기반을 찾고자 하는 의지가 돌아오며, 해결이 원만해질 가능성이 보이게 된다.

협상에 관한 연구 결과에 따르면, 어려운 협상에서 분리할 때 새롭고 더 발전된 전략을 들고 돌아오겠다는 의지를 가질 때 성공률이 더 높다고 한다. 휴식은 사람들에게 정신의 공간을 열고 윈윈하기 위한 생산적인 방법을 생각할 기회를 준다. 이상하게 보일 수도 있지만, 어려운 상황에서 한발 물러나 휴식하면 우리 머릿속의 부정적인 패턴을 끊고 사고 확장의 기회를 얻게 된다. 협상 중에 이런 순간을 만들고 싶다면 다음과 같은 방법을 시도할 수 있다.

- 구체적인 시간을 정해두고 대화 중 휴식 혹은 휴가를 제안한다.
- 분리하기 위해 유머를 활용한다(이 방법은 강력한 점화 효과도 있다). 이 전략은 당신에게 어울리는 유머를 쓸 때만 효과가 있다.

대화지능을 높이는 시점 인지하기

대화 공간을 조성할 때, 대화 계기판을 시각적 기억 장치로 활용한다. 사람들과의 관계에서 우리는 스스로를 보호하고 싶어지거나 협력하고 싶어지거나 둘 중 하나다. 스스로를 보호해야겠다고 느끼면 우리는 물러나고 방어적이 되거나 공격적이 된다. 이렇게 '나 중심'의 방어적인 태도가 되면 우리는 더 이상 내가 속한 무리나 팀을 보호하겠다는 생각은 하지 않고 오직 나를 보호하겠다는 생각만 하며, 상처를 피하려는 반사적인 행동으로 전환한다. 이런 태도를 취하면 리더십이라는 책임을 저버리고 나와 직원들을 분리하며 리더십의 공백이 생겨난다. 그 결과 대화의 결속, 진실성, 신뢰도가 떨어지게 된다. 반면 '우리 중심' 리더십은 사람들과의 거리를 좁히고, 진실을 볼 수 있게 하고, 어려운 문제들에 정면승부하며, 현실을 보는 시각을 공유할 수 있게 해준다.

대화 계기판을 하나의 정신적 체계로 활용하는 법을 배우면 대화 면에서 두뇌 회전이 빨라지고 대화지능이 높아진다. 이 체계는 당신이 현재 어디에 있는지, 당신 자신, 팀, 조직의 관계를 향상시키기 위해 어디로 가야 하는지를 가늠할 수 있는 도구가 될 것이다.

모든 상황에 3단계 동력이 필요한 것은 아니다. 하지만 2단계, 위치 동력에 갇혀서 피하게 되는 어려운 대화들이 너무 많기도 하고, 상대를 지배하려는 속성에 자극을 받으면 더 낮은 단계로 내려가게 된다. 제3의 눈을 개발하고 '공유와 발견'을 하려는 열린 사고방식을 가지면 친밀한 관계를 유지할 수 있고, 더 높은 단계의 혁신을 부르고, 과거에는 적으로 느꼈던 사람들과도 생산적인 관계를 개척할 수 있다.

안전한 대화 공간 조성을 위한 도구들과 대화 계기판을 활용하면 당신과 동료들은 감정 경험의 상호 조정자가 될 수 있다. 감성지능이 자기 제어에 초점을 맞추듯이, 대화지능은 상호 조정에 초점을 맞춘다. 이는 21세기의 리더나 팀, 조직이 성공을 위해 배워야 할 가장 강력한 도구 중 하나다.

Chapter

8
대화의 민첩성:
재구성, 재초점화, 방향 재설정

대화 의식을 키우고, 제3의 눈으로 보고, 대화로 인한 잠재적 충돌을
예견할 수 있게 되면, 대화의 항해 패턴을 전환해야 할 때가 언제인지
인식하기 시작할 것이다.

두려움 줄이기

건강한 자기 제어에 대한 연구에 따르면, 부정적 사고의 고리 통제를 의도적으
로 연습한 결과, 코르티솔은 23퍼센트 감소, DHEA(부신에서 생성되는 스테로이드
호르몬)는 100퍼센트 증가했다. 이는 명상을 통한 마음 챙김, 호흡의 기술, 심적
공감을 통해 스트레스를 급격히 줄이고 행복감은 증가시킬 수 있음을 의미한다.

대화의 민첩성
강화하기

대화지능은 말하는 사람은 물론 듣는 사람의 의식도 일깨운다. 그 사람이 리더라면 듣는 의식은 더욱 강력해진다. 우리가 듣는 이유는 우리가 들으려고 하는 정보의 유형을 결정한다. 예를 들어 영업 사원은 고객의 관심사를 듣고자 하고, 변호사는 상대 변호인의 논리의 허점을 들으려 한다. 각 분야의 전문가들은 누군가를 A지점에서 B지점으로 인도하려고 노력한다. 영업 사원은 고객을 관심의 지점에서 구매의 지점으로 이동시키려 한다. A지점에서 B지점으로 이동하기 위해 리더들은 듣기를 위한 계기판이나 틀을 이용할 수 있다. 그 안에는 적절한 질문하기, 직원들의 대답 경청하기(표현, 문맥, 단어까지 속속들이), 단어들 뒤에 숨은 의미 파악하기 등이 포함된다.

계기판으로
대화지능 높이기

가시적 계기판은 의견의 일치를 이루고 결과를 추적하기 위한 차세대 리더십 소통 도구다. 계기판은 복잡한 관계를 단순하게 볼 수 있는 공통된 시각과 관계의 틀을 제공한다. 계기판은 보일 수도, 보이지 않을 수도 있는데, 두 가지 모두 조직의 대화 상태를 측정하고, 대화지능의 적용을 통해 그 상태를 개선할 수 있다.

무형의 계기판

무형의 계기판(Invisible Dashboard)은 우리 DNA에 내재하는 것으로서 본능, 잠재의식, 직관에 의해 움직인다. 우리 생존 본능이 내재된 방식을 인식할 수 있고, 깊은 대화를 나누기 전에 이미 우리 몸이 상대의 신뢰도를 인식할 수 있다는 것이 무형 계기판이 존재한다는 증거다. 앞서 알아보았듯이 상호작용을 하게 되면 상대의 공정함, 주인의식, 상호 존중, 협력, 표현, 지위의 단계를 살피게 되고, 그 사람과 함께하면 어떨지 그가 정보를 주고받는 데 얼마나 개방적인지 추적 관찰하게 된다. 이런 내부 척도에 근거해서 사람들의 신뢰도에 대한 기대치를 잡기도 하고, 그들이 과연 나를 위해 몸을 던질 사람인지 가늠하게 된다.

도표 8-1 **단계 설정**

가시적 대화 계기판은 다음 단계로의 이동을 돕는다

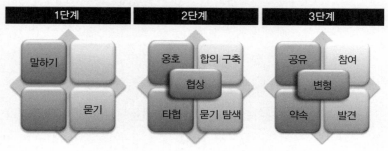

우리는 어떤 사람들을 신뢰하는지 잘 알고 있다. 우리를 아끼고 공정하며, 업무와 책임에 대한 주인의식이 분명하고, 상대를 존중하고, 협조적이고, 우리 생각을 표현할 시간과 공간을 주며, 우리의 기여도를 소중히 하는 사람들이다. 원칙에서 벗어나는 사람은 불신한다. 우리의 의식 여부와 상관없이 이런 계기판은 늘 작동 중이다. 그러나 대화지능을 활용함으로써, 리더들은 보이지 않는 계기판을 보이는 것으로 전환할 수 있다.

가시적 대화 계기판

가시적 대화 계기판(Visivle Conversational Dashboard)을 만드는 목적은 우리가 1, 2단계, 혹은 3단계에 자리했는지, 어느 단계에 갇혀 있지는 않은지 알 수 있는 시각적 언어를 제공하기 위함이다. 대화 계기판과 같은 가시적 계기판은 '우리는 이 사람들과 어디쯤 서 있는가?'라는 질문에 공감대를 형성할 수 있는 방법을 제공한다. 그리고 이 질문은 대화에 참여한 각각의 사람들에게 핵심이 되는 질문이다. 〈나잇 & 데이〉라는 영화에서 톰 크루즈가 했던 것처럼 우리도 "나와 함께… 나 없이… 나와 함께… 나 없이…"라고 스스로에게 물어야 한다. 대화 계기판을 통해 우리가 상대에게 느끼는 감정을 말로 표현할 수 있다.

우리에게 공정하지 않거나 우리를 이용하거나 자신을 과도하게 선전하는 사람들과의 대화는 이들을 얼마나 신뢰할 수 있을지 염려하게 한다. 우리는 대화 계기판을 통해 이런 사람들에게 느끼는 감정을 말로 표현할 수 있다. 더 넓은 의미로는 대화 계기판을 통해, 현실을 기대에 맞추기 위해 대화가 메울 수 있는 간극이 얼마만큼인지 확인할 수 있고, 건강하고 혁신적인 방법으로 사람들과 협력할 기회를 넓힐 수 있다.

대화의 민첩성 가르치기

대화 계기판을 처음 현실에서 활용한 것은 10여 년 전이었다. 뉴 웨이브 엔터테인먼트(NWE)라는 할리우드의 유명한 엔터테인먼트 회사에 부름을 받았을 때였다. 그 회사의 문화는 파괴적인 정치적 문제들이 만연한 상태였고, 회사의 소유주들은 마음을 하나로 모으지 못했으며, 불신이 회사의 특징이었다. 나는 몇 달에 걸쳐 회사 리더들을 평가하고 그들에게 닥친 문제를 진단하였다. 그리고 리더십을 통해 실질적인 문제들을 해결하지 않는다면 바로 불신이 이 회사의 실패 원인이 될 것임을 알게 되었다. NWE의 이사들은 25명의 경영진을 불러들여 지난 몇 년간 회피해왔던 일을 단행하기로 결심했다. 서로 직접적인 대화를 하기로 한 것이다. 그리고 내가 그 모임을 이끌게 되었다.

첫날 아침 모임이 시작되자, 방 안의 두려움이 정말 손에 잡힐 듯했다. 사람들은 서로 시선을 피했고, 껄끄러운 관계의 사람들과는 최대한 멀리 떨어져 자리를 잡았다. 초조하게 웅성거리는 잡담 소리는 방학 후 개학 첫날의 어색함과 긴장감을 상기시켰다.

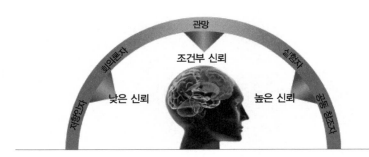

도표 8-2 관계의 반원™

관망

회의론자   조건부 신뢰   실험자

저항인자   낮은 신뢰   높은 신뢰   공동 창조자

내가 조용히 그들 앞에 섰을 때, 흐름의 판도를 바꿀 만한 아이디어가 하나 떠올랐다. 나는 커다란 플립차트에 반원을 그렸다. 왼쪽 끝에는 '저항인자'라고 썼고, 그 옆에 '회의론자'를, 정중앙에는 '관망', 그 오른편에 '실험자', 오른쪽 끝에는 '공동 창조자'라고 적었다. 내 그림에 관계의 반원(The Arc of Engagement)이라는 이름을 붙인 뒤, 뒤에 모여 있는 경영진을 향해 돌아섰다. "여러분이 이 중 어디에 있는지 한 분씩 말해주셨으면 합니다." 침묵이 이어지자 나는 긴장하기 시작했다. 이들이 나의 도전을 받아들이지 않으면 어떡하지? 그런데 그때 저 뒤에서 한 사람의 목소리가 들렸다. "저는 '회의론자'에 있습니다. 이렇게 며칠 보낸다고 우리가 진전을 이룰 수 있을 거라는 믿음이 없네요."

그들이 솔직하게 자기 기분을 말하기 시작하면서 나의 불안감은 사라졌다. 이틀 후, 리더십 팀은 회사의 문제들을 꿰뚫는 여러 가지 강력한 통찰뿐만 아니라, 그들의 기업 문화를 전환할 만한 아이디어도 내놓았다. 몇 년 후, 그럭저럭 괜찮은 정도였던 엔터테인먼트 회사는 할리우드 스튜디오들의 사랑을 받는 회사가 되었다. 사업은 눈부신 도약을 했고 몇 년 만에 수익은 스무 배 이상 증가했다.

무엇보다도 중요한 것은 NWE가 일하기 좋은 곳이라는 명성을 얻었고, 유능한 인재들이 모여들었다는 사실이다. 그 첫 번째 모임에 참여했던 경영진들은 모두 그날을 신뢰가 싹트기 시작한 첫날로 기억한다. 그리고 그 신뢰가 앞으로 나아갈 수 있는 성공의 토대를 마련했다.

그 주말 이후 나는 참가자들을 인터뷰했고, 그 모임에 들어갈 때와 나올 때의 기분을 포착했다. NWE의 최고 운영 책임자(COO)에 따르면, 이 대답이 특히 눈에 띄었다고 했다.

들어갈 때는 정말 불안했어요. 어떤 사람은 우리가 '성장 캠프'로 보내질 것 같다고 했어요. 제 생각에 사람들은 성장하지 못하면 해고당할까봐 불안한 것 같았어요. 그 모임 참여 여부에 선택권을 받은 사람은 아무도 없었어요. 그게 차라리 잘된 일일 거예요. 만약 선택권이 있었으면 아무도 안 갔을 테니까요. 진정 두려웠던 것은 그 모임이 실패로 돌아가면 우리가 일자리를 잃을 거라는 거였어요. 그 모임 이전에는 우리를 물속에 가라앉은 잠수함에 빗대곤 했어요. 하지만 이제 우리는 예전에는 한 번도 하지 않았던 것들에 대해 논의합니다. 무언가의 실행 여부에 대해서도 얘기 나누고, 앞으로 일어날 갈등에 대해서 의논합니다. 우리는 정직한 소통을 통해 논의를 해나갑니다. 우리 사업 자체가 바뀌었어요.

대화 계기판이라는 도구를 활용함으로써 경영진들은 사람들이 대화할 때 어떤 위치에 있는지 보는 법을 배웠다. 방어와 원초적 두뇌인가, 혹은 동반자적 실행 두뇌인가. 이 경험은 그들에게 훌륭한 통찰력을 선사했다. 경영진들이 방 안에서 일어나는 상호작용의 동력을 파악할 수 있게 되자, 어떤 상호작용이 대화를 불가능하게 하고 어떤 것이 건강한 대화를 가능케 하는지도 알 수 있게 되었다. 일단 그들이 생산적인 대화 방법을 이해하게 되자 팀은 그들의 운명을 통제할 수 있게 되었다.

대화 계기판을 이용해 사람들이 대화의 어느 지점에 있는지 이해하는 것 외에도 대화의 재구성(reframe), 재초점화(refocus), 방향 재설정(redirect)의 방법을 배우면 방어적 입장 혹은 지위를 이용하려는 입장에서 동반자적 입장으로 전환할 수 있다. 이 세 가지 방법은 갈등 혹은 감정을 자극하는 부정적인 힘에 직면했을 때에도 좋지 않은 대화의 패턴을 끊고 그 즉시 3단계 지혜로 접근할 수 있도록 돕는다.

새로운 곳으로의
항해

회의 중에 혹은 동료들과의 상호작용 중에 참가자들의 마음 상태를 알아내기 위해 대화 계기판을 활용하기 시작했다고 상상해보자. 알아보니 모두가 대체로 '저항인자' 혹은 '회의론자'이고, 마음이 닫힌 상태였다고 가정하자. 이런 상황에서는 발견을 위한 질문을 해야 할 것이다. 예를 들어 "좀 더 참여하고 있다고 느끼려면, 혹은 공동 창조하고픈 마음이 생기려면 어떻게 해야 할까요?" 같은 질문이다. 발견을 위한 질문을 하는 것은 아주 간단하지만, 사람들을 공동 창조적으로 대화에 참여하게 만들 수 있는 대단히 중요한 방법이다. 그러나 이 방법도 효과를 거두지 못할 때가 있고, 그러면 당신과 다른 사람들이 함께 앞으로 나아갈 수 있도록 대화의 공간을 변형할 필요가 있다. 바로 그때가 변화의 대화 기술인 재구성, 재초점화, 방향 재설정을 시도할 때다.

재구성

재구성이란 어려운 상황을 만났을 때 신뢰를 찾고 공통 기반을 마련할 기회로 전환할 수 있는 경이로운 대화 도구다. 공통 기반이라는 말 자체도 도발적이고 강력하다. 우리는 대화에도 공간이 있음을 배우고 있고, 만약 대화의 공간이 대립적이라면 사람들은 그 안에 발을 들이려 하지 않을 것이다. 안전하게 느껴진다면 그 공간으로 들어올 것이고, 그것이 바로 재구성의 역할이다. 재구성을 한다는 것은, 대화 상대에게 정신적인 휴식을 취하고 새롭게 사고할 수 있는 기회를 주는 것이다. 재구성을 통해 맥락에 변화를 주고 상황에 새로운 의미를 부여할 수 있다.

> **비판:** "실수를 너무 많이 해서 나 자신이 정말 싫어요." (이 사람은 두려움

의 상태에 있다.)

재구성: "실수를 하는 사람들은 모험을 할 줄 아는 사람들이야. 실수를 통해 우리는 배울 수 있지. 위험을 감수하고 실수를 하는 사람들은 무슨 일을 할 때 최선이 될 만한 새로운 방법을 발견할 확률이 더 높아. 에디슨은 제대로 작동하는 전구 한 개를 발명하기 전까지 900개의 전구를 만들었어." (당신은 맥락의 재구성과 공유를 통해 그 사람을 신뢰의 상태로 끌어올리고 있다.)

재초점화

재초점화란 사람들이 갇혀 있는 곳에서 빠져나와 더 폭넓은 주제를 향할 수 있도록 방향을 제시해주는 대화의 또 다른 도구다. 그곳에서 사람들은 예전에 보지 못했던 연계성을 찾을 수 있다. 우리 뇌에는 초점을 맞추고, 다시 새롭게 맞추고, 초점을 흐리게 하는 역할을 돕도록 빈틈없이 설계된 부분이 있다. 뇌의 망상체활성화계(RAS)는 뇌간에서 생성되는 것으로, 우리의 정신을 인도하고 의도를 집중시키는 에너지 체계다. 이 작용이 시작되면 우리의 뇌는 세세한 것들에 맞춰진 초점을 흐린 뒤 다른 것에 초점을 맞추게 된다. 이 망상체활성화계는 의도와 관련된 체계로 여겨진다.

비판: "아무 성과도 없을 것 같은 이런 자잘한 프로젝트들에 당신이 시간을 그렇게 많이 허비하고 있다는 게 정말 화가 나네요. 계속해서 그것만 반복하고 있잖아요." (이 사람은 걱정의 상태, 그리고 제대로 해내지 못하고 있

다는 두려움에 갇혀 있다.)

재초점화: "이 프로젝트들에 정말 애착이 많은 것 같네요. 당신한테 정말로 중요한 일인가 봐요. 하지만 작은 프로젝트들 몇 개에만 전념하기보다는 새로운 프로젝트에도 관심을 가지면 정말 좋겠어요. 그러면 당신의 주의와 집중의 영역이 확장될 거예요. 내가 보기엔 당신이 새로운 도전 과제에 쏟아부을 만한 전문적 지식이 아주 많은 것 같거든요." (당신은 이 사람의 자신감을 끌어올리고, 더 많은 모험을 해볼 수 있도록 격려하고 있다.)

방향 재설정

방향 재설정이란 어려운 상황에서 신뢰를 찾고 공통 기반을 마련하는 기회로 전환할 수 있는 또 하나의 경이로운 대화 도구다. 방향 재설정은 꽉 막히고 감정적으로 묶여버린 상태인 사람이 새로운 기회를 볼 수 있는 곳으로 이동하도록 돕는다. 이것이 훌륭한 신뢰 구축의 방법이 될 수 있는 이유는, '이 바보 멍청아'를 암시하는 비판적인 메시지 대신 '나는 당신을 아끼기 때문에 당신이 새로운 시선으로 보기 원해요'라는 메시지를 전달하기 때문이다.

비판: "우리가 했던 방법 외에 다른 것은 아무것도 없어요." (과거에 갇혀 있다.)

방향 재설정: "당신에게 닥친 문제와 어려움을 똑같이 겪고 있는 사람과 지난주에 함께 일할 기회가 있었어요. 그 사람도 거기가 막다른 길이

라고 생각하더군요. 그런데 그 사람은 이렇게 했어요. 나도 생각조차 못
해본 방법이었는데 정말 놀라웠고, 새로운 관점을 갖게 되더라고요."(대
안에 대해 신뢰할 만한 통찰을 제공하고 있다.)

대화의 민첩성
구축을 위한 로드맵

당신이 대화 계기판에서 방어적인 태도에 위치해 있음을 알아차리게
되면 재구성, 재초점화, 방향 재설정을 활용해 방어 쪽에서 동반자 쪽
으로 이동해야 한다. 사람들이 저항인자 혹은 회의론자라면 그들은 두
려움의 상태에 있거나 불안해하고 있다는 뜻이다. 그들은 관망하기로
하고 다른 사람들은 어떻게 하는지 지켜본다. 대화지능의 기술을 이용
하면 이들을 재구성, 재초점화, 방향 재설정을 활용할 수 있는 실험자
로 조금씩 이동시킬 수 있다. 이런 기술을 배움으로써 다른 사람들이
파충류 뇌인 하부 뇌에서 실행 두뇌인 상부 뇌로 정신적 이동을 하게
끔 도울 수 있다는 사실을 깨닫게 될 것이다. 관계의 반원을 활용하면,
어려운 상대를 다루고 있을지라도 관련된 모든 사람들의 소통 능력을
향상시키는 데 대화의 초점을 다시 맞출 수 있다. 나는 이것을 리더시
프트(Leadershift)라고 부른다.

리더시프트 #1: 두려움에서 투명성으로

두려움의 상태일 때는 오직 코앞에 닥친 일밖에 보이지 않는다. 신경계는 당신을 신체적 상해뿐만 아니라 정신적 상해로부터도 지켜내도록 설계되어 있다.

투명성—위협을 투명하게 만들고, 신경화학 작용을 변화시키는 두려움에 초점을 맞추라. 두려움이 생기면 신뢰하는 사람과 공동 창조의 대화를 하라. 두려움을 줄일 수 있는 기회에 대해 들어달라고 요청하라. 인지된 두려움을 재구성하고 새로운 관점으로 볼 수 있도록 도움을 청하라.

위협을 극복하기 위해 투명성에 재초점화한다. 파충류의 뇌는 뇌의 다른 어떤 부분보다 더 빨리 위협에 반응한다. 위협이라고 생각하는 것에 대해 이야기를 나눌 수 있다면, 우리는 신뢰가 싹틀 만한 공간을 마련한 것이다. 사람들이 각자의 근심을 공유할 수 있을 만큼 환경이 안전하다고 느끼면 편도체의 위협 반응은 하향 조절되고 뇌의 신뢰 신경화학 작용이 승리할 수 있게 된다. 어려운 사안들에 대해 터놓고 솔직하게 얘기할 때 우리는 서로를 비슷한 걱정과 욕구를 가진 사람들로 인식한다. 우리는 두려움 뒤에 숨어 있는 것을 상대할 수 있게 된다. 어려운 문제를 함께 해결하고도 여전히 긍정적이고 튼튼한 관계를 유지할 수 있다는 사실을 깨닫게 되면 팀은 유대가 강해진다.

신뢰를 향한 첫걸음으로 우리는 보호의 필요성을 다룬다. 우리가 두려움을 투명하게 하면 안전한 공간이 만들어진다. 그러면 두려움과 비판 뒤로 숨는 대신 서로를 향해 조금씩 나아갈 수 있다. 우리는 이렇게 '저항인자'를 합류시킨다.

투명성을 불러오고, 신뢰를 구축하기 위해:

- 두려움과 불신을 느낄 때 활성화되는 뇌의 부분인 편도체를 진압한다. 사람들이 각자의 두려움, 걱정, 위협을 터놓고 얘기할 수 있는 환경을 조성한다.
- 환경을 공유, 발견, 연결을 위한 안전한 공간으로 조성하는 방법에 대해 열린 대화를 독려한다. 문제가 불거지면 즉시 해결한다.
- 고용 단계에서부터 업무의 정확한 성격, 성공에 대한 기대치를 명백하게 밝히고, 지원자와 투명하게 소통한다.
- 성과의 최고 단계를 명백하게 밝히는 성과 리뷰 모델을 만든다. 그러고 나서 성공의 기준에 대해 직원들과 터놓고 소통한다.
- 개개인이 능력을 최대로 발휘할 수 있도록 훈련과 멘토링의 형태를 통해 지원한다.
- 배움의 기회를 만들고, 배우는 과정 동안 비판과 평가보다는 격려와 공감을 보낸다.
- 조직 전체를 통틀어 책임감을 확립하는 과정을 제공하고 말, 실천, 행동의 일치를 위한 지도안을 마련한다.
- 투명성과 신뢰를 향상시키는 대화를 독려한다.

리더시프트 #2: 힘의 원리에서 관계 구축으로

당신이 속한 그룹에 기여하는 방법에 자신이 없다고 느껴지면, 당신의 목소리가 들리지 않을 것 같아 두렵고 따라서 목소리를 내는 것조차 두렵게 된다. 혹은 다른 사람들이 듣도록 기를 쓰거나 너무 세게 밀어붙이기 시작할 수도 있다. 힘의 위치에 올라서서 다른 사람들을 비판적으로 평가하거나 밀어내 버릴 수도 있다. 또한 사람들이 당신의 힘의 이동에 대해 비슷한 방식으로 반응해서, 정치적인 환경을 조성하고 의도하지 않은 부정적 결과가 쏟아질 수도 있다.

관계 구축은 신경화학 작용을 변화시킨다—힘의 논리가 모습을 드러내면 당신이 신뢰하는 사람과 공동 창조의 대화를 하라. 당신이 직면한 도전 과제들에 대해 터놓아라. 그의 중립적 관점에 대해 묻고 당신의 얘기를 들어달라고 하고 당신의 걱정을 함께 다시 들여다보라. 수용적이고 비판적이지 않고 열린 마음으로 임해달라고 부탁하라. 이 과정을 통해 편도체를 진압하고, 걱정과 우려를 일부 완화할 공간이 열릴 것이다.

사람들과의 관계 맺기에 재초점화한다. 소통을 위해 손을 내미는 것은 신뢰 형성에 필수적이다. 관계는 사람들을 하나로 묶어준다. 엔터테인먼트 회사의 리더십 팀은 이 근본적인 문제에 대해 한 번도 고민해본 적이 없다는 사실을 깨달았다. 그들은 진정한 관계 형성보다는 모두 각자의 역할, 직함, 지위, 중요성에만 초점을 맞췄다. 내가 어느

미디어 회사와 인터뷰를 진행했을 때, 그들은 누가 주차장에서 가장 좋은 자리를 차지했는가를 놓고 다투고 있었다. 사람들이 지위보다 관계에 가치를 두게 되면 보살핌을 지원하는 뇌의 화학 작용이 자극된다. 마음 상태도 두려움에서 신뢰로 바뀐다. 어려운 도전과제들에 직면했을 때도 관계에 집중하면 대화가 바뀌고, 그에 따라 결과도 바뀐다. 앞으로 살펴보겠지만, 건강한 회사에서는 관계가 망가질 기미가 보이기 시작하면 정화라는 수단을 활용해서 문제를 민첩하게 정면으로 다룬다. 그들은 훌륭한 관계가 어떤 것인가에 대한 기준을 높이는 데 초점을 맞추고, 개인의 실리보다는 상호 지원과 이해에 초점을 맞춘다. 관계에 먼저 초점을 맞추면 다른 사람들과 진심으로 소통할 만한 안전한 공간이 마련되고, 두려움과 비판 속에서 서로 밀어내기보다는 연민과 이해로 서로에게 다가가게 된다. 이렇게 우리는 '회의론자'를 합류시킨다.

관계를 육성하고 유지하기 위해:

- 리더, 직원, 판매자, 고객 사이의 의견 일치와 조직의 행동 지침이 될 만한 핵심 가치를 결정한다.
- 관계의 가치를 입증하는 대화를 독려한다.
- 개개인 모두가 소속되어 있고, 조직이나 팀 내에 역할이 있음을 확인시킨다.
- 솔직하고 서로를 배려하며 열린 대화를 위한 관계의 규칙을 세우고 실행한다.

- 관계가 궤도를 벗어나려 할 때는 피드백을 주는 방법을 배워서, 곧
  장 궤도에 복귀할 수 있도록 한다.

리더시프트 #3: 불확실성에서 이해로

문화의 기준에 대해 확신이 없거나 그 안에서 어떻게 적응해야 할지
알 수 없을 때 방어적 양상이 나타난다. 우리는 포기하고 항복하고 현
재의 상황을 그냥 받아들인다. 불확실성은 두려움과 불안을 야기하고
불신의 상태에 빠지게 한다. 이런 상황이 발생하면 당신이 고립되거나
소외되지 않았음을 확인해줄 수 있는 사람을 찾는다. 고립감과 소외감
은 방어적 행동으로 연결되기 때문이다. 관계에 있어 위압적으로 자신
을 내세우면 '거부 반응'이 일어날 수도 있다는 것에 주의한다. 다른
사람이나 어떤 상황에 당신을 강압적으로 밀어붙이면, 마치 우리 몸이
이식된 피부에 거부 반응을 일으키듯 상대가 본능적으로 당신을 거부
할 수도 있다.

욕구와 포부의 이해는 신경화학 작용을 변화시킨다—당신이 상대의
행동을 해석하기 위한 이야기를 지어내고 있고, '우리 대 그들'이
라는 주제의 영화를 만들어내고 있거나, 입지가 약해지고 있고
소외되고 있다는 느낌을 받으면 신뢰할 만한 사람과 공동 창조의
대화를 하라. 당신이 직면한 문제들에 대해 그 사람과 터놓고 소
통하고, 그 사람에게 미래의 욕구와 포부에 대한 질문을 해달라
고 하라. 당신은 어떤 역할을 하고 싶은가? 당신은 어떻게 기여하

고 싶은가? 다음에는 무엇을 성취하고 싶은가? 그런 다음 그 사람에게 당신의 대답을 들어달라고 부탁하고, 비판하지 말고 당신의 욕구, 포부, 희망, 꿈에 대해 의견을 달라고 요청하라. 이 과정은 편도체를 진압하고, 미래에 대한 새로운 비전이 위치한 전두엽 피질을 활성화한다.

불확실성을 최소화하기 위한 이해에 재초점화한다. 뇌의 신피질은 편도체와 심장 다음으로 반응하며, 지금 발생하는 일을 이해하기 위한 언어를 불러온다. 이해는 우리의 아군이고 불확실성은 적군이다. 사람들이 자기 역할, 자신이 들어갈 자리, 다음 단계로 올라갈 방법에 확신을 잃거나, 회사가 가고 있는 방향, 그 안에서 자신의 자리에 의심을 품기 시작하면 불확실성의 먹이로 전락하게 된다. 불확실성은 불신과 신뢰 사이에 놓인 받침점이다. 서로에 대한 더 깊은 이해를 통해 신뢰 구축 과정으로 나아갈 수 있도록 신호를 주는 것이 바로 불확실성이다. 우리가 두려움을 하향 조절하고 이해의 필요성을 상향 조절하면 우리는 신경화학 작용의 균형을 다시 맞추게 된다. 우리가 서로의 욕구와 포부를 이해하기 시작하면, 우리는 나 중심 사고방식에서 우리 중심 사고방식으로 전환하게 되고, 공동의 성공이 가능하다는 믿음이 생기기 시작한다.

우리가 다른 사람들의 욕구와 포부를 이해하는 데 초점을 맞추면 그들이 한 팀이라는 소속감을 느낄 수 있는 안전한 공간을 조성하게 된다. 우리는 이렇게 '관망자'를 합류시킨다.

이해 확장의 일환으로 시각, 관점, 포부를 공유하기 위해:

- 거부가 아니라 소통을 위한 경청을 한다.
- 동료, 직원, 판매자, 구매자, 경쟁자, 그리고 당신의 관점에 동의하지 않는 사람에게 피드백을 요청하고 경청을 습관화한다.
- 배경, 사고방식, 경험의 정도, 나이, 관점이 다른 사람들을 의식적으로 골고루 섞어 업무 팀을 구성한다.
- 말과 글을 통해 또는 능력의 입증을 통해 사람들이 자신을 충분히 표현하게 한다.
- 당신의 아이디어와 다를지도 모르는 아이디어들을 속단하지 않고, 새로운 방식으로 생각하는 문을 여는 '만약에?'라는 질문을 습관화한다.

리더시프트 #4 : '내가 옳다'에서 동반 성공으로

내가 옳았으면 하는 욕구는 다른 사람들의 좋은 생각을 보지 못하고 듣지 못하게 막는 방어적 틀이다. 내가 옳다는 생각에 사로잡혀 있으면 자기 관점만 옹호하게 되고 자기 이야기 속에서만 살아가게 된다. 심지어 자기 마음의 소리조차 듣지 못하게 되기도 한다. 대신 오직 내가 옳다는 사실 하나에만 집착하게 되고, 나머지는 모두 틀린 사람들이 된다. 극도로 자기 입장만 옹호하게 되면 다른 사람들과의 연계를 잃고 친밀한 관계가 무너진다. 친밀한 관계가 무너지면 우리의 '불신 안테나'가 올라간다.

공동의 성공에 대한 이야기를 공유하면 화학 작용에 변화가 생긴다—
당신의 입장에서 한발 물러서서 다른 사람들의 관점, 지식, 성공
에 호기심을 품어라. 이런 의도적인 변화는 뇌에 호기심을 생성
하는 도파민을 분비시킨다. 호기심을 품고 다른 사람들에게 질문
을 하게 되면 심장이 뇌와 접속해서 마음을 열게 한다. 이 과정이
발생하면 완전히 새로운 신경전달물질이 분비되어 다른 사람들
과 소통할 수 있게 된다. 동반 성공에 대해 이야기를 나누라. 성공
을 함께 정의하고, 함께 의미를 창조하고, 공동 창조하고 싶은 현
실을 묘사하는 이야기를 창조하라. 이 과정은 옥시토신의 분비를
자극하고 새로운 우정, 신뢰, 이해를 만들어낸다.

자신의 이익에 대한 위협을 최소화하는 동반 성공에 재초점화한다.
지금 진행 중인 이야기 속에서 나의 자리를 찾고 나면 현실을 공유하
고 있다는 느낌 창출을 위해 다른 사람들과 함께해야 한다. 다른 사람
들과의 공유는 공동체를 위한 근본적 욕구 중 하나지만, 두려움 때문
에 그것이 모호해지는 경우가 많다. 일단 두려움을 걷어내고 나면 공
유는 우리 모두가 이 집단의 일원으로 얻을 수 있는 기본적인 혜택임
을 알 수 있다. 우리는 여전히 우리 자신의 욕구를 따르겠지만 우리가
서로의 뒤를 봐주고 있다는 안정감을 바탕으로 집단 전체의 욕구를 챙
길 것이다. 우리는 남들을 비난하는 데서 벗어나 모두의 기여도를 인
정하게 될 것이다. 팀 전체가 함께 일하는 것의 가치를 보게 되면 어울

림에 대한 두려움은 연계성과 일체감으로 대체되고, 그 덕분에 복잡함과 혼란이 기승일 때도 신속하게 통일된 결정을 내릴 수 있는 탁월한 능력이 생긴다. 팀의 손발이 척척 맞게 되면 함께 일하는 것의 이점이 점점 더 분명히 드러난다.

다른 사람들과 함께 일하는 것에 초점을 맞추고 성공에 대한 정의를 함께 내리면 단독 비행을 할 때보다 훨씬 안전하고 강해진 느낌을 받게 된다. 이렇게 안전한 환경에서 우리는 각자의 신념과 직관도 견고해짐을 느낀다. 우리는 이렇게 실험자를 합류시킨다.

모두의 기여도를 인정하는 동반 성공을 맛보기 위해:

- 각자 생각하는 성공의 모습과 동반 성공에 대한 대화에 착수한다.
- 전 직급의 사람들이 서로 성공에 대한 공통된 견해를 논의하고 소통할 수 있도록 독려한다.
- 전 직급 사람들이 각자 기여도에 대해 주인의식을 갖도록 독려한다.
- 동반 성공을 추구하기 위해 자기 책임 영역에서 나와 손을 내밀거나 다른 사람들의 아이디어를 들어주고, 의견을 주는 사람들에게 보상을 제공한다.
- 크고 작은 성공들을 축하한다.
- 팀에 있는 모든 사람들의 가치를 인정한다.

리더시프트 #5: 집단사고에서 집단의 협력과 화합으로

집단사고가 방어의 통상적인 틀이 되어 회의나 대화를 지배하게 되면,

사람들은 집단 전체가 생각하는 방식에 속하기 위해 자신의 제일 좋은 의견조차 공유하기를 포기하는 경우가 많다. 우리의 심장은 다른 사람들과의 일치를 원하기 때문이다. 소속감을 갖는 것과 목소리를 내는 것, 인간에게 가장 강력한 욕구인 이 두 가지를 모두 보장하는 행동 방식을 개발하면 집단에 놀라울 정도로 기여할 수 있다.

진실과 결과는 신경화학 작용을 변화시킨다—대화에서 한발 물러나 사람들에게 각자의 결정을 다시 한 번 생각할 시간을 가져보라고 요청하라. 잠깐 옆으로 물러나 놓친 것은 없는지, 좋은 아이디어를 간과하지는 않았는지 살펴보게 하는 것이다. 현실과 자각 사이의 간극을 찾고 그 틈을 좁히는 노력을 하라. 그러면 놓칠 뻔했던, 집단 전체에 이익이 될 아이디어들을 사람들이 활발히 내놓을 수 있게 된다. 이 과정은 간극을 좁히고, '나의 아이디어'를 '우리의 아이디어'로 재구성하게 하고, 더 높은 단계의 집단 처리 과정을 가능케 하는 대화를 열어놓는다.

현실의 간극 극복을 위한 진실 말하기에 재초점화한다. 전두엽 피질은 우리가 현실을 이해하는 데 도움을 준다. 또한 우리가 다른 사람들과 공유하는 이야기를 만들고, 미래를 만들어나가는 방식을 조정한다. 우리의 정신은 영화 제작자와 같아서 우리가 알게 되는 것들을 일관된 이야기 안에 어떻게든 끼워 넣으려고 노력한다. 그래서 우리는 늘 모든 것의 의미가 통하도록 애쓰는 것이다. 하지만 우리도 알다시피 불

행히도 우리의 영화는 다른 사람들이 하는 이야기와 늘 일치하지는 않는다. 같은 알코올 중독자 부모 밑에서 똑같은 어린 시절을 보낸 형제도 다른 이야기를 만들 수 있다. 한 사람은 매일의 순간순간을 언제 무슨 일이 일어날지 두려워하며 보낼 수도 있고, 다른 한 사람은 역경을 극복해내는 탁월한 리더가 될 수도 있다. 우리의 영화가 같은 기본 요소들로 시작된다 하더라도 각각의 이야기는 완전히 다른 방향으로 흘러갈 수도 있다.

나는 이를 현실의 간극이라고 부른다. 이것을 피할 방법은 없지만 우리가 각자의 영화를 서로 공유하면 우리는 그 차이를 인식할 수 있다. 그리고 그다음 단계로 올라선다면, 즉 진정으로 공유하는 영화를 함께 만들어나가면 우리는 기적을 만들 수도 있다. 우리 회사의 비전이 담겨 있고 내일로 이어질 오늘의 비전이 담긴 영화를 함께 만들어나가다 보면, 우리가 함께할 수 있는 신뢰의 공간을 창조하게 된다. 우리는 공동 창조가 가능한, 가장 생산적인 신뢰 구축 단계에 들어서게 된다. 이제 우리는 진화와 성장에 몰입하는 환경에서 가장 창의적인 기능을 마음껏 펼칠 수 있다.

현실의 간극을 좁히기 위해 우리의 영화를 공유하는 데 초점을 맞추면 다른 사람들과 협력해서 더 멋진 일들을 만들어낼 수 있는 안전한 공간을 창조한다. 이제 우리는 건강하고 번영하는 미래의 '공동 창조자'로 합류하게 된다.

솔직함과 배려를 통해 진실을 찾기 위해:

- 당신의 진실이 유일한 진실이 아닐 수도 있음을 인정한다.
- 다른 사람들이 그들의 진실이 유일한 진실이 아닐지도 모른다는 것을 배우도록 돕는다.
- 진실 추구를 위한 발견에 마음을 연다.
- 이해의 다리를 창조한다는(현실의 간극을 메운다는) 의도로 '너의 진실'과 '나의 진실'의 차이에 대해 논의한다.
- 공감에서 출발해 공동의 목표나 결과를 지향하는 대화를 독려한다.
- 다른 사람들의 노력이나 성공을 인정하는 말과 행동을 한다.

반등하는 법
배우기

신뢰가 소통의 토대임을 이해하고 대화지능의 기술을 숙련하기 위해 노력하기 시작하면서, 우리는 신뢰가 있는 관계를 형성함과 동시에 총체적인 지능을 활용하는 법을 배우게 된다. 우리의 정신과 대화를 지배하는 새로운 힘을 경험하고 우리의 팀, 회사, 브랜드, 그리고 우리 자신에게 새로운 단계의 신뢰와 가치를 부여할 수 있는 가능성의 더 큰 세계를 향해하게 된다. 심지어 신뢰를 공동 창조하지 못했거나 아예 상실한 경우에도 반등하고 재구축하는 법도 배울 수 있다.

다음 장에서는 조직 전체에서 대화지능의 단계를 향상시키도록 돕는 훈련법과 도구에 대해 탐구하려고 한다. 그런 다음 이 책의 마지막 부분에서는 더 높은 단계의 대화지능 활성화를 위한 3단계 상호작용 동력을 이용, 방어에서 파트너(협력)로 전환한 회사들의 성공 스토리를 다루고자 한다.

Chapter

9
3단계 대화로
나아가기 위한 도구들

대화지능 도구상자의 훈련법들은 대화를 해체하고 재구성, 재초점화,
방향 재설정하는 법을 배울 수 있도록 돕는 정신과 대화의 의식이다.
높은 단계의 대화 동력을 활용함으로써 다른 사람들과 상호작용하는
법을 배우며 더 높은 단계의 관계로 올라갈 수 있다.

갈등 속에서
관계 맺기

대부분의 사람들은 매일은 아닐지 몰라도 적어도 매주 갈등의 순간을

경험한다. 나의 의뢰인 중 한 사람과 나는 이런 상황을 가리키는 표현을 만들어냈다. 바로 '세 가지 P(three Ps)의 먹이가 된다'다. 여기서 P는 힘(Power), 정치(Politics), 성격(Personality)이다. 이것들로 인해 당신은 누군가와 중요한 사안에 대해 자극을 받아 이기려 들게 된다. 만약 그 갈등이 당신에게 아주 중요한 무언가와 관련된다면, 당신은 위치를 이용하고 당신의 신념을 위해 싸우며 다시 2단계 대화로 퇴보하는 것을 느낄 수도 있다. 이런 상황에 빠졌다고 느낄 때 활용할 수 있는 아주 좋은 훈련법이 있다. 이 훈련법은 당신을 중립적인 제3의 눈으로 볼 수 있도록 돕고, 공유와 발견의 접근법을 이용해서 상대의 관점을 이해하도록 돕는다. 그러면 상대는 자신이 위협받는 것이 아니라 자기 말이 잘 전달되고 있다고 느끼게 된다.

경청과 배려를 통해 관계를 견고히 하면 상대와 나의 편도체를 진압하게 되고, 양측의 거울 신경계의 작용을 촉발하며, 공감대를 키우고, 실행 두뇌를 활짝 열어 갈등에 대한 사고방식을 전환한다. 신뢰와 유대 호르몬인 옥시토신 분비가 활성화되면 갈등은 의견이 맞지 않는 두 사람 모두에게 새로운 가능성을 열어주는 기회로 바뀌게 된다. 이 놀라운 훈련법을 더블 클리킹(Double-Clicking)이라고 부른다. 더블 클리킹의 방법을 배우고 나면 갈등의 순간마다 이 과정을 대화에 통합할 수 있게 될 것이다. 혹은 상대방의 관점, 욕구, 포부에 대해 더 잘 공감하기 위해 또 다른 관점이 필요할 때 활용할 수도 있다.

더블 클리킹 훈련—더블 클리킹은 두 경영진의 대화의 차이, 그리

고 성공적인 팀과 그렇지 못한 팀의 차이에 대한 관찰과 연구 끝에 얻어낸 결실이다. 내가 더블 클리킹이라는 이름을 붙인 이유는 이 과정이 컴퓨터의 폴더를 열어가며 세부 항목들로 계속 클릭해 들어가는 것과 비슷하기 때문이다. 더블 클리킹은 각각의 사람들이 다른 사람들과 다르게 형성해둔 깊은 연결망을 열어 보일 수 있게 해준다. 내가 팀들과 이 접근법을 활용할 때면 각자 자기만의 정신세계로 깊이 파고 들어갈 것을 요구한다. 단어의 의미와 관점을 서로 공유하고 비교하기 위함이다.

이 훈련을 하기 위해 일단 한 팀당 5~7명이 되도록 그룹을 나눈다. 이렇게 팀으로 활동하면 각자의 결과물을 서로 비교, 공유할 수 있다. 또한 훈련 자체가 더 흥미로워지고 경계를 무너뜨릴 수 있다. 우선 사람들에게 종이 한가운데에 원을 그리라고 한다. 원의 중심에 '성공'이라고 적은 후, 원의 중심으로부터 열두 개의 바퀴살을 그려 시계처럼 보이게 만든다. 사람들에게 열두 개의 바퀴살 끝에 성공을 상징하는 단어를 하나씩 쓰라고 한다.

각 그룹의 사람들끼리 성공을 상징하는 열두 개의 단어를 공유하도록 한다. 당신의 그룹이 나와 이 훈련을 거쳤던 수천 개의 그룹과 비슷하다면, 사람들이 각자의 단어들을 비교하고 공유했을 때 서로 비슷한 단어를 적어 넣은 사람은 거의 찾아보기 힘들 것이다. 어떤 사람은 팀의 성공을 갈등이 없는 것이라고 볼 수도 있고, 어떤 사람은 다른 아이디어를 공유하고 서로에게 도전의식을 불러일으키는 능력이라 볼 수도 있고, 성공을 오직 금전적 수치만으로 보는 사람도 있을 수 있다.

이것은 무엇을 의미하는가? 우리는 서로 성공에 대해 같은 의견을 갖고 있다고 생각하지만 실상은 그렇지 않다는 것이다. 우리의 성공 바퀴는 성공에 대한 평가, 성공에 대한 상상, 성공을 이루는 방법을 대변한다. 우리의 영화가 구체적인 내용에서 차이를 보인다면 불신의 문화가 만들어지는 것이 당연하다. 당신은 당신대로 성공에 대한 영화를 만들 것이고, 나는 나대로 나만의 영화를 만들게 된다.

그 의미를 발견하기 위해 핵심 생각들을 더블 클릭하게 되면 단지 주요 항목들이나 행동지침을 발견하는 것에 그치지 않을 것이다. 다른 사람들과 함께 생각들을 더블 클릭하면(어쩌면 공개적으로는 처음으로) 우리만의 특별한 정신세계를 펼쳐 보이고 우리의 세계관을 공유하게 된다. 더블 클릭을 통해 들어가 보면 개개인의 세계관을 완성하는 링크와 관련 항목들의 특별한 조합이 있다. 우리가 단어나 어떤 개념을 더블 클릭하면 나만의 정신세계를 모두가 볼 수 있도록 내보이게 된다. 이것은 우리가 세상을 보는 관점을 반영하고, 이 관점은 우리가 더블 클릭 훈련을 하기 전에는 한 번도 검토하지 않았던 것인 경우가 많다

갈등에서
공동 창조로

더블 클릭은 갈등을 해소한다. 어떤 단어에 대해 다른 사람이 해석하는 의미를 유심히 보면, 갈등은 우리가 사용하는 단어를 구성하고 정의하는 방식에서 발생한다는 것을 알 수 있을 것이다. 이 훈련을 통해 배울 수 있는 것은 본인과 다른 사람들을 위해 발견하는 삶을 연습하는 법이다. 탐구와 발견을 위해 잠시 멈추지 않는다면, 실상은 그렇지 않은데도 우리는 서로 의견이 다르다고 믿으며 살게 될지도 모른다.

의뢰인과 성공을 도표로 그려나가는 작업을 하는 동안 나는 그들의 정신과 마음에 신경화학 작용이 일어나고 있음을 알 수 있었다. 적을 친구로, '나의 아이디어'를 '우리 아이디어'로 전환하는 유기적이고 화학적인 변화가 느껴졌다. 그것은 나를 우리로 바꾸는 극적인, 그리고 대화지능의 중심이 되는 변화였다. 우리(WE)의 창조는 사람들 내부에서 일어나는 신경화학적 변화이고, 한 차원 더 높은 유대와 협력을 가능하게 해준다.

이 훈련의 전제는 우리 모두 현실에 대해 관점이 다르다는 것이고, 더블 클릭을 하게 되면 문제의 중심에 개개인이 어떻게 특별하게 연계되어 있는지 탐구할 수 있다. 우리는 비즈니스와 인간관계에 새로운 활기와 가능성을 불어넣을 수 있고, 이는 조직의 변화를 창조하는 첫 걸음이다. 성공적인 팀은 여러 가지 방식으로 각자의 생각들을 하나로 모으는 데 시간을 투자하는 것으로 조사되었다. 이 과정을 거치면 팀에 좀 더 결속력이 생기고, 그들의 마음과 정신이 하나가 된다.

　3단계 대화는 정답이 없는 질문을 던지게 하는 다채로운 대화를 증진하고, 속마음을 공유하고 발견하며, 모두가 동반 성공할 수 있도록 격려한다. 이런 유형의 대화는 세 가지 P─힘(**P**ower), 정치(**P**olitics), 성격(**P**ersonality)─에 좌우되던 환경을 우리 안의 나를 존중하는 환경으로 바꾸어준다. 모두에게 동반 성공을 논할 수 있는 기회를 주고, 성공을 주제로 영화를 함께 만들어가게 되면, 상호작용의 동력이 변화하고 그 뒤에 숨은 신경화학 작용도 함께 변한다. 무엇보다도 3단계 대화는 불신을 촉발하는 불확실성을 감소시킨다. 또한 회사 전체를 위한 성공을 정의하는 과정에 모두가 참여해서 역할을 할 수 있는 과정을 마련한다.

　3단계 대화는 2단계 대화를 훌쩍 뛰어넘는 것이다. 3단계 대화는 우리 뇌에 내장된 변형 능력을 활성화함으로써 신경 단위의 새로운 연결을 촉진하고, 뇌의 신비한 힘을 끌어내 다른 사람들의 생각과 더불어 우리의 생각을 함께 진화시킬 수 있게 한다. 나는 이 대화가 새로운 DNA를 창출해내는 에너지를 활성화할 정도로 강력하다고 믿는다. 다음은 우리를 3단계 대화로 끌어올릴 수 있는 대화 의식에 대해 알아보려 한다.

변화를 만드는
더블 클릭 훈련

십여 년 전, 더블 클리킹이라는 아이디어를 처음으로 시험한 것은 어느 고위 여성 경영진 단체와 함께였다. 이 그룹은 커뮤니케이션 분야에 몸담고 있는 여성 리더들로 구성된 꽤 특별한 단체였다. 이들은 조직 내에서 서로의 성장을 지원하고 영감을 주기 위해 다달이 모임을 가졌다. 같은 회사에서 일하는 사람은 아무도 없었지만 모두가 커뮤니케이션 계통의 일을 하고 있었다. 나는 이 특별한 모임에서 이 새로운 훈련을 시도해보자고 제의했다.

나는 종이 한가운데에 원을 그리고 그 원 안에 '금전적 성공'이라고 쓰도록 했다. 그들의 임무는 금전적 성공과 관련된 것들을 최대한 많이 생각해내는 것이었다. 아이디어를 연결하기 위해 화살표를 사용하고, 연결의 강도를 표시하기 위해 단선 혹은 겹선을 활용하는 등 아이디어와 삶의 관계를 나타내기 위해 필요한 도식은 무엇이든지 사용하도록 했다. 그날의 결과에 나뿐만 아니라 그들도 놀랐을 거라고 나는 확신한다. 결과를 통해 우리가 발견한 것은, 존재하는지조차 몰랐던 그들의 내재된 아이디어들이 서로 깊이 연결되어 있다는 사실이었다.

더블 클릭 훈련을 통해 어떤 이들은 미처 들여다보지 못했던 마음속 깊은 구석에 돈을 버는 것에 대한 두려움이 도사리고 있음을 발견했다. 이 두려움은 그들의 발전을 저지했고, 그들이 금전적 기반을 마련하지 못할 것이라는 무의식적인 신호를 보냈다. 한두 명이 아니라 모인 사람 전부에게 정말 커다란 깨달음의 순간이었다.

회사의 규모를 막론하고 프로젝트의 복잡성과 상관없이 더블 클리킹은 나의 작업의 중심이 되었다. 더블 클리킹은 조직, 팀, 관계를 결속하는 핵심 개념을 들여다볼 수 있게 하는 강력한 도구다. 우리 모두는 현실을 보는 시각이 다르기에, 각자가 핵심 개념을 규정하는 의미를 읽을 수 있게 되면 그 전에는 존재 여부조차 알지 못했던 연관성을 발견할 수 있다. 의뢰인들과 진행하는 프로젝트에서 더블 클리킹을 활용하면 사람들이 의견 일치를 이루는 영역과 그러지 못한 부분을 구분할 수 있게 되고, 이것은 조직적 변화를 창조하는 첫걸음이 된다. 다음으로는 사업적 성공을 거두는 데 필요한 강력한 대화의 도구들을 더 알아보기로 한다.

통찰력을 주는
LEARN 훈련

직장에서 일과를 보내다 보면 우리는 종종 1단계의 업무적 대화를 하고 있는 자기 자신을 발견하게 된다. 서로의 근황을 주고받고, 일을 위한 정보를 전달하고, 다음 업무로 넘어간다. 회의 역시 업무적이 될 수 있다. 할 일 목록을 확인하고 다음 회의 때까지는 서로를 찾지 않는 것이다. 그래서 회의에 참석했던 모든 사람들이 다 같이 공유했다고 생각했던 결과물이 사실은 일치하지 않는다는 사실을 뒤늦게 발견하게 되는 경우도 있다. 곧 소개할 LEARN 훈련 같은 대화 의식을 통해 3단계 대화 동력을 회의에 도입함으로써 우리는 서로의 연계, 통찰력, 지혜, 성공에 대한 공통된 견해를 강화할 수 있다. 또한 두려움과 걱정을 공유하고 더 투명한 일터를 유지함으로써, 두려움과 불안을 숨겨두지 않고 오히려 통찰력과 지혜를 수확할 수 있다.

LEARN 훈련―모든 미팅, 중대한 결정, 대화, 거대 조직을 계획할 때 '미팅 마감 활동'을 하면 신뢰도를 높이고 두려움과 불신의 정도를 낮출 수 있다. 이 활동은 참석자 모두에게 3단계 동력을 발휘하고, 회의 내용의 이해를 재정비할 기회를 준다. 이 과정을 통해 사람들은 각자 마음에 든 점과 그렇지 못한 점들을 공유하고, 모두에게 의미 있는 다음 단계를 만들 수 있다.

이 훈련은 편도체의 작용을 완화해서 잠잠하게 만들고, 방 안에 모인 사람들의 결속을 다지는 과정에 모두가 참여하게 하고, 진심으로 마음이 통할 수 있도록 한다. 심장 두뇌의 연결은 매우 강력해서 뇌의 나머지 부분에 모든 것이 편안하고 서로 문제가 없다는 메시지를 송신한다. 단어들의 첫 글자를 따서 만든 'LEARN'이라는 용어를 이용해 사람들에게 질문을 던져보자.

L=Like(선호): 이 미팅에서 가장 좋았던 것은 무엇인가요?

E=Excite(흥분): 가장 흥분되었던 점은 무엇인가요?

A=Anxiety(불안): 가장 불안했던 점은 무엇인가요?

R=Reward(보상): 이 미팅 진행 과정에 있어 축하할 만한 것이 있다면 무엇인가요? (미팅의 유형에 따라 R로 시작하는 다른 단어들을 선택해도 좋다. 예를 들어 Reframe(재구성), Revision(수정), Redirect(방향 재설정), Restore(회복) 등)

N=Need(필요): 계속 전진하기 위해 우리에게 필요한 다음 단계는 무엇일까요?

갈등을 풀어주는
화해 훈련

때로는 고의가 아니었는데 누군가를 화나게 하기도 하고, 하지 말아야 할 말을 하기도 하고, 의도하지 않았던 갈등에 휘말리기도 한다. 이런 일은 고객, 친구, 식구들 사이에서 생기기도 하고, 직장에서 생기기도 한다. 대화 의식은 우리 일상의 한 부분으로 자리를 잡고, 사람들이 관계에 다리를 놓고 연결하고 강화하는 데 도움을 줄 수 있다.

화해 훈련—파트너, 고객, 혹은 당신이 아끼는 누군가에게 실수를 저질렀더라도 그것을 바로잡으면 상대를 기쁘게 만들 수 있다. '서비스 회복'이란 문제점을 인정하고 고치는 데 동의하는 것, 혹은 불편에 대해 사과하고 바로잡는 것을 가리키는 용어다. 자기

행동에 대한 책임을 지고 무엇이라도 해보려는 사람을 우리는 고맙게 생각한다. 반면 스스로를 방어하려 하고 상대를 불쾌하게 한 이유만 해명하려 든다면 상황을 더 망치게 된다. 사람들은 그런 일이 왜 일어났는지에 대해 관심이 없다. 문제가 해결되기를 바랄 뿐이다.

우리의 다른 관계에서도 마찬가지다. 만약 누군가의 발을 밟으면 대개 미안하다고 말하고 해결한다. 즉 사과하고 다시 그러지 않겠다고 약속하는 것이다. 우리 아이들이 어렸을 때 애들 아빠가 가르쳐준 게임이 하나 있다. '화해 게임'이다. 아이들이 싸우기 시작해서 멈출 수 없을 때, 남편이 해결할 수 있는 단계를 가르치고, 사과하는 것의 어려움을 덜어내고자 게임으로 만들었다. 화해 게임은 모든 사람에게 적용할 수 있다. 처음에는 유치하게 들릴 수도 있다. 하지만 전 세계의 경영인들에게 가르쳐본 결과, 차가운 관계를 따뜻한 관계로 바꾸는 데 아주 큰 도움이 되었다고 고마워했다. 방법은 다음과 같다.

- **질문하기:** 우리가 지금 싸우고 있는 건가요(아니면 문제가 있나요)? 얘기를 해봅시다. 마음에 담아둔 게 뭐죠? 그다음에는 잘 듣는다. 상대방의 관점을 인정한다(비판하지 않는다).
- **질문하기:** 개선을 위해 제가 할 수 있는 게(바꿀 만한 게, 하지 말아야 할 게, 하기 시작해야 할 게) 있을까요? 저한테 원하는 게 있으면 말씀하세요. 나는 당신이 이렇게 해줬으면 좋겠어

요(이 대목이 각자의 감정을 긍정적인 요청으로 바꾸는 부분이다. 앞으로 다르게 해줬으면 하고 바라는 것을 얘기하면 된다. 당신이 필요로 하고 원하는 것을 말로 표현하는 법을 배울 수 있다. 아주 건강한 방법이다).

- **질문하기**: 앞으로 얼마 동안이나 화를 내고 있을 예정인가요? 한 시간? 두 시간? 이것은 '패턴 흔들기'로, 약간의 유머는 우리의 뇌를 리셋해서 좀 더 건설적인 결과에 다시 초점을 맞출 수 있도록 해준다. 이런 과정은 편도체를 진압하고 전두엽 피질이 민첩하게, 그리고 건설적인 방식으로 다시 상황에 집중하게 한다.

- **동의하기**: 갈등에 대한 논의가 끝나면 한 사람은 "화해!"라고 말하고, 다른 한 사람은 "하자!"라고 말한다.

이건 아이들의 방식이다. 성인들은 아마도 악수를 하거나 "좋은 얘기 해줘서 고마워요" 혹은 "저에게 정말 도움이 됐네요. 그쪽은 어떠셨나요?" 같은 얘기를 나눌 것이다. 만약 양쪽 모두 악수를 할 수 없거나 이런 감정을 표현할 수 없다면 대화가 더 필요하다는 얘기다. 목적지에 도착하면 그 순간이 언제인지 저절로 알게 될 것이다.

미래를 보기 위한
과거 보기 훈련

예전에 어떤 교수가 이런 얘기를 해준 적이 있다. "삶은 마치 소행성처럼 우리를 강타하기도 한다." 우린 그저 때와 장소를 잘못 골라 서있을 수도 있고, 그냥 밖에 나가고 싶은 기분이 들어 나갔다가 일을 당하기도 한다. 그리고 우리는 자신이 원하는 만큼 세심하지도 배려 깊지도 않다. 우리는 저마다 깊은 흔적을 남긴 상처나 경험이 있고 그것을 머릿속에서 자꾸만 반복적으로 상기하게 된다.

삶의 진화는 예상할 수 없는 것이므로 우리는 많은 시간을 실험에 할애하며 살아야 한다. 댄 코일(Dan Coyle)은 그의 책 《탤런트 코드 The Talent Code》에서, 각 분야에서 최고가 된 사람들을 만든 패턴을 알아내기 위해 최고의 지성들이 배출된 곳을 조사했다. 학자들, 운동선수들, 전 세계의 사업가들, 그리고 뛰어난 음악가들을 연구했다. 댄 코일은 자기 분야에서 최고 경지에 오른 사람들에게는 공통된 기술이 있다는 것을 알게 되었는데, 나는 이 기술을 '미래를 보기 위한 과거 보기'라고 이름 붙였다. 이런 사람들은 실수를 저지르면 즉각적으로 반응했다. 그들은 그 즉시 자기 경험에서 한발 벗어나 그 사건을 실수라 규정하지 않고(실수로 보는 것은 비판적이다), 무엇이 잘못되었는지 배울 수 있는 객관적인 기회로 삼았다. 그다음에는 이 새로운 깨달음과 함께 정신을 재정비하고 그 즉시 활용하기 시작했다. 다시 시도해보고, 자기 레퍼토리에 잘 저장하고, 앞으로 나아가는 것이다.

우리가 3단계 대화 동력 속에서 살게 되면 사고방식과 소통 방식을 변화시키는 법을 배우게 된다. 남들과의 관계에서뿐만 아니라 우리 자신과도 마찬가지다. 다음 훈련은 혼자서도 할 수 있고 다른 사람들과도 가능하다. 이 훈련은 '미래를 보기 위해 과거를 보도록' 돕는다. 즉 당신 삶의 핵심 사건들에 대한 이야기를 새로 써서 통찰력과 지혜, 새로운 의미를 얻을 수 있도록 돕는다.

미래를 보기 위한 과거 보기 훈련—이것은 과거의 경험에서 새로운 의미와 해석을 얻을 수 있도록 도와주는 효과 좋은 훈련법이다. 심지어 비관적인 생각이나 안 좋은 감정을 품고 있던 경험에도 적용된다. 이 훈련은 개인적, 그리고 조직적인 신뢰의 감정도 재구축한다. 이 훈련법은 우리가 과거에 너무 많이 의지한다는 근거에서 출발한다. 이는 우리 모두가 아는 사실이다. 우리가 마음속에 담고 있는 것은 우리의 현실이다. 때로는 우리의 현실이 분노, 보복, 실망으로 가득 차 있기도 하다. 우리가 이런 감정을 다른 사람들에게 투영하게 되면 미래에 불신을 느끼게 된다. 하지만 접촉의 순간에 다른 사람들과 우리의 생각을 공유하고 비교하고 믿고 존중하는 쪽을 선택할 수도 있다. 그러면 사람들에겐 모두 현실을 보는 각자의 관점이 있고 그것을 공유할 수 있다는 사실을 깨닫게 되고, 우리가 현실이라고 생각했던 것을 재구성하며 앞으로 크게 한 걸음 전진할 수 있다.

이 훈련을 할 때는 당신의 삶에서 매우 중대한 사건 한 가지를 선택한다. 그것을 종이에 적은 후 그 사건에 질문을 던진다. "너는 나에게 무엇을 가르쳐주려고 하니?" 그리고 당신의 여정에 도움이 될 만한 지혜를 구한다. 부정적인 감정을 그대로 품고 가기보다는 그 상황을 생각하는 방식을 재고하고, 한발 앞으로 나아가기 위한 교훈을 찾기 위해 재구성이라는 방법을 활용한다. 이 과정은 '편도체의 장악'을 풀고, 새로운 지혜를 얻을 수 있는 전두엽 피질로의 접근을 돕는다. '미래를 보기 위한 과거 보기'에 시간을 투자한다면, 각자 자기 자신의 역사에서 그리고 우리가 가치 있게 생각하는 다른 사람들의 역사에서도 통찰력을 얻을 수 있다.

백 투 더 퓨처 훈련—나는 1987년, 180명의 영향력 있는 CEO들을 위해 백 투 더 퓨처 훈련(Back to the Future, '미래를 보기 위한 과거 보기 훈련'의 변형)을 창안했다. 처음 이 훈련법을 소개할 때는 무척 걱정이 되었다. 잘 알지도 못하는 여러 명의 고위 경영인들 앞에서, 그것도 테스트를 한 번도 거치지 않은 상태에서 내가 만든 그 훈련법을 처음으로 선보이는 자리였다. 하지만 다행히도 이 훈련법은 많은 사람들의 마음과 정신을 좋은 쪽으로 흔들어놓았다. 이 훈련법을 선보이면 내게 약한 사람이라는 딱지가 붙을 수도 있다는 생각이 들었지만, 내 안의 무언가가 그래도 밀어붙이라고 말했다(내 생각에 맞서는 나의 저항이었다).

한 시간가량의 훈련이 끝나갈 무렵, 경영인들이 새로운 마음가짐이 되었다는 것을 알 수 있었다. 행사가 끝난 뒤 사람들이 내게 다가와 스스로를 활짝 열 수 있게 해주어서 고맙다고 말했다.

1단계: 라이프라인 만들기

종이 한 장을 준비해서 가로로 놓고, 왼쪽부터 시작하는 라이프라인(Lifeline)을 그린 다음 세 부분으로 나눈다. 인생의 세 부분 중 첫 번째, 두 번째, 세 번째. 네 부분으로 나누어도 무방하다.

2단계: 큰 영향을 준 상황, 사람들, 혹은 사건 찾기

라이프라인에 구분된 각 시기를 돌아보고, 당신에게 큰 영향을 주었던 핵심 사건을 찾는다. 그 사건을 규정할 수 있는 키워드와 함께 사건을 종이에 표시한다. 각 시기마다 적어도 한 가지 이상의 사건을 찾는다. 핵심 사건은 아래 요건을 갖추도록 한다.

- 핵심 상황
- 핵심 인물 혹은 조언을 담당한 사람들
- 사건에 대해 당신이 만든 이야기
- 핵심 결론과 교훈

각자의 연대기를 완성한 후, 파트너와 공유한다.

3단계: 패턴과 의미 만들기

과거에서 현재까지 라이프라인 전체를 파트너와 공유한다. 그때의 상황, 사람들, 이야기, 그리고 그때 얻은 핵심 교훈까지 하나씩 차례로 나누고, 연대기 전체를 살펴본다. 각자의 것을 함께 살펴본 후, 파트너에게 내가 보지 못한 패턴이나 인상적인 결과가 보이는지 물어본다. 모든 사건들을 파트너와 공유한 뒤, 삶의 커다란 패턴을 보기 위해 한발 물러난다. 통찰을 포착한다.

4단계: 백 투 더 퓨처

그다음엔 각자 번갈아가며 다음에는 무엇이 기다리고 있는지 미래를 들여다본다. 이 삶의 패턴이 당신의 미래에 어떤 영향을 줄 것인가? 패턴 중에 복제하거나 바꾸거나 달리 해보고 싶은 것이 있는가? 삶의 여정을 위한 지혜를 추출한다.

5단계: 지도 만들기

넓은 관점에서 당신의 삶을 돌아본다. 당신의 개인적, 사회적 삶을 향상시킬 수 있도록 이 훈련이 가르쳐주는 다른 것들이 있는가? 당신이 얻은 가장 큰 교훈은 무엇인가?

6단계: 미래의 신뢰

이 마지막 단계는 당신과 당신의 코칭 파트너가 과거를 돌아보고 미래를 위한 깨달음을 챙길 수 있는 기회다. 당신은 코칭 파트너의 이야기에 어떤 식으로 공감을 표시할 수 있는가? 파트너의 미래에 대한 그의 헌신을 어떤 식으로 인정해줄 수 있는가? 스스로에 대한 신뢰를 어떻게 인정해줄 것인가?

삶과 조직에서
대화 단계 조정하기

힘, 정치, 성격은 인간의 일부다. 우리는 무리를 지어 살도록 타고났고, 무리 밖에 있는 것보다는 무리 안에 있을 때 기능을 더 잘하게끔 진화해왔다. 조직 안에 포함되고 인정받고 존중받고 그 안에서 지위를 갖고 싶은 마음은 어떤 스위치 하나를 내려버린다고 없앨 수 있는 것이 아니다. 대화지능의 대가가 되면, 다시 말해 진행하고 있는 대화의 단계를 인식하고, 각 단계에서 관계의 질을 향상시킬 수 있게 되면, 당신의 삶과 조직 안에서 의미 있는 대화를 이끌 수 있는 힘의 원천을 얻게 된다.

　적절한 때에 적절한 대화지능의 단계에 대해 빈틈없는 통찰력을 갖추게 되면 목적에 맞춰 대화의 단계를 조정할 수 있다. 제3의 눈을 개발하면 세 가지 단계를 모두 완수할 능력이 생긴다. 한발 물러나서 필요한 동력을 파악하고, 의도와 영향을 성공적으로 결합해서 원하는 성과를 위한 대화 공간을 조성할 수 있다면, 3단계 상호작용으로 능숙하게 올라가는 자신을 발견할 수 있을 것이다.

" Conversational
Intelligence "

당신을
성공으로 이끌
한 차원 높은
단계로의 도약

Chapter
10
신뢰를 갖춘 리더가
성공한다

Conversational
Intelligence

나의 의뢰인 중에서 몇 명은 내가 만나본 사람들 중 가장 용감하고 지혜로운 경영자들이었다. 그들과 일하고 나면 나는 늘 더 똑똑해지고 배움에 마음을 열게 되었다. 그들의 활동을 지켜보는 것만으로 나는 조직 내에 대화지능을 심고, 비료를 주고, 수확하는 법을 배운다. 이번 장에서는 리더들이 3단계 신뢰 네트워크를 활성화하는 법을 배우는 방법과, 조직 전체를 불신에서 신뢰로 이동시키고 문화를 바꾸는 방법을 설명한다.

신뢰,
위대한 리더십의 토양

성공적인 기업의 여정에 변화는 필수적이다. 시장이 변하면 성공적인 기업은 민첩해질 필요가 있고, 마땅히 그 변화의 선두에 서서 끝없이 성공을 일궈야 한다. 변화는 불확실성을 동반하고, 불확실성은 두려움을 불러낸다. 리더들이 조직 내에서 두려움을 줄이고 신뢰를 높이는 방법을 익히면 높은 단계의 대화를 위한 토양을 마련하게 되고, 더 위대한 혁신, 협력, 성공의 기회가 모습을 드러낸다. 보리스 그로이스버그(Boris Groysberg)와 마이클 슬라인드(Michael Slind)가 《대화주식회사 *Talk, Inc*》라는 저서에서 밝혔듯이, 조직 내에서 친밀함, 포용, 상호성, 의도를 반영하는 대화를 이끌어가는 리더는 직원들을 하나로 모아 그들의 노력을 통합할 수 있다.

리더들이 그들의 상호작용 동력을 1단계에서 3단계로 끌어올리는 법을 배우면 놀라운 일이 일어난다. 그들의 문화에 즉각적으로 신비로운 변화가 생기는 것이다. 리더들이 3단계로 들어서면 직원들도 그들과 함께 이동한다. 사람들이 자신의 생각을 솔직하게 털어놓을 수 있는 대화의 공간이 조성되고, 예상 밖의 일 처리 능력을 배양하는 대화의 민첩성이 생기며, 지혜와 통찰력을 수확할 수 있다.

템플 대학교 폭스 경영대학교 교수로 재직 중인 안젤리카 디모카 박사와 폴 파블로(Paul Pavlou) 박사는 신뢰와 신경의 의사결정 영역 연구 통합 과정을 총괄하고 있다. 나는 필라델피아의 국립헌법센터

(National Constitution Center)와 공동 기획한 글로벌 프로그램의 TV 쇼에서 그들을 인터뷰할 기회를 얻었다. 인터뷰 말미에서 나는 이 책의 핵심 내용이기도 한, 아주 중요한 통찰을 언급하면서 우리의 대화를 요약했다. 바로 우리는 신뢰와 불신을 통해 불확실성에 대처할 수 있는 능력을 갖추고 있다는 것이다. 불확실성에 직면했을 때 우리는 생존을 보장받기 위해 방어적인 행동에 돌입할 수도 있고, 다른 사람들과 힘을 합하는 신뢰적 행동을 취할 수도 있다. 신뢰와 불신 모두 우리에게 불확실성에 대한 전략을 주며, 불확실성은 삶의 한 방식으로 늘 우리와 함께한다. 가장 성공한 리더들은 불확실성에 직면했을 때도 신뢰를 구축하는 행동을 선택한다.

위대한 리더들이
위대한 결과를 만든다

안젤라 아렌츠(Angela Ahrendts)가 2006년 버버리의 최고 경영자가 됐을 때 직면했던 도전 과제들을 생각해보자. 150년 넘는 유구한 역사와 전통의 이 영국 브랜드는 예전에 번창하던 분야에서 제자리걸음만 하고 있었다. 아렌츠의 전임자에 의해 그나마 호전되었다는 상황이 그 정도였다.

2011년, 아렌츠가 영입된 지 불과 5년 만에 버버리는 WPP(세계 최대 규모의 광고회사 – 역주)의 BrandZ(기업 가치 평가 데이터베이스)와 인터브랜드(세계적 브랜드 컨설팅 그룹 – 역주) 두 곳의 조사 결과 애플, 구글, 아마존에 이어 고속 성장 브랜드 4위에 올랐고, 그 이듬해에는 세계에서 가장 빠르게 성장 중인 패션 브랜드로 선정되었다. 2013년, 비즈니스 매거진 〈패스트 컴퍼니*Fast Company*〉는 버버리를 전 세계적으로 가장 혁신적인 제조업체 2위에 선정했다. 아렌츠는 어떻게 이렇게 눈부신 업적을 이루어냈을까? 그 답은 그녀가 조직의 대화지능을 끌어올렸다는 데 있다.

조직 전체가 하나의 대화를 나눈다는 것은 불가능한 일이라고 많은 리더들이 얘기한다. 하지만 그녀는 과감히 도전했고, 자신의 대화지능을 시험대에 올렸다. 진정한 협력 지향적 리더인 아렌츠는 이 일을 혼자서 하지 않았다. 전 세계에 걸쳐 9,000명에 이르는 사람들을 하나의 대화에 참여시킨다는 생각 자체가 대다수의 리더들에게는 벅찬 일로 느껴질 것이다. 그러나 자신이 성공하려면, 버버리가 성공하려면, 불신의 벽을 허물고 조직의 총체적 지혜와 지성을 활용하는 것이 자신의 가장 중요한 임무임을 그녀는 잘 알고 있었다.

버버리에 들어온 뒤 아렌츠는 해야 할 일이 산더미 같다는 것을 깨달았다. 브랜드는 노쇠했고 문화는 망가졌으며 버버리의 미래도 불투명했다. CEO 자리에 앉기 전까지 6개월간의 인수 기간 동안, 아렌츠는 전임자인 로즈 마리 브라보(Rose Marie Bravo)를 그림자처럼 따라다니며 회사 문화의 문제점과 함께 일할 사람들을 이해하는 시간을 가졌다. 이렇게 얻은 지식으로 전략을 짜기 시작한 그녀는 마침내 잠자는 거인을 고속 성장의 디지털 럭셔리 브랜드로 탈바꿈시키게 된다.

아렌츠가 버버리에서 발견한 것과 자신이 원하는 것 사이의 간극은 엄청났다. 이 회사는 전년도 연간 매출 성장률이 2퍼센트에 불과했고, 명품 분야는 약 13퍼센트에 그쳤다. 아렌츠가 영입되기 한 달 전에 회사에서 실적 발표를 했던 것이다. 아렌츠와 경영 팀이 모여서 얘기를 나눴다. "우리는 어떻게 최고의 팀과 최고의 회사를 만들 수 있을까?"

"우리는 누구인가?라는 질문부터 시작했어요"라고 아렌츠는 그때를 회상했다. "그리고 우리는 누가 될 것인가?" 아렌츠는 전통 있는 회사의 유산을 보호하면서 동시에 활기찬 성장 중심의 미래를 창조하는 것이 자신의 미션임을 알고 있었다. 아렌츠와 그녀의 팀은 물었다. "우리 회사를 앞으로도 150년간 더 번창하게 하려면 어떻게 해야 할까?" 그들이 찾아낸 해답은 고전적인 스타일과 전통에다 젊음과 디지털을 결합하는 것이었다. 그리고 그들의 조직적 팀워크를 향상시키는 데 집중하는 것이었다.

문화, 감성, 조직을 새로 디자인하다

디자이너가 신제품 라인을 창조하고, 첨단 기술자가 조직 내에서 차세대 기기 발명을 선도하듯이, 아렌츠는 처음에 자신의 팀을 구성하는 데 초점을 맞췄다. 아렌츠의 가장 중요한 행보는 크리스토퍼 베일리(Christopher Bailey)를 크리에이티브 총괄 책임자로 임명하는 것이었다. 아렌츠는 베일리를 '브랜드 차르(Brand czar)'라 부르며, 과거에 얽매이지 않고 새로운 브랜드를 창조할 자유를 누리도록 했다. 대화지능의 세계에서 발견한 강력한 효과 중 한 가지는 한 사람의 타이틀 변화가 뇌의 새로운 부분을 열어준다는 것이다.

우리가 스스로에게 그리고 다른 사람들에게 붙여주는 이름표는 우리의 행동과 생각의 방식에 영향을 준다. 우리가 어떤 생각을 해도 되는지 허락하고, 우리의 사고를 제한하는 방식에도 영향을 준다. 신경과학자들은 fMRI 스캔을 통해, 우리와 교류한 사람들은 우리 뇌에 자리를 점한다는 사실을 발견했다. 모든 상호작용을 통해 우리는 뇌의 바로 그 지점에 더 많은 정보를 추가하고 인식, 감정, 기억을 수집한다. 우리가 그 사람을 다시 만나게 되면 그 기억의 다발을 불러내고 그 사람에 대해 알게 되는 것이다. 우리가 그 사람과 관련된 좋은 느낌을 많이 갖고 있으면 기분 좋은 호르몬의 세례를 받게 될 테지만, 그 사람이 우리의 기분을 나쁘게 한다면 기분 나쁜 호르몬이 쏟아질 것이다.

아렌츠가 베일리에게 버버리 역사상 유례없는 타이틀을 준 것이, 그가 자신의 역할을 창조하고 발전시키며 잠재력을 폭발시킬 수 있었던 힘의 원천이다. 그리고 그는 새 자리에도 척척 적응해냈다. 베일리에게는 비전이 있었고, 아렌츠가 그에게 신뢰를 보내고 더 많은 책임을 부여하며 자극할수록 그만큼 더 성장했다. 그러자 아렌츠는 기술 총괄 책임자인 존을 승진시켜 베일리와 함께 일하도록 했다. "나는 존이 베일리와 함께 사업을 주도해주길 바랐어요. 창의력과 테크놀로지를 결합하는 거죠"라고 아렌츠는 얘기했다. 이로써 재능 있는 두 사람이 버버리의 새로운 미래를 공동 창조하게 된 것이다.

아렌츠는 관습에 얽매이지 않는 관계를 형성해야 사람들이 관습에 얽매이지 않고 함께 일하는 법을 배울 수 있음을 알고 있었다. 기술력과 창의적인 측면들을 결합한 버버리의 런웨이 쇼를 웹페이지에 게재하자, 회사 내부적인 대화는 물론이고 외부적으로 고객과의 대화까지 창조되었다. 아렌츠는 초기부터 전략적 혁신 위원회를 조직했다. 베일리가 그 조직을 주관하며 디지털 네이티브(digital natives), 즉 디지털 기술을 접하며 성장한 사내의 젊은 직원들을 뽑아 회사가 진화할 수 있는 방법에 대한 아이디어를 내도록 했다. 이들은 전략적 혁신 위원회에 아이디어를 냈고, 젊은 비전을 활용해 본인들의 경험에 그 아이디어를 투영해보았다. 아렌츠는 이렇게 회고한다. "우리는 전통적인 서열을 뒤집어 버렸어요. 그리고 다음 세대들이 목소리를 낼 수 있도록 그들의 아이디어에서부터 진화를 시작했죠. 정말 혁명적인 발상이었어요."

신뢰는
모든 것의 심장

아렌츠의 팀을 몇 차례 방문하면서 나는 3단계 상호작용의 동력을 볼 수 있었다. 아렌츠는 조직 전체를 버버리의 사업과 그 전망이라는 하나의 대화에 참여시키는 데 전념하고 있었다. 그녀는 다른 회사에서 성장하는 동안 하나의 대화가 무너지고 여러 개로 파생되면 그 회사의 문화가 분열되고 취약해진다는 것을 알고 있었다. 직원들이 누구의 말을 들어야 할지 혼란스러워지면 그곳의 문화는 2단계, 즉 위치에 따른 동력이 지배하는 최악의 시나리오를 따르게 된다. 직원들은 은밀한 지위 공세에 휘둘리고, 부서 간 협력이 사라지고, 일의 속도가 떨어진다.

아렌츠는 3단계 변화의 동력이 몸에 깊이 밴 사람이었기에 모든 것이 신뢰라는 토대에서 시작된다는 것을 알고 있었다. 그래서 목표를 높게 잡고 소통, 신뢰, 혁신을 위해 조직을 점화하기 시작했다. 아렌츠는 이렇게 얘기한다.

> "신뢰는 모든 것의 중심입니다. 만약 신뢰가 당신의 핵심 가치라면, 고용할 때부터 그에 따라야 합니다. 나는 여러 고위 경영진들을 인터뷰했어요. 그 정도 위치에 올랐다면 능력과 경험은 기본이고, 차이를 만드는 요소는 신뢰입니다. 나는 그들의 눈을 들여다보고 스스로에게 물어요. 나는 이 사람을 신뢰하고, 이 사람이 나를 신뢰한다는 느낌을 받고 있는가? 이들에겐 비전이 있는가? 바로 이것이 우리가 하는 모든 일의 시작점입니다."

신뢰는 엄청난 역경이 닥쳤을 때 조직 전체를 하나로 지탱해주는 접착제다. 신뢰는 사전에 분위기를 조성하여 점화해서 사람들이 친밀해지고, 누구든지 포용하고, 상호 협력적이 될 수 있도록 마음을 열 수 있다.

신뢰의 모습은 다음과 같다: 나는 당신과 내가 현실에 대해 같은 시각을 공유한다고 믿는다. 당신이 진심으로 나를 위하기에 내가 두려움을 느끼지 않게 할 것임을 믿는다. 당신은 내가 보복에 대한 두려움 없이 말할 수 있게 해줄 것이기에, 나는 마음을 열고 솔직할 수 있고 내 생각을 모두 공유할 수 있다(당신은 적이 아니라 친구임을 보여준다).

불신의 모습은 다음과 같다: 당신과 나는 세상을 보는 시각이 매우 다르다. 우리는 중요한 것이 무엇인가에 대한 의견이 다르다. 나는 당신이 자기 이익에만 관심이 있고, 내겐 신경을 덜 쓸 거라고 느낀다. 당신은 한 입으로 두 말을 하고 있다. 내게 하는 얘기와 당신의 친한 친구에게 하는 얘기가 다르다. 혹시 당신이 나쁘게 이용할까 봐 나는 속마음을 털어놓기가 두렵다(당신은 친구가 아니라 적과 같이 행동한다).

인간은 소속되고 싶은 욕구가 있고, 신경과학자들과 심리학자들은 그것이 육체적 안전에 대한 욕구보다 더 강력하다고 간주한다. 많은 조직들이 불신과 두려움이 끊임없이 반복되는 상태에서 운영되고 있다. 두려움은 우리가 현실을 보고 경험하는 방식, 사람들과 소통하는 방식, 우리의 참여 욕구, 혁신 의지를 모두 변화시킨다. 신뢰가 사라지면 우리는 현실을 겁먹은 눈으로 보게 되고, 다음과 같이 행동한다.

- **드러내기:** 우리가 알고 있는 것, 혹은 발전에 도움이 될 만한 것들을 다 드러내지 않는다.

- **기대하기**: 가능한 것보다 더 많은 것을 기대한다.

- **가정하기**: 다른 사람들에 대해 최악을 가정한다.

- **바라보기**: 상황을 조심스럽게 바라본다.

- **해석하기**: 대화를 두려움으로 해석한다.

- **말하기**: 말하지 않기로 약속했던 것들을 발설한다.

- **권하기**: 사람들이 진실을 대면하지 않도록 권한다.

우리가 불신의 상태에 있을 때 세상은 위협적으로 느껴진다. 위협은 우리를 물러서게 하고, 우리가 스스로를 보호해야 한다고 느끼게 한다. 우리는 틀렸다는 감정이나 당황스러움에 더 민감해지고, 예전과 다르게 행동한다. 높은 단계의 위협은 우리를 편도체의 장악 상태로 몰고 간다. 하지만 신뢰의 상태에 있을 때는 새로운 눈으로 현실을 경

도표 10-1 신뢰는 현실을 바꾼다

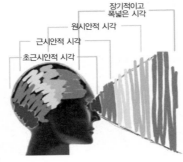

편도체 장악
코르티솔

불신: 우리는 위협과 두려움을 통해 현실을 보고 문을 닫는다.

- 적게 드러내기
- 더 많이 기대하기
- 최악을 가정하기
- 조심스럽게 바라보기
- 두려움으로 해석하기
- 비밀 발설하기
- 진실을 피하라고 권하기

장기적이고 폭넓은 시각
원시안적 시각
근시안적 시각
초근시안적 시각

전두엽 피질
옥시토신

신뢰: 우리는 현실을 더 분명히 보고 참여에 더 열려 있다.

- 더 많이 드러내기
- 적게 기대하고 기대치 이상 수행하기
- 최선을 가정하기
- 열린 마음으로 보기
- 사실 그대로 해석하기
- 진실 말하기
- 진실을 대면하라고 권하기

다른 마음가짐

험하고 이렇게 행동한다.

- **드러내기:** 더 많이 드러낸다.
- **기대하기:** 적게 기대하고 기대치 이상을 수행한다.
- **가정하기:** 최선을 가정한다.
- **바라보기:** 열린 마음으로 바라본다.
- **해석하기:** 사실 그대로 해석한다.
- **말하기:** 진실을 말한다.
- **권하기:** 진실을 대면하라고 권한다.

아렌츠가 버버리의 CEO가 된 뒤에 몰고 온 전면적인 변화는 직원들 입장에서는 엄청난 위협으로 느껴졌을 수도 있다. 보통 조직이 전면적인 변화의 과정을 거칠 때, 경영진들은 밀실로 들어가 일선에 있는 직원들의 의사결정과 거리를 두어, 직원들이 리더들과 소통할 수 있는 능력을 효과적으로 차단하고 대화의 공동 창조에 기여할 능력을 제한하기 때문이다.

버버리가 이와 다를 수 있었던 것은 아렌츠가 직원 모두를 포함하는 대화의 포럼을 만들겠다는 전략적 결정을 내렸기 때문이다. 같은 맥락에서 아렌츠는 기술력을 활용해서 고객들과도 소통했다. 사내에서도 발언의 장을 만들어 직원들이 아렌츠 자신을 비롯해 고위 경영진들과 직접적으로 소통할 수 있도록 격려하며, 직원들이 근본적으로 '방어' 모드에서 '공유와 창조' 모드로 이동할 수 있도록 했다. 모두가 자기 생각을 거리낌 없이 공유할 수 있는 문화를 조성함으로써 아렌츠는 리더들이 빠지기 쉬운 함정을 피해 갔다. 그 함정이란 미래를 내다보는 젊은 직원들이 급진적이고 새로운 생각을 제안할 수 있는 분위기를 만들지 않아서 그들의 가치 있는 아이디어들을 놓치는 것이다.

아렌츠는 고위 경영 팀과 조직 전체를 통틀어 신뢰를 형성하는 데 초점을 맞추고, 버버리를 과거에만 빠져 있던 조직에서 오늘을 사는 가장 역동적인 디지털 글로벌 브랜드로 완전히 탈바꿈시켰다. 아렌츠는 전 직원이 '차세대적 사고를 개발'하기를 원했다. 그녀는 이렇게 얘기했다.

여러분은 문화를 그리고 브랜드를 느껴야 합니다. 문화는 살아 있는 브랜드입니다. 우리는 이렇게 말했죠. "우리는 문화 창조를 통해 브랜드를 창조할 것입니다. 이 브랜드를 위한 것은 무엇일까요?" 이것이 더 높은 목표가 되었죠. 우리 직원들은 단지 위대한 브랜드만이 아닌 위대한 기업을 창조하기 위해 어떻게 도왔을까요?

우리는 버버리라는 브랜드에 대해 많은 이야기를 나눴습니다. 당신을 위한 최선이 아닌, 브랜드를 위한 최선이 무엇인가에 대해서입니다. 자아가 개입되지 않으면 최선의 결정을 내리고 민첩하게 수행해나갈 수 있어요. 인간은 천성적으로 불안정한 존재이기 때문에 만약 누군가를 신뢰하지 못하면 불안의 끝없는 악순환에 빠져 헤어날 수 없게 됩니다.

하지만 사람들을 신뢰하고 협력할 수 있다면 그 불안정함 자체를 공유하고 그것을 이용하여 다리를 놓을 수 있습니다. 이런 열린 마음과 투명성은 완전히 새로운 방식으로 우리를 서로에게 연결합니다. 다른 사람 없이 혼자서는 해낼 수 없다는 걸 깨끗이 인정하면, 자아가 있던 자리에 우리 모두 함께하고 있다는 인식이 자리하게 됩니다.

공동 창조를 위한 일곱 가지 대화

대화지능은 우리의 집단지성을 향상시키는 힘이다. 이것은 IQ가 아니라 C-IQ이다. 하지만 모든 대화가 대화지능을 향상시키는 것은 아니다. 예를 들어 소외하고 비판하는 대화는 우리를 위축시켜서 마음껏 얘기하고 대화하기가 어려워진다. 우리의 영역을 제한하거나 소멸시키는 느낌을 주는 대화, 사람들이 중요한 정보를 감추고 내놓지 않고 있다는 느낌을 주는 대화는 우리가 팀에 속하지 못했다는 느낌을 준다. 스스로 바보 같다고 느끼게 하거나, 자신이 말한 것 때문에 괴로움을 겪게 만드는 대화도 있다. 이런 대화를 하면 원초적 뇌는 '대항, 회피, 경직, 혹은 유화' 반응을 내보낸다. 자기 회의에 빠지게 하거나 다른 사람에게 복수심을 품게 하는 대화는 최선의 사고를 차단한다.

3단계 상호작용 동력의 힘은 전두엽에 위치한 고급 지능을 촉진하는 능력에서 발생한다. 이 지능은 우리가 다른 사람들 혹은 우리 자신에 대해 좋은 감정을 느껴야 접근이 가능하다. 이것이 심장 두뇌와 실행 두뇌가 협력해야 3단계 대화가 가능한 이유다.

3단계 상호작용 동력이 작용하는 문화를 만들고 싶다면 아래에 제시한 일곱 가지 대화를 시작하도록 한다. 각각의 항목들은 전두엽 피질의 기능을 촉진하여 대화지능에 접근할 능력을 키우고 다른 사람들과 공동 창조할 수 있는 능력을 강화할 것이다.

- **공동 창조 대화:** 전두엽 피질의 기능을 촉진하여 다른 사람들의 눈으로 세상을 볼 수 있도록 거울 신경을 활성화한다.
- **인도적 대화:** 전두엽 피질의 기능을 촉진하여 높은 단계의 공감과 솔직함을 활성화한다.
- **포부를 키우는 대화:** 전두엽 피질의 기능을 촉진하여 높은 단계의 미래를 예측하는 능력을 활성화한다.
- **개척하는 대화:** 전두엽 피질의 기능을 촉진하여 높은 단계의 협력을 활성화한다.
- **생성의 대화:** 전두엽 피질의 기능을 촉진하여 실수로부터 배울 수 있는 능력을 활성화한다.
- **표현의 대화:** 판단력과 발언의 높은 단계를 활성화한다. 전두엽 피질의 기능을 촉진한다.
- **일치의 대화:** 현실과 열망 사이의 차이를 좁히는 능력을 활성화한다. 전두엽 피질의 기능을 촉진한다.

스스로에게 질문하라. 당신의 문화를 3단계로 향상시키기 위해 어떤 변화를 시도하고 싶은가?[17]

공동 창조 대화

우리 조직의 대화는 건강하고 포용적인가? 우리는 포용하는 분위기와 비전을 어떤 방식으로 어느 정도까지 조성하고 있는가? 조직의 비전과 공동의 가치를 정의하는 데 조직의 구성원들이 참여할 수 있도록, 우리는 어느 정도까지 격려하고 있는가? 미래의 공동 창조를 위한 공동체, 소통, 참여의 분위기를 조직 전체를 통틀어 어느 정도까지 조성하고 있는가?

- **포용하는 3단계 리더가 돼라:** 대화를 조성한다. 공유하고 발견해서 사람들이 위대한 문화와 공동체 창조에 참여하는 방법을 이해할 수 있도록 한다.
- **실행하기:** 배제에서 포용으로의 전환은 3단계를 촉진한다.

인도적 대화

우리의 대화는 상대를 존중하는가? 서로를 평가하기보다 동료들끼리 존경, 존중, 감사하는 풍토를 어느 정도까지 어떤 방식으로 확립하고 있는가? 솔직함, 배려, 열린 마음으로 서로를 지지하고 협력하는 분위기 조성을 위해 우리는 어떤 노력을 하고 있는가?

- **존중하는 3단계 리더가 돼라:** 정직하고 활짝 열린 소통의 풍조를 확립한다. 사람들이 자신의 감정을 표현하는 법을 배우도록 돕고, 정치 중심적 행동에서 신뢰, 정직, 배려로 이동하도록 돕는다.

- **실행하기:** 평가에서 존중으로의 전환은 3단계를 촉진한다.

포부를 키우는 대화

우리 조직의 대화는 포부를 키우는가? 동료들이 미래를 두려워하지 않고 포용하도록 돕기 위해 우리는 어느 정도까지 어떤 방식으로 노력하고 있는가? 사람들이 조직의 기대와 목표를 개개인의 꿈, 열정, 포부와 연결할 수 있도록 우리는 어떤 도움을 주고 있는가? 사람들이 느끼는 조직과 자기 자신의 가능성을 우리는 어떻게 확장하고 있는가?

- **포부를 키우는 3단계 리더가 돼라:** 당신은 사람들의 포부를 제한하고 그들의 시각을 낮추게 만드는 리더는 아닌가? 힘들지만 흥분되는 가능성들을 포용하고 확장할 수 있도록 돕는다.
- **실행하기:** 제한에서 확장으로의 전환은 3단계를 촉진한다.

개척하는 대화

우리의 대화는 경계를 넘어서는 협력과 공유를 독려하는가? 조직 전체를 관통하는 동반자적 풍토 확립을 위해 우리는 어떤 방식으로 얼마나 노력하는가? 동료들끼리 정보를 공유하고, 최고의 경험을 교환하고, 불필요한 영역 다툼을 줄일 수 있는 시간, 장소, 방법을 우리는 제공하고 있는가? 조직이 정보 독식에서 벗어나 경계 허물기와 미지의 영역 개척으로 옮겨 갈 수 있도록 우리는 어떻게 돕고 있는가?

- **협력적이고 신뢰할 수 있는 3단계 리더가 돼라:** 정보를 공유하고, 최고의 경험을 교환하고, 영역 다툼의 필요를 최소화하고, 경계를 허물어 새로운 영역을 개척한다.
- **실행하기:** 독식에서 공유로의 전환은 3단계를 촉진한다.

생성의 대화

우리의 대화는 차세대적 사고를 양성하는가? 동료들이 과거와 예전 방식에 대한 집착(모든 것을 다 안다는 식의 행동)에서 벗어나 돌파구가 되는 아이디어, 혁신, 전략에 집중할 수 있도록 우리는 얼마나, 어떻게 돕고 있는가? 우리는 회사 안팎에서, 동료 또는 고객과 함께 상상력, 창의력, 혁신, 성장을 위한 생성의 사고를 어떻게 키워나가고 있는가?

- **생성하는 3단계 리더가 돼라:** 진부한 틀에 의존하지 말고 혁신적, 창의적, 실험적 생성의 리더가 되는 것에 초점을 맞춘다.
- **실행하기:** '모든 답을 다 알고 있다'에서 '새로운 답 찾기'로의 전환은 3단계를 촉진한다.

표현의 대화

우리의 대화는 모두의 목소리가 중요하다는 메시지를 전달하는가? 우리는 차세대 리더들을 육성하기 위해 얼마나 어떻게 노력하고 있는가? 사람들이 자신의 판단과 관점을 자기만의 목소리로 소통하고 개발할 수 있는 환경을 조성하고 있는가? 강요된 합의나 집단사고(집단의 기준에 순응하는 양상)을 피하고 권위에 도전할 수 있는 권한을 직원들에게 어떤 식으로 부여하고 있는가? 조직의 성장에 모두가 기여할 수 있는 지혜와 리더십 본능을 우리는 어떻게 촉진하고 있는가?

- **영향력 있는 3단계 리더가 돼라:** 발언하고, 자신의 생각을 표현하고, 권위에 도전하고, 브랜드의 성장에 기여할 수 있는 아이디어를 개진하는 방법을 사람들에게 가르친다.
- **실행하기:** '받아 적기'에서 '개진하기'로의 전환은 3단계를 촉진한다.

일치의 대화

우리 조직의 대화는 성공을 축하하는가? 직원들이 단순한 수익 창출에서 벗어나 더 높은 미션과 목표를 추구할 수 있도록, 기업정신을 세우고 기념 및 축하의 풍토를 조성하기 위해 우리는 어떻게 얼마나 노력하는가? 기업의 현재 진행형인 진화에 기여하는 직원들의 지성과 감성은 어떤 방식을 통해 살찌우는가? 기업이 한 단계 더 도약할 수 있도록 우리는 어떻게 돕고 있는가?

- **진취적인 3단계 리더가 돼라:** '수단 방법을 가리지 않는 승리' 혹은 '나의 승리, 너의 패배' 식의 태도에서 벗어나, 기업의 성장 안에서 개인의 성장을 이루는 데 초점을 맞추는 기업정신을 확립한다.
- **실행하기:** 순응에서 축하로의 전환은 3단계를 촉진한다.

자각력 있는 3단계 리더는 자신의 내면을 들여다보고 자기 본성의 동력이 기업 문화에 미치는 영향을 분석한다. 이런 리더는 동료들이 의욕적으로 참여할 수 있는 문화를 창조하는 데 필요한 것이 무엇인지 배운다.

　당신은 당신의 리더십과 당신이 동료들에게 미치는 영향을 알아보고 싶은 마음이 있는가? 당신이 긍정적인 영향을 준다면 성장에 큰 영향을 줄 수 있고 주요 전략과 목표 달성에 필요한 열정과 헌신이 살아 있는 문화를 창조할 수 있다. 이제는 팀이 놀라운 돌파구와 결과물을 만들어내는 데 대화지능이 어떤 역할을 할 수 있는지 살펴보기로 한다.

Chapter

11
대화지능으로
성공적인 팀 만들기

1965년 당시 러트거스 뉴저지 주립대학교의 교수였고, 현재 오하이오 주립대학교 학습연구소 소장으로 재직 중인 심리학자 브루스 터크먼 (Bruce Tuckman)은 소규모 그룹의 발달 단계에 대한 이론을 발표했다. 당시 그가 제시한 혁신적인 모델은 오늘날 거의 모든 팀과 관계들의 발전에 기초가 되었다. 그의 모델은 형성(forming), 혼돈(storming), 규범화(norming), 실행(performing)이라는 팀 발전의 네 단계를 제시한다. 팀의 구성원들은 이 네 단계를 거치며 수행력이 뛰어난 협조적인 동료로 발전한다.

형성 단계

터크먼에 따르면 형성 단계(Forming Stage)는 팀이 프로젝트를 위해 모이는 단계다. 늘 명백히 보이지는 않더라도 배후에서는 관계가 형성되고 있다. 사람들은 누가 이 일의 안쪽에 있고 누가 바깥에 있는지, 즉 누가 중요한 사람이고 누가 중요하지 않은지 지켜보고 있다. 행동은 다른 사람들로부터 인정받고 싶은 욕구, 그리고 대립과 갈등을 피하고 픈 욕구에 의해 유발된다. 신뢰는 아직 찾을 수 없고 사람들은 두려움과 기대를 동시에 품고 있다. 불확실성이 높은 단계이기 때문에 뇌에서 신뢰와 불신이 동시에 활성화되기 시작한다. 따라서 심각한 사안이

도표 11-1 형성, 혼돈, 규범화, 실행 단계

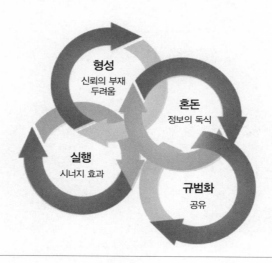

나 감정은 회피하고 팀 조직, 역할 분담, 미팅 시간과 같이 안전성과 편안함을 증대시킬 수 있는 일상 업무에 집중한다.

개개인이 서로에 대한 정보나 인상을 수집하는 동안 걱정은 드러내지 않는다. 손해와 이득에 대한 두려움, 적응 방법에 대한 걱정, 누가 무엇을 알고 누가 제일 똑똑한 사람이며 내 발언을 가치 있게 하는 방법은 무엇인지와 같이 권력에 얽힌 문제들을 솔직하고 배려 있게 얘기하기보다는 일단 접어둔다. 이런 행위는 방어적 일상으로 어떤 형태의 일이든 사람들이 모여 일을 할 때면 늘 마음속에 일어나는 현상이다. 하지만 팀이 일하는 과정에서는 막후에서만 벌어질 뿐 겉으로 드러나진 않는다.

이 단계는 표면적으로 보기에는 편안하다. 그러나 사람들이 함께 일하고 있지만, 갈등을 회피하고 있기 때문에 일다운 일에는 진전이 없고, 사람들은 일과 관계, 두 가지 모두에 대해 걱정하기 시작하며, 이

도표 11-2 불확실성의 순간

방어적 파트너;

집단사고
나만 옳다는 생각
현상 유지
지배하기
영역 보호

불확실성은 신뢰와 불신 사이의 받침점이다

런 이유로 팀은 '혼돈'이라는 두 번째 단계로 진화한다.

혼돈 단계

혼돈의 단계(Storming Stage)에서는 신뢰도가 낮고 사람들은 서로 경쟁한다. 힘 있는 자가 누구이고 어떻게 적응해야 하는지에 대한 두려움과 함께 손해에 대한 두려움이 만연하다. 수면 바로 밑에는 어떻게 참여하고 기여해야 하는지에 대한 두려움이, 각자의 경험을 어떻게 쌓아 나가야 하는지에 대한 불안감을 가중시키며 도사리고 있다. 터크먼의 모델에 따르면, 모든 그룹에는 사람들이 권력과 지위를 위해, 최고의 아이디어를 위해, 그룹 내의 위치를 위해 경쟁하는 혼돈의 단계가 존재한다.

접촉의 순간 우리의 방어적 일상은 무대의 중심으로 이동하며 팀의 동력에 영향을 주고 우리의 뇌가 사회적 방어에 집중하게 만든다. 사람들은 자신의 권력을 확실히 하기 위해 정보를 감추고, 자신의 중요성을 확고히 하기 위해 지위라는 카드를 활용하고, 성공의 입지를 확실히 다지기 위해 사람을 선별해서 유대를 맺고, 불확실성 속에서 승자로 인식되기 위해 필사적으로 '내가 옳다'고 주장하게 된다.

이 단계를 거치는 동안 마음을 열고 신뢰하도록 격려를 받았다면 사람들은 자신의 진짜 문제들을 내놓고 두려움을 얘기하는 데 더 마음을 열기 시작할 것이다. 불행히도 신뢰를 가로막는 장벽들이 너무 높아서 팀이나 관계가 이 단계를 넘어서지 못하는 경우가 많다. 팀의 구성원들은 세부 사항들에만 집중하고, 과도하게 세세한 것까지 관리하거나, 리더십을 장악하거나 가장하려는 일이 잦을 것이다. 이쯤 되면 팀의 정치는 부정적인 원동력이 되고, 발전을 방해하며, 관련된 구성원들의 관계를 틀어지게 하고, 장차 마음을 열고 신뢰할 수 없게 가로막는다.

많은 사람들이 갈등을 회피하고, 포기하거나 굴복하고, 수동 공격적 행동을 취하게 된다. 이 단계는 논쟁을 일으키고, 불쾌감을 줄 수 있으며, 심지어 갈등을 불편하게 생각하는 팀원들에게는 고통일 수도 있다. 구성원에 대한, 그리고 그들의 차이에 대한 관용이 극대화될 필요가 있다. 관용과 인내가 없으면 팀은 실패한다. 만약 부정적인 행동들을 통제할 수 없는 상황에 이르면 이 단계에서 팀은 의욕이 떨어지고 와해될 수 있다.

규범화 단계

규범화 단계(Norming Stage)에 들어섰다면 팀의 생존과 번영을 위해서는 힘과 정보의 공유가 필수적이라는 사실을 구성원들이 깨달은 것이다. 그들은 협력의 의미를 발견하고, 관계의 규칙을 세우고, 팀의 규범을 만들기 위해 노력한다. 그들에겐 이미 고통과 갈등의 기억이 있기 때문에, 압박을 느끼거나 의견 혹은 관점의 차이로 갈등이 생기면 그 고통을 기억해낼 것이다. 일단 갈등이 발생하면 구성원들은 모두 집단 기억과 집단의식을 공유하는 일원이 된다. 이런 갈등이 반복되면 갈등을 처리하는 비정상적인 패턴을 형성하고, 어쩌면 팀이 건설적인 협업 단계로 이동할 때에도 지속될 수 있다.

규범 만들기의 의미를 어떻게 해석하느냐에 따라 이 규범화 단계는 팀이 공동 창조할 수 있는 자유를 주는 것이 아니라 순응을 조장할 수도 있다. 규범화 과정이 팀에 주는 메시지가 '집단을 자극하고 과감하게 발언'하라는 것이 아니라 '팀원들과 잘 어울리고 적응하라'라면, 규범화 단계는 방어적 일상과 집단사고를 강화하고 혁신과 새로운 아이디어를 차단하게 된다.

터크먼 및 다른 사회과학자들은 많은 팀들이 창의력을 상실하는 시기로 바로 이 단계를 지목한다. 사회 규범은 건전한 반대를 억압할 수 있고, 팀이 집단사고에 들어가면 그들은 자기 생각을 말할 권리를 포기하게 된다. 어떤 집단에서는 구성원들이 목소리를 내도록 리더가 좀 더 적극적으로 감독해야 할 필요가 있기도 하고, 구성원들이 대립을 감수하기보다는 뒤로 물러나 다른 사람들이 어떻게 하는지 지켜보려고 할 때도 있다. 방어적 일상은 수면 바로 밑에 자리 잡고 있다가 순식간에 팀 구성원들의 편도체를 장악하고, 팀 내 서열의 발판 확보를 위해 그들을 다시 침묵의 전쟁터로 보낼 수도 있다.

실행 단계

마지막은 실행 단계(Performing Stage)이다. 이 단계의 목표는 모두가 서로 의지할 수 있다고 느끼고 자신의 최대치를 발휘하는 것이다. 많은 관계와 집단들이 이 마지막 단계에 끝내 이르지 못한다.

터크먼이 팀의 발전 단계를 아주 훌륭하게 설명했지만, 나는 대화지능을 통해 팀들이 '혼돈'을 줄이고 '실행' 단계를 높이는 데 노력해왔다. 그 열쇠는 대화지능을 통한 신뢰 형성이다. 만약 팀이 초기 단계에 신뢰를 구축하면 마음을 열고 솔직하게 서로 배려할 수 있다. 달리 말하면 초기에 3단계로 진입할 수 있다는 얘기다. 업무에 초점을 맞추기 전에 먼저 관계에 초점을 맞추면, 어려운 프로젝트를 함께 수행할 때 종종 발생하는 힘든 대화와 갈등을 좀 더 능숙하게 해결할 수 있다.

최종 결과물을 보면 모든 것을 알 수 있다. 도전에 맞닥뜨리기 전에 대화지능의 기술을 연마한 팀은 실행 능력이 과거보다 훨씬 발전했음을 발견하게 된다. 대화지능이 진정 차이를 만든다.

팀 대화 속에서
목소리 찾기

"내부 순응주의자가 내부 활동주의자보다 강하다." '문화가 의사 결정에 미치는 역할'을 연구하는 콜롬비아 대학교의 심리학자, 마이클

모리스(Michael Morris)가 한 말이다.[18] 우리가 집단이나 팀에서 다른 사람들과 함께할 때 집단의 의견이 개인의 목소리를 능가하는 경우는 빈번하다.

사람들이 팀 안에서 함께 모이게 되면 소속 욕구가 너무나 강력해진 나머지 사람들과 어울리기 위해 자신의 신념도 기꺼이 포기하는 경우가 생긴다. 어떤 연구에서 한 학생 집단에 두 개의 선이 그려진 그림을 제공했다. 선 하나가 다른 선보다 명백하게 짧았다. 하지만 이 실험 집단의 학생들에게 어느 선이 더 짧은지 물었을 때 틀린 답을 선택했다. 가장 먼저 발언한 사람이 집단 내에서 지배적인 목소리를 가진 학생이었기 때문이다. 이 실험은 사람들이 집단의 의견을 위해서라면 비록 그것이 틀린 것이라 할지라도 자신의 의견을 기꺼이 버릴 수 있음을 보여줬다.

이런 사실이 대화지능을 이해하는 데 왜 중요할까? 대화는 집단이나 팀 내에서 자주 이루어지기 때문이다. 팀의 동력에서 그 어떤 것보다도 중요한 것이 바로 소통과 소속의 욕구이기 때문에, 사람들은 자기 생각을 말하기 전에 다른 사람들의 생각이 무엇인지 기다리며 지켜본다. 그리고 말을 하더라도 혹시 집단의 규범에 도전하는 것처럼 보이거나 멍청해 보일까 봐 두려워 자신의 독창적인 생각을 수정하게 된다.

두려움
극복하기

우리는 태어날 때부터 육체적 고통을 피하고 육체적 즐거움을 따라가라고 배웠다. 시간이 흐르며 우리는 자존심이 다치지 않도록 스스로를 보호하는 법을 배우고, 무시당하는 기분, 당황스러움, 평가 절하되는 느낌으로부터 자신을 지켜내는 습관을 키우게 된다. 이런 경향은 팀 내에서 당신이 발언할 때 당신과 경쟁하려고 하는 사람이나, 실망스럽다는 무언의 신호를 보내는 리더를 회피하는 결과를 부를 수 있다. 고통은 현실이 아니라 당신의 예상에서 기인하기도 한다. 나는 이것을 '두려움의 암시'라고 부르는데, 이는 우리의 면역 체계를 약화시키고 코르티솔 수치를 증가시키는 상상 속의 위협이다.

두려움을 품게 되면 움츠리게 되고, 현실에 대한 나만의 이야기를 가공하며, 다른 사람들이 모두 나를 해치려 한다고 상상하고, 그에 따른 반응을 하게 된다. 다른 사람들에게 도움을 구하거나 그들로부터 피드백을 받는 것을 그만두게 된다.

일반적인 두려움에는 다음과 같은 것들이 있다.

- **배제되는 것에 대한 두려움:** 네트워크를 만들고 다른 사람들을 먼저 배제한다.
- **거부당하는 것에 대한 두려움:** 우리가 먼저 거부한다.
- **부당한 평가를 받는 것에 대한 두려움:** 다른 사람들을 비판하고 탓

한다.

- **실패에 대한 두려움:** 우리는 모험과 실수를 회피한다.
- **힘의 상실에 대한 두려움:** 우리는 힘을 얻기 위해 다른 사람들을 위협한다.
- **바보처럼 느껴지는 것에 대한 두려움:** 우리는 말하지 않거나 과도하게 많이 말한다.
- **다른 사람들 앞에서 체면을 잃는 것에 대한 두려움:** 우리는 체면을 세운다.

세상을 두려움이라는 렌즈를 통해 보기 시작하면, 우리의 자아는 방어의 패턴을 발달시키게 된다. 방어적 행동을 취하기 시작하면 다른 사람들에게 도움을 구하려 하지 않고 오히려 그들에게 등을 돌리게 된다. 두려움과 방어적 태도가 만연하는 팀은 절대로 3단계 대화로 진입할 수 없다. 당신이 직장에서 두려움에 대처하는 방식이 팀의 생산성과 성공의 단계를 결정짓는다. 리더로서 두려움을 경감시키고, 내면의 초점을 외부의 객관적 초점으로 이동시킴으로써 사람들이 직장에서 얻는 경험을 바꿔줄 수 있다. 서로에 대한 세심함과 지지, 대화지능을 강화하는 문화를 창조할 수 있다.

신뢰 구축의
다섯 단계

다음은 신뢰(TRUST) 모델을 활용하여 팀의 두려움을 제거하는 다섯 가지 방법이다.

1. 함께하라

우리는 관계의 환경에 스스로를 맞춤으로써 다른 사람들에게 마음을 연다. 사람들은 소통을 원한다. 만약 당신이 지금 일어나는 일에 대해 좀 더 투명해진다면 우리는 모두 이 일을 함께하고 있다는 신호를 보내게 된다. 다른 사람들과 함께하면 본능적으로 방어에서 소통으로 이동할 수 있고, 이는 신뢰 구축의 첫걸음이 된다.

2. 사람들의 위치를 알려주라

사람들은 '나는 충분히 잘하고 있는가?' '나는 소속되어 있는가?' 같은 질문과 두려움을 잊고 조직에 제대로 기여하기 위해 자신의 위치를 알 필요가 있다. 일단 조직 내에서 자신의 위치를 파악하고 나면 상상이 만들어낸 두려움이 현실보다 훨씬 심했다는 사실을 발견하게 되는 경우가 많다. 사람들이 서 있는 위치를 알려주고, 관계를 강화한다.

3. 모든 의사소통에서 전후 맥락을 제공하라

배경 지식이 없으면 혼란과 불확실성 때문에 두려움이 증가한다. 그림을 액자에 넣었을 때 완전히 달라 보이는 것처럼 말이다. 맥락은 안 좋아 보였던 것도 괜찮아 보이게 만들 수 있고, 적어도 걱정을 훨씬 덜어줄 수 있다. 전후 맥락의 제공은 사람들을 불확실성에서 이해의 단계로 이동시킨다.

4. 대화 속에서 공동 창조를 촉진하라

독백보다는 대화를 만들어내서 사람들의 목소리를 들을 수 있도록 한다. 참여도와 공동 창조의 단계를 높여서 사람들이 동반 성공(Shared success)이라는 그림을 그려나가게 하고, 그럼으로써 사람들 속에서 잊히거나 높은 지위와 권력 있는 사람들에게 묻혀버릴 수 있다는 두려움이 경감되도록 한다.

5. 언제나 정직하라

상대에게 상처를 주거나 그의 체면을 구길 수 있는 경우에 굳이 진실을 말하고 싶은 사람은 없다. 그래서 우리는 대충 얼버무린다. 하지만 진실이 수면 위로 떠오르면 그때의 영향력은 배로 나빠진다. 언제나 진실을 말한다. 기술적으로 적절한 맥락 안에서 얘기하면 된다. 맥락 안에서 얘기하라는 것은 돌려서 말하라는 의미가 아니다. 그럴 수 있다 해도 원래 상황보다 나아 보이게 바꿔 말해서는 안 된다.

리더에게 실행 능력이 뛰어난 팀보다 더 위대한 자산은 없다. 대화지능의 지혜를 적용하면 팀 구성원들이 3단계 대화 동력에 참여하고 자기 생각을 말하도록 격려할 수 있고, 한 번도 가능하다고 생각하지 못했던 혁신적인 돌파구를 팀 전체가 만들도록 이끌 수 있다.

대화지능 실천을 위한 탐색

오락 소프트웨어 자문위원회(RSAC: Recreational Software Advisory Council)의 사무국장인 스티븐 벌컴(Stephen Balkam)은 독일 정부로부터 중대한 임무를 부여받았다. 미성년자들에게 부적절한 인터넷 정보의 등급을 정하고 필터링하는 소프트웨어의 개념적 틀을 마련해달라는 것이었다. 벌컴은 자신의 임무와, 앞으로 이 업무를 하며 몇 달간 일어날 일들을 생각하니 긴장되기도 하고 흥분되기도 했다. 첫 번째 업무는 RSAC의 미래 글로벌 전략 마련을 위한 이사회를 워싱턴에서 소집하는 것이었다.

이 회의에서 언론의 자유를 보장하면서도 유해한 인터넷 사이트로부터 미성년자를 보호하는, 세계 최초의 국제 자율 규제 시스템 개발을 위한 새로운 전략 마련에 착수할 예정이었다. RSAC는 국제비영리 기구로의 전환을 눈앞에 두고, 이름도 RSAC에서 ICRA(Internet Content Rating Association, 인터넷 콘텐츠 등급 협회)로 바꿀 예정이었다. 이 변화를 통해 조직의 가시성을 높이고, 인터넷 콘텐츠 등급 산정의 기틀을 더 효율적으로 마련하며, 미성년자들이 검색할 때 잠정적 유해 사이트들을 걸러낼 수 있도록 할 예정이었다. 자율 규제를 통한 표시 기능과 필터링의 요소를 결합해서 적용하면 미성년자들은 무해한 프로그램에 자유롭게 접근할 수 있고, 웹 제공자들은 적정한 청중을 겨냥해서 그들의 자료를 제공할 수 있게 된다.

이 대화의 장이 특히 걱정스러웠던 이유는, 이 회의가 경쟁사들이 모이는 자리였기 때문이다. 몇 개만 언급하면 AOL, 텔레콤, 마이크로소프트, IBM에서 보낸 대표들을 비롯해서 인터넷 공간에 몸담은 모든 회사가 그 회의에 참석할 예정이었다. 각 회사들은 모두 언론의 자유를 지키면서도 동시에 미성년자들을 염려하는 사람들에게 부적절한 자료를 검열할 수 있도록 보장해주길 원했다.

벌컴은 조직의 노력이 ICRA 이사회가 미션을 재구성하고, 시장을 재정립하고, 구성원들이 함께 설계하고 있는 시스템의 인식을 바꾸는 데 일조하길 희망했다. 하지만 그곳에 모인 개개인은 각자의 권익과 관심 안건을 들고 회의에 참석한다는 사실을 벌컴은 잘 알고 있었다. 모두가 그 회의에서 결정되는 것들이 자기 회사의 이익에 위배되지 않기를 바라고 있었다. 자기 목소리가 똑똑히 전달되길 바랐고 회사를 위해 무슨 수를 써서라도 이기는 것이 자신의 임무임을 알고 있었다. 참석자들이 ICRA의 미래 방향에 대해 의견 일치를 보지 못할 가능성은 충분히 높았고, 만약 그렇게 되면 그 회의는 실패로 돌아갈 것이었다. 벌컴이 목표를 이루려면 참석자 모두가 그를 신뢰하고 서로 신뢰하는 방법을 찾아야 한다는 것을 알았기에, 그는 이 도전 과제 해결을 위해 나를 불렀다.

회의는 쉽지 않을 전망이었다. 사전 인터뷰를 진행한 뒤 나는 사람들이 자기들만의 시각에 갇혀 있음을 알 수 있었다. 회의는 아직 시작도 하지 않았는데, 잘 되지 않을까 봐 두려워하는 사람들도 많았다. 그들은 관계의 반원에서 왼쪽인 심한 방어와 불신의 단계에 자리 잡고 있었다.

회의가 시작되자 회의실 안에는 상당한 저항감이 감돌았고, 우리가 신뢰로 돌아설 수 있을지에 대한 회의적인 태도도 강했다. 사람들이 모두 작심을 하고 모였음을 나는 알 수 있었다. '친구가 아니라 적'이라는 감정은 사람들이 결과물을 머릿속에 미리 생각해두고 얘기할 때 느끼게 된다. 회의를 할 때 제안은 하면서 다른 사람들의 말은 듣지 않는 사람들을 자주 볼 수 있다. 자기 아이디어가 좋다고 설득하면서 다른 사람들의 아이디어는 고려하지 않는 사람들도 보게 된다. 그러면 개방적이고 솔직한 분위기보다는 적대적이고 경쟁적인 분위기로 흘러가기 쉽다.

물론 이런 집단에서도 중요한 결정이 내려질 수 있겠지만, 그때의 결과물은 사람들이 처음 회의에 참석할 때 이미 갖고 있던 아이디어를 반영하는 경우가 대부분이다. 새로운 방향성과 참신한 사고를 추구하기보다는 기존 아이디어의 변형에 그치거나 참가자들의 기존의 틀 혹은 닫힌 시각으로부터 의견을 말하게 되는 것이다.

참석자들이 자신의 우려를 투명하게 내보일 때 우리는 앞으로 크게 한발 내디딜 수 있고, 다음과 같은 사실에 동의할 수 있다.

"안 좋은 회의에서는 특정한 개인이 자신만의 안건으로 회의를 지배하려 들지만, 좋은 회의에서는 협력적이고 서로 양보하는 논의를 통해 새로운 아이디어를 창출하고 모두 함께 수확할 수 있다."

좋거나, 나쁘거나, 흉하거나

ICRA 회의를 시작하며 우리는 각 그룹에 이 회의의 예상 결과물에 대한 의견을 말하고 싶은 사람이 있는지 물었다. 몇몇 사람들이 손을 들고, 앞으로 발생할 일에 대해 70퍼센트 확신한다고 발언했다. 그들은 이 회의가 교착 상태에 빠질 것이라 믿었고, 그것은 이 사람들이 새로운 것을 창조해내기 전에 예전의 생각들이나 선입견을 먼저 극복해야 함을 의미했다.

다음으로 참가자들은 짝을 이루어 좋은 대화와 끔찍한 대화에 대한 경험을 나누었다. 이 준비 운동이 끝나갈 때쯤 사람들은 새로운 아이디어를 끌어내고 실험하기 위해 연설과 설득은 피하자는 결론을 내렸다. 스스로 도출한 이 결론에 대해 참가자 스물다섯 명 모두가 깜짝 놀랐다. 불현듯 찾아온 통찰력으로 우리의 눈앞에서 이들은 3단계 대화 동력으로 진입했다. 기존의 안건들을 제쳐두고 새로운 시나리오를 만들어가기로 동의하는 것과, 한 방 가득 모인 경쟁자들이 그것을 실제로 실천하는 것은 완전히 별개다. 그런데 어떤 사람들에게는 단순히 가능성과 시나리오에 대해 이야기 나누는 것만으로 본능적 반응의 변화를 일으킬 수 있다. 저마다 자신들의 권익을 보호해야 했던 이 스물다섯 명의 고위 경영진이 바로 그랬다.

대부분의 사람들은 앞으로 일어날지도 모를 일에 대해 이야기하는 것만으로도 미래의 성과물에 대한 두려움이 생길 수 있다. 그것이 일어난다고 상상하면 우리의 생각 속에서 부정적인 결과에 대한 영화가 만들어진다. 실패에 대한 가능성을 생각의 눈으로 보면 실패를 경험하는 것보다 더 진짜 같다. 따라서 자신의 두려움을 숨기는 개인과 집단은 3단계 진입이 차단되는 반면, 각자의 포부와 두려움을 발견하고 공유하는 집단은 신뢰를 위한 공간과 3단계로 가는 용기를 얻을 수 있다.

'상상의 두려움' 현상을 보는 제3의 눈의 개발은 팀을 막강하게 만들어주는 훈련이다. 변화를 이야기하고 정신적으로 경험하는 것은 실제로 변화를 실행하는 것과 마찬가지라는 사실을 우리는 알고 있다. 예를 들어 새로 통합된 부서에 커다란 변화가 예정되어 있다거나, 그들이 일하는 방식에 급진적인 변화를 몰고 올 새로운 작업 체계를 도입하게 되었다고 가정해보자. 사람들은 그 변화가 발생하기도 전에 눈앞에서 이미 두려움과 상실감을 경험하는 경우가 많다.

두려움은 변화에 대한 인간의 반응이고, 단순히 변화를 논의하는 것만으로도 발생 가능하다. 일단 손해에 대한 두려움이 생겨나면 갈등, 변화, 실패에 대한 두려움들이 함께 발생한다. 그리고 두려움은 시나리오 구축, 계획, 새로운 전략 실험과 같이 변화를 위한 아주 일반적인 준비 과정에조차 최대의 적이 된다.

보이지 않는 것을
보이게 만들기

다른 사람들과 함께 두려움과 성공을 가시화하면 보이지 않던 것들이 보이게 된다. 그 점을 염두에 두고 스티븐 벌컴은 참가자들에게 아이디어를 그려달라고 하는 것으로 ICRA 회의를 시작했다. 참가자들은 각각 종이 위에 RSAC의 예전 시스템을 그린 뒤, 새로운 시스템이 어떤 모습이 될 수 있을지 그려보았다. 아이디어가 플립차트에 모습을 드러내자, 사람들은 그 위에 아이디어들을 첨가하고, 조절하고, 결합하고, 새로운 아이디어나 좀 더 과감한 시나리오를 끼워 넣기도 했다. 달리 말하면, 벌컴은 참가자 전원이 새로운 방식으로 함께 생각할 수 있는, 모두를 포함하는 안전한 장을 마련한 것이다. 말하기 대신 그리기 방식을 택한 결과, 참가자 전원의 사고를 전환할 수 있었다.[19]

이미 그린 도표 위에 계속 아이디어를 추가할 수 있도록 참가자들은 색깔이 다른 펜을 사용했고, 말로 했다면 불가능했을 결과물을 얻을 수 있었다. 아이디어들은 다른 아이디어들과 연결되기 시작했다. 생각의 전개가 막혔다고 판단되면 새로운 방식으로 생각할 수 있도록 벌컴이 새로운 비유나 이미지들을 소개하기도 했다.

신뢰 모델을 통해 이 경험을 해석함으로써 이 팀은 그들의 두려움과 성공에 투명성을 유지하고, 이 회의에 대한 생각들을 확인했다. 두려움을 버리고 이해할 수 있었으며, 동반 성공이 어떤 모습일지 생생하게 나타낼 수 있었다. 잠재적 적군들로 이루어진 이 팀은 이런 과정을 거치면서 한 시간이 채 되기도 전에 불신에서 신뢰로 이동했다.

상향 조절
하향 조절

ICRA 팀은 콘텐츠 공급자들이 웹에 게시할 자료의 적절성 여부를 평가할 때 사용할 수 있는 새로운 시스템 구조를 어떻게 만들어야 할지 고심하고 있었다. 하지만 세션이 끝날 때쯤 ICRA 이사회는 그들이 찾고 있던 혁신적인 시스템 구조 창출에 성공했다. 그들이 이렇게 할 수 있었던 것은 신뢰, 동반 성공에 대한 비전이 생길 수 있는 공간이 열렸기 때문이다. 이사들은 솔직함, 그리고 두려움에 대한 완전한 노출을 허용함으로써 예전에는 한 번도 함께하지 못했던 아이디어의 탐구를 경험할 수 있도록 자신들을 해방시켰다. 그 과정은 서로 간의 유대와 신뢰를 향상시켰고, 곧 혁신이 모습을 드러냈다.

이 팀은 두려움, 힘의 논리, 불확실성, 나만 옳다는 생각, 집단사고를 촉발할 수 있는 대화 유형을 하향 조절하거나 최소화했고, 투명성과 관계 구축, 이해, 성공에 대한 공동의 비전, 진실과 공감을 고취하는 대화 유형은 상향 조절했다. 즉 그들은 함께 3단계 대화를 가로막는 장애물을 뛰어넘었고, 3단계의 협력자와 공동 창조자로 거듭났다.

도표 11-3 상향 조절/하향 조절

상향 조절	하향 조절
투명성	두려움
관계 구축	힘
이해	불확실성
동반 성공에 대한 비전	나만 옳다는 생각
진실과 공감	집단사고

성공을 위한
장벽 허물기

ICRA 이사들이 직면한 가장 큰 도전 과제는 그들 모두가 각각의 이권이 확실한, 각기 다른 회사에서 모인 사람들이라는 점이었다. AOL은 그들의 고객을 위한 인터넷 제어를, 마이크로소프트는 그들만의 제어 시스템을 구축하던 중이었다. 하지만 이제 이사들은 ICRA의 구성원으로서 ICRA의 이익을 위해 그들 회사의 주요 이익을 조정해야 했다.

이런 도전 과제에 직면한 이사들은 미팅이 진행되는 동안 각기 다른 관점에서 생각하게 되었다. 그렇다면 나는 결국 어느 팀에 속한 사람일까? 만약 ICRA 팀이 글로벌 시스템을 구축하면 IBM이나 마이크로소프트가 독자 개발한 콘텐츠 검열 도구와 경쟁하거나 그것을 간섭하게 될까? 각자가 속한 회사의 전매 상품 정보를 위태롭게 하지 않는

선에서 이사들은 어떻게 공유하고 참여할 수 있을까?

회의가 끝날 무렵, ICRA 미팅에 참석한 이사들은 하나가 되어 공동의 책임감을 느낄 수 있었다. 비록 저마다 회사의 이익을 보호하기 위해 회의에 참석하긴 했지만, 회의가 끝났을 때 그들은 자신들의 회사가 동참할 수 있는 콘텐츠 등급 시스템을 마련해야 한다는 뜻 아래 하나가 되었다. 그들은 서로에게 마음을 열었고 최선의 성과를 도모하면서 각자 회사의 이익도 보호하기 위해 어떤 것을 공유하고 어떤 것을 공유하지 말아야 할지 결정할 수 있었다. 이것은 그들 모두에게 획기적인 사건이었고, 그들의 총체적 대화지능이 향상되었다.

팀의 일원으로서 당신을 특별하고 가치 있는 사람으로 만드는 것은 당신만이 갖고 있는 중요한 지식이다. 만약 이 지식을 공유하거나 내준다면 당신만의 특별한 경쟁력을 잃는 것은 아닌지 생각해볼 필요가 있다. 당신의 힘이 약해지는 것일까, 아니면 더 큰 힘을 얻기 위해 힘을 버리는 것도 방법일까?

신뢰 구축을 위한 공간 만드는 법을 배우게 되면 당신은 대화의 전체적인 모습을 바꿀 수 있다. 때로는 당신 안에 대담한 존재가 있음을 발견할 때도 있지만, 막상 나서서 발언하고 나면 그때 나오는 내용이 기대했던 것보다 강력하지 않을 때가 있다. 그 이유는 다른 사람들이 당신의 생각을 받아들이지 않을까 봐, 혹은 당신이 중대한 비밀이라 믿는 것을 다 내보이고 싶지 않아서 당신의 말이나 아이디어를 완화하는 단어를 선택하기 때문이다. 따라서 신뢰와 공유라는 더 큰 도전을 피하기 위해 소통의 문을 닫고 움츠리게 된다. 당신이 해야 할 말이 다른 사람의 의견과 충돌의 소지가 있어 보이면 스스로를 보호하기 위해 물러날 수도 있다. 어쩌면 한번 대담한 행동을 했다가 권력이 있는 사람으로부터 밀려난 경험이, 그 이후 계속 당신을 겁쟁이로 만들었을 수도 있다.

하지만 ICRA 이사진들이 배웠듯이, 안전하고 신뢰가 있는 대화의 공간으로 발을 들여놓으면 모든 것이 변한다. 신뢰를 위한 공간 조성은 회사 내 모든 리더십의 핵심이다. 이는 모든 연령에 똑같이 해당된다. 이 책의 마지막 장에서는 전면적인 변화의 과정을 밟고 있는 성공적인 리더와 팀의 3단계 실천에 대해 탐구하려 한다. 그들이 어떻게 공동 창조 대화를 통해 불확실성을 처리하고, 조직의 미래를 완전히 탈바꿈할 수 있었는지에 대해 말이다.

Chapter
12
모든 것이 대화를 통해
이루어진다

우리가 변화에 두려움을 느끼면 뇌는 방어적 태도를 취하게 된다. 그
것은 마치 우리의 모든 본능 네트워크가 우리의 안위를 보장하는 법을
알고 움직이는 것과 같다. 수천 년간의 진화 과정을 거치는 동안, 우리
의 유전자, 가족, 공동체와 미래를 보호하는 예민한 능력은 소멸되지
않음을 확인할 수 있다.

그러나 모든 변화가 두려움을 유발하는 것은 아니다. 나는 열여섯
살 때 도널드 와트(Donald Watt) 박사가 창시한 EIL(Experiment in
International Living, 국제학생교류기구)의 일원으로 선발되었다. 지금도
발전하고 있는 EIL은 수천 명의 청소년들이 다른 나라의 가족들과 생
활하며 다른 문화를 깊이 경험하고, 다른 언어를 배워 세계적인 변화

의 대사로 거듭날 수 있도록 돕고 있다. 나는 바로 이 단체에서 변화에 대한 생각을 전환하는 법을 배웠다. 우리의 슬로건은 '뜻밖의 일을 기대하자!'였다. 이 하나의 문구가 나의 생각을 바꾸어놓았다. 나는 변화를 두려움에서 호기심으로 재구성하는 법을 배웠다. 그 순간부터 나는 변화를 발견의 여정을 떠날 수 있는 기회, 새로운 것을 배우고, 나의 세상을 확장하고, 친구의 영역을 넓히고, 차이를 만들 수 있는 기회로 보게 되었다.

여러 리더들에게 '변화'라는 단어에 대한 반응이 무엇이냐고 물으면 대부분 즉각적으로 두 가지 대답을 한다. '실패와 손실.' 나는 이 점이 매우 흥미롭게 느껴져서 의뢰인들과 진행했던 연구와 방송을 뒤지며 글, 이야기, 인터뷰를 살펴봤고, 변화를 발견과 연관 짓는 사람보다는 손실과 연관 짓는 사람이 더 많다는 사실을 발견했다. 변화를 친구보다는 적으로 생각하는 사람이 더 많았다. 어린 시절, 나는 글로벌 틴 리더(Global Teen Leader: 인류의 기본적인 생활을 보장하기 위해 노력하는 단체, 13~19세의 청소년으로 조직된다 – 역주)에서의 경험을 통해 대화의 민첩성, 즉 사고를 재구성하고 수정할 수 있는 능력, 변화를 긍정적인 성장의 경험으로 볼 수 있는 능력을 개발할 수 있었다. '뜻밖의 일을 기대하자!'라는 이 강력한 문구는 내 머릿속의 대화뿐만 아니라 나의 개인사에 변화를 가져왔고, 대화가 우리의 현실을 어떻게 변화시키는지 이해하고 싶도록 이끌어주었다. 지금까지, 그리고 미래에 이르기까지 말이다.[20]

새로운 눈으로
변화 보기

변화는 새로운 미래로 통하는 문이 될 수도 있고, 우리를 과거에 묶어두는 닻이 될 수도 있다. 많은 사람들이 변화를 겪으며 각자의 역사를 만들어왔고, 이 과정에서 새로운 방식으로 자유롭게 생각을 펼치기보다는 예전 사고방식에 묶여 있다. 대화지능을 실천하는 방법을 배우고 3단계 상호작용 동력과 대화 의식에 더 많은 시간을 투자하게 되면, 우리는 삶의 자연스러운 방식으로서 변화를 지배하고, 그 속에서 길을 찾고 이끌어 가는 방법을 실질적으로 뇌에 지시한다.

조직 인류학자의 입장에 서면 나는 변화에 대해 분명하게 생각하고 말할 수 있게 된다. 우리의 인간성을 결정짓는 대화의 힘을 보게 되고 인정하게 되는 때가 바로 조직인류학자의 사고방식을 취할 때다. 역사를 돌아보고 고대 문명이 변화에 어떻게 대응해왔는지 탐구해보면 우리는 대화지능의 힘 뒤에 숨어 있는 핵심 원칙을 발견할 수 있다. 인간은 변화를 지배하기 위해 대화 의식 창조의 대가로 진화했다. 삶이 변화에 지장을 받을 때마다 우리는 우리를 다시 안전한 곳으로 데려가기 위한 대화 의식에 의지했다.

우리가 삶 속에서 도전에 직면하고 두려움을 느끼게 되면 신께 도움을 청하는 기도를 올린다. 기도는 의식이다. 풋볼 팀이 필드에서 도전에 직면할 때면 그들은 어깨를 나란히 하고 그들에게 특별한 구호를 외치고 '파이팅!'을 외친다. 이런 의식은 그들을 공동의 성공으로 하나 되게 해서 그들에게 닥칠 도전에 맞설 수 있게 해준다. 변화에 직면했을 때 당신을 다시 굳건히 세우는 의식을 떠올려보자. 당신이 믿는 사람에게 전화를 걸어 털어놓는가? 집중력을 모으기 위해 계획을 적어보는가? 마음의 안정을 얻기 위해 땅콩버터를 먹는가? 밖으로 손을 내밀고 소통하려 하는가, 아니면 당신만의 '동굴'로 들어가 깊은 생각에 잠기는가?

변화는 우리의 예상 가능한 패턴을 흩뜨린다. 내가 만약 매일 똑같은 방식으로 행동하고 그 방식이 매일 성공한다면, 결과를 알기에 나는 매번 했던 대로 반복하길 원할 것이다. 나는 안전함을 느낄 테고, 내가 안전함을 느끼면 코르티솔 수치가 내려가고, 나는 실수할 수도 있다는 느낌을 받지 않고 탐구하고 발견하고 배울 수 있다. 실수할 수 있다는 느낌은 나의 자아나 명성, 심지어 내 안의 자신감을 손상시킬 수 있다.

변화는 위험을 동반한다. 위키피디아에 실린 위험(risk)에 대한 설명 도입부는 다음과 같다. 선택적 행위 혹은 행동(행동하지 않는 것을 선택하는 것도 포함해서)이 손실(원하지 않는 결과)로 연결될 잠재성. 변화가 없으면 위험도 없다. 실패의 위험과 관련된 두려움을 제한하거나 최소화하면 성공 가능성이 높아진다. 대화지능은 우리의 사고를 재구성, 재초점화, 방향 재설정하는 능력을 우리에게 부여하고, 살면서 도전과 위험을 만났을 때 항해의 방향을 바꾸어 새로운 길을 찾아나갈 수 있게 해준다. 대화지능 기술을 활용하는 법을 배우면 내부 세계(우리의 의도)와 외부 세계(영향)를 능숙하게 지배할 수 있다. 의도와 영향을 일치시키는 것은 핵심적인 대화지능 기술이고, 연습할 만한 그리고 그 안에서 성공할 만한 가치가 있다. 성공은 무언가를 잘했을 때 받는 보상으로, 뇌에는 양분이 된다. 성공과 관련된 놀라운 신경전달물질들은 위험 감수, 새로운 일 학습, 실험, 미래의 자신의 모습에 대한 좋은 느낌을 고도로 강화한다.

신경과학은 우리의 뇌가 확실성과 예측 가능성을 선호한다는 것을 보여주고 있다. 실제로 우리가 미래를 예측했는데 그것이 들어맞으면, 우리는 손해를 볼 수 있을 때도 위험을 감수하는 데 좀 더 자신감을 갖게 된다. 재구성이라는 대화의 민첩성 기술을 변화라는 도전에 적용하면, 실수에 새로운 의미를 부여하고 실수에 실험이라는 새 이름을 붙여주게 된다. 실험은 대화 계기판의 오른쪽에 위치한다. 오른쪽으로 옮겨 갈수록, 위험은 늘 손해로 연결될 것이라는 두려움을 버리고, 위험을 선택할 수 있도록 우리의 뇌를 자유롭게 할 수 있다.

대화지능의 관점에서
변화 이해하기

성공적인 변화가 일어나면 그 변화와 관련된 사람들은 변화의 대상물이 아닌 주체가 된 기분을 느낀다. 그들은 거대한 도전에 직면했을 때도 충분히 준비를 갖췄다고 느끼며, 책임감과 미래에 대한 열정을 느낀다. 의도가 좋았음에도 불구하고 변화에 대한 접근법이 구태를 벗어나지 못한 경우를 보면, 조직이 이상적인 변화를 도입하도록 돕거나 변화가 조직의 DNA의 일부가 되도록 돕는 데 실패했다. 나는 스스로에게 '왜?'라는 질문을 수천 번 던진 끝에 무엇이 변화를 가로막는지, 그리고 그것을 해결하기 위해 어떻게 해야 하는지에 대한 분명한 답을 얻었다.

변화를 뚫고 조직을 이끌고 나갈 때, 스스로 깨닫지 못한 채 1단계 혹은 2단계 상호작용 동력을 적용하는 리더들이 많다. 그런 리더들은 사람들이 어디로 가야 할지 이미 결정해놓고 상명하달식의 명령·통제 접근법으로 그 계획을 알린다. 의도가 좋다 하더라도, 모두의 생각을 하나로 모으려는 그들의 이런 노력은 조직을 변형과 변화로 '이동'시키는 데 필요한 에너지 전달에 실패한다. 그러나 만약 리더들이 변화를 위한 틀을 창조한 다음 3단계 상호작용 동력을 자극하면, 필요한 변화를 지시하는 대신 그 틀 안에서 변화를 촉진할 수 있다.

'틀 마련'을 위한 변화와 3단계 상호작용 동력 활성화는 많은 리더들에게 생소하다. 변화를 시도했다가 실패했을 때 자주 발견되는 모습은, 새로운 명령을 따라 한참 전진하고 수많은 노력을 기울인 다음 조직이 결국 포기하는 것이다. 심지어 변화를 위해 노력했다가 실패하고 나서 사람들이 그 전보다 더 낙담하고 실망하는 경우도 있다. 성공적인 변화의 열쇠는 대화지능의 관점에서 변화를 이해하는 데 있다. 변화는 내가 혼자 하는 것이기보다는 우리가 함께하는 과정에 더 가깝다. 리더들이 우리 중심의 뇌가 변화에 반응하는 방식을 존중할 때 새로운 차원의 리더십의 진정한 승자가 될 수 있다. 그리고 적기에 적정한 방식으로 대화지능의 세 단계를 모두 적용하게 되면 더욱더 큰 힘을 받게 될 것이다.

공간 창조로
현실 새롭게 보기

대화지능은 우리에게 과거를 놓아 보내고 미래를 변형시키는 도구를 준다. 최근에 나는 혁신적인 전시 기획으로 유명한 일류 박물관과 함께 일할 기회가 있었다. 많은 박물관들이 연대순이나 지리적 위치를 기준으로 전시를 기획한다. 이집트 예술품, 아프리카 예술품, 아시아 예술품을 각각 한곳에 모으는 식이다. 이 박물관은 독특한 접근의 전시 기획으로 유명한데, 이런 기획전은 인류에 대한, 그리고 인간의 진화에 예술이 담당한 역할에 대한 고도의 통찰을 이끌어내는 것들이다. 예를 들어 이 박물관이 기획한 파란展(Blue Exhibit)이라는 전시는 전 세계적으로 역사의 특정 시기에 파란색이 왜, 어떻게 사용되었는지 조망해보는 전시였다.

이 박물관은 각각의 컬렉션을 책임지는 열여덟 명의 큐레이터로 하나의 팀을 만들고, 하나의 주제로 기획한 컬렉션에 큐레이터들 각자의 소장품을 모아서 선보일 수 있는 섹션을 박물관의 중심부에 마련해보자는 안을 내놓았다. 그런데 그 공간을 어떻게 공유할 것인지에 대한 그 어떤 결론에도 도달하지 못한 채, 이 전시를 위해 누가, 무엇을, 어떻게 할 것이냐를 두고 1년간 갈등이 지속됐다.

큐레이터들은 이 공동 전시에 자신들의 가장 귀한 소장품을 내놓으면 그들의 개인 컬렉션이 타격을 입을 것 같다고 느꼈다. 주제 선정을 위해 많은 대화가 오갔지만 이런 논의가 긍정적인 성과를 도출하지는 못했다. 시간이 흘러가는 동안 본인의 위치에 따른 기 싸움이 벌어졌고, 함께 뭔가 멋진 것을 창조하자는 얘기보다는 '컬렉션에서 좋은 작품을 잃는다'는 사실에 대해 더 많은 얘기가 오갔다. 대화지능의 용어로 표현하면 큐레이터들의 대화는 2단계에 갇히고 말았다. 큐레이터들은 변화를 변화와 관련된 가장 흔한 감정인 '상실'이라고 느꼈다. 그들은 또한 컬렉션 중에서 최고로 가치 있는 것을 내주게 되면 그들 각각의 컬렉션의 가치가 손상될 것이라고 느꼈다. 큐레이터들은 각자의 위치에 따른 관점에 발이 묶인 채 그들의 관점을 옹호하느라 더 큰 그림을 보지 못했다. 그들은 새로운 현실을 발견할 수 있도록 마음이 열리는 3단계로의 진입이 절실했다. 상실에 대한 두려움이 큐레이터들을 '공유와 발견'의 상호작용 동력으로 이동하지 못하게 붙들고 있었다.

공동 창조를 위한
공간 창조

큐레이터들을 위한 대화의 여정(1단계에서 2단계 그리고 3단계 변화의 대화로 진입하는 과정)을 준비하면서 나는 '스피드 인터뷰'라는 과정을 밟았다. 팀 미팅에 참석한 큐레이터들의 포부와 두려움을 수집하기 위해 나는 각 큐레이터들과 15분짜리 미팅을 마련했다. 큐레이터들은 자신의 두려움을 꺼내놓았고, 그 과정을 통해 두려움을 '억제하기'에서 '표현하기'로 전환했다. 나는 하나씩 분명히 가르치는 방식을 배제하고, 대신 의식적으로 3단계 대화 동력의 본보기를 보였다. 또한 대화지능의 TRUST 모델을 함께 활용하며 투명성 단계부터 시작했다.

공동 창조를 위한 각자의 포부와 의욕, 그리고 그들을 위협하는 존재—벌어지고 있는 일에 대한 두려움과 그에 대해 각자가 만들어낸 이야기—에 대해 투명해지면서 그들은 내부로부터 해방감을 느꼈다. 이 과정은 큐레이터들에게 용기를 주었고, 비판 없이 그들의 현실을 공유할 수 있는 공간을 마련해주었다. 그들은 발언을 하며 목소리를 낼 수 있었고, 느끼는 것에 대해 평가받지 않았다. 그들은 모두 각자에게 발언의 기회가 있다는 것과 그들의 의견이 존중받는다는 느낌을 받을 수 있었다. 인터뷰 과정은 3단계 상호작용 동력의 무대를 마련했고, 큐레이터들이 협력하면 효력이 발생할 수 있는 관계의 규칙을 만들었다.

열여덟 명의 큐레이터들이 전부 같은 두려움을 품고 있었다는 사실이 밝혀졌다. 박물관의 이벤트에 각각의 컬렉션에서 가치 있는 작품을 내놓으면 개별적인 전시가 약해질 것이라는 두려움이었다. 이 공통된 두려움이 큐레이터 사이에 유대감을 형성할 것임을 나는 알고 있었다. 다음 단계는 그들이 각자의 생각과 감정을 서로에게 드러낼 수 있도록 그들을 한자리에 모으는 것이었다. 투명성+관계 맺기를 병행하는 작업이었다.

미팅을 하는 동안 이 팀은 그들의 마음에 걸리는 점은 무엇인지, 그들이 창조해내고 싶은 것은 무엇인지에 대해 얘기를 나눴다. 그들은 두려움과 포부를 공유하고 발견하기 위해 마음을 열면 방어에서 동반으로 나아갈 수 있다는 것을 배웠다. 팀 훈련을 통해 큐레이터들은 '내가 당신을 존경하는 부분과 내가 당신으로부터 필요로 하는 부분'이 무엇인지도 공유했다. 이는 다른 사람들의 강점을 인식할 수 있게 해줬고, 공동 창조와 동반자 관계가 발생할 수 있도록 서로를 점화시켰다.

또한 그 전에는 한 번도 경험하지 못한 높은 단계의 이해를 구축했다. 그들은 서로 열린 마음, 유대감, 소통, 공감을 형성하기 위해

도표 12-1 힘과 영향

단계	상호작용 동력	영향력
1단계 말하기 묻기	**말하기 & 묻기** 나의 생각 말하기(나 중심)	**거래에 따른 영향** 정보 공유를 통한 영향
2단계 한정적 옹호하기 조사하기	**옹호하기 & 조사하기** 나의 위치에 따라 다른 사람에게 영향 주기	**위치에 따른 영향** 개인적, 혹은 위치에 따른 힘의 영향
3단계 무한한 공유하기 발견하기	**공유하기 & 발견하기** 영향을 공동 창조하기 위해 에너지 방출하기	**변화를 주는 영향** 에너지 변화를 통한 영향

TRUST 모델을 통해 작업했다. 다른 사람의 입장에 서보고 비판 없이 경청하면서, 큐레이터들은 전두엽 피질(실행 두뇌)을 자극해서 높은 단계의 수행 능력에 도달하고자 했다. 이 수행 능력에는 현실과 열망 사이의 간극을 극복하는 법, 새로운 사고로 접근하는 법, 무한한 사고로 함께 진입하는 법과 새로운 가능성을 공동 창조하는 법이 포함된다. 두뇌의 이 부분이 활성화되지 않으면 우리는 위치에 따른 사고와 각자의 권익 다툼으로 퇴보하게 된다.

우리가 함께 시간을 보내는 동안 이 팀은 3단계 동력 안에서 살았다. 그들은 그 어느 때보다도 솔직했고 서로를 배려했으며, 깊숙한 두려움을 건드리지 않으며 진실을 말할 수 있었다. 그들은 동반 성공을 위한 공간을 창조했다. 그러자 돌파구가 마련되었다. 큐레이터들이 예전에는 한 번도 생각해내지 못했던 아이디어의 발견이라는 가능성에 마음을 열자 대화 중에 새로운 용어가 등장했고, 이 새로운 용어는 상호작용 동력에 완전히 새로운 변화를 몰고 왔다. 열여덟 명의 큐레이터들은 파드(pod)라는 개념을 발견, 아니 공동 창조하기에 이르렀다. 이것은 그들이 함께 실험할 수 있는 공간을 묘사하는 용어였다. 큐레이터들은 박물관 곳곳의 pod가 다른 시대, 다른 지점, 그리고 그들이 공동 창조할 수 있는 다른 주제들 사이의 연결 고리를 보여주는 작품들을 전시하는 방법을 그려보았다. 얼마 지나지 않아 이들은 그들의 예술품을 함께 전시할 수 있는 pod를 3~5개 마련했다.

이런 공동 창조 대화가 있기 전 큐레이터들은 더 큰 목적을 위해 포기해야 하는 것에 대해 논쟁했고, 이는 두려움의 반응을 끌어냈다. 그들은 2단계 위치에 따른 대화에 갇혀버렸고 어디에도 도달할 수 없었다. 3단계 대화 안에서 함께하는 경험을 한 뒤 이 그룹은 투명성, 솔직함, 진실 말하기에 편안해짐과 동시에 마음을 열고 공유하고 서로 지지하게 되었다. 모두에게 가장 놀라웠던 것은, 돌파구 마련을 위해서는 예전에는 한 번도 사용하지 않았던 새로운 용어를 공동 창조하고 정의할 필요가 있다는 사실이었다. 그것은 박물관 방문객들을 위해 그들의 소장품을 완전히 새롭게 기획하는 길을 열어주는 놀라운 깨달음의 순간이었다. 이 과정은 유대의 경험을 만들어줬고(옥시토신의 급격한 분비), '만약에'에 관한 대화의 새로운 포문을 열어주었다. 그들은 함께할 수 있는 새로운 일들을 상상했고, 수년간 경험하지 못했던 단계의 모험과 마음 열기를 시도했다.

새로운 용어인 공동 창조는 3단계의 고난도 기술이다. 의뢰인들과 함께하는 거대한 변화의 과정에서 나는 매번 이것을 경험하고, 대화지능 워크숍과 프레젠테이션, 회담에서 늘 이것을 가르친다. 새로운 용어의 공동 창조는 다른 사람들과 새로운 방식으로 소통하기 위해 우리의 정신이 자유로울 수 있는 '무한한 공간'을 열어준다. 정의를 공동 창조함으로써 우리는 모두 똑같은 의미를 알고 있음을 확인하고, 그것이 용어의 의미가 되기를 모두 바란다는 것을 확인할 수 있다. 그리고 사람들이 새로운 용어의 의미를 제대로 알지 못할 때는 각자 아무렇게나 지어내기보다는 서로의 가정을 실험하는 과정을 거친다.

자의적 해석, 극적인 드라마, 부정적 이야기는 사라지고, 팀의 새로운 관계 정립에 필수적인 유대감과 동반 성공의 느낌이 자리를 잡는다. 박물관 관장은 이 팀의 진화에 감탄한 나머지, 그들이 함께 경험한 대화의 여정과 강력한 돌파구를 기억할 수 있도록 모든 플립차트를 간직하길 원했다.

2단계 대화에서
벗어나기

1990년대에 록히드 마틴(Lockheed Martin: 미국의 우주항공, 방위, 안보 관련 업체 – 역주)은 사업 부문별로 조직되어 있었다. 이 기업은 모든 부문에서 활용할 수 있는 기업자원관리(ERP: Enterprise Resource Planing) 시스템을 도입하길 원했지만 저항이 엄청났다. 각 부문에는 그들만의 전통적 시스템이 있었고 그것을 사용하는 것이 편안했다.

그 당시 이 기업에는 다섯 개의 부문이 있었고, 각 사장들은 그들만의 시스템을 아주 훌륭하게 발전시키고 능률화해왔기 때문에 가장 아랫선에서부터 가장 윗선까지 효율적인 통제가 가능했다. 전 기업적 시스템을 도입하는 것은 각 부문의 리더들에게 위협으로 다가왔다. 그중 한 사람은 이렇게 얘기했다. "각 부문의 요구를 전부 반영하는 ERP 시스템을 회사 전체에 구축하려면 시간이 정말 오래 걸릴 겁니다. 제가 보기엔 전체 시스템의 이익을 위해 우리에게 꼭 필요한 특성들을 포기해야 할 테고요. 그렇게 되면 예상 실적을 보장할 수 없게 되겠죠. 이 시스템이 저한테는 맞지 않아요."

회사 전체에서 많은 대화가 오갔다. 사람들은 각 부문의 현 체제를 유지하겠다는 강경한 입장이었고, 회사는 교착 상태에 빠졌다. 그들은 2단계인 위치에 따른 동력 속에 있었고, 각 부문의 사장들과 간부들은 자신들의 주장을 세우고 입지를 확고히 하고 있었다. 그렇게 몇 주가 흐른 뒤 회사에서는 결단을 내리고 사장들의 합의를 이끌어낼 사람을 임명했다. 결국 부회장이 ERP 프로젝트의 책임자로 임명되었고, IBM이 전 조직을 관할하는 프로그램 제작을 도왔다. 새로운 시스템으로의 이행 과정에는 수많은 갈등이 있었다. 그 결과 주저와 망설임 때문에 하루에 10만 달러씩 낭비되고 있다는 사실이 밝혀졌다. 직원들은 제대로 합류하지 못하고 있었고, 회사의 중역들은 회의를 거듭하며 이 문제를 해결하려 했지만 성과가 없었다.

각 부문의 대표들과 직원들은 저마다의 업무 처리 방식에 따른 권익이 있었다. 그들은 회사의 변화가 그들의 최종 수익을 얼마나 위태롭게 할지 제시해 보일 수 있었다. 새로운 ERP 시스템을 논의하기 위한 회의에서 각 대표들은 자신의 방식이 옳다고 설득하기 위한 사실과 데이터를 준비했다. 막후에서는 다른 사람들에게 영향을 주기 위한 정치 공작이 이어지고 있었다. 새 시스템 정착을 위한 그 어떤 합의도, 로드맵도 존재하지 않았다.

2주에 걸쳐 결정을 공동 창조하기 위한 새로운 경로를 구축했고, 결국 그것이 모든 것을 바꾸어놓았다. 먼저 나는 3단계 상호작용 동력을 위한 대화 공간을 마련했다. 중역들이 전 기업적인 큰 문제에 마음을 열 수 있도록 점화하고, 혼자만의 이익 추구에서 공동의 성공으로 나아가는 법을 볼 수 있도록 돕기 위해, 나는 그들과 함께 회의 공간을 디자인했다. 우리는 커다란 공간에 ERP 시스템의 의도와 결과물의 배경을 제공하는 시각적 자료들을 걸어놓았다.

그런 다음 나는 최고위 인사 65명을 소집한 뒤, 그들을 3단계 틀로 진입시키기 위한 대화를 주도했다. 나는 회의실 벽에 우리를 3단계로 끌어올리는 개념들을 붙여두었다. 먼저 우리가 결정 과정의 어디쯤에 있는지 이야기를 나누며 이 여정과 포부, 위협을 투명화하는 과정을 밟았다. 그들은 '결론의 사다리'에 대해 이야기했다. 우리가 자기 관점만을 고집하며 상호작용하면 대화는 우리의 결정에 영향을 주는 신경전달물질 분비를 촉진한다고 얘기했다. 코르티솔의 수치가 높아지면 우리는 귀와 학습 두뇌를 닫아걸고 자기만의 참호 속에서 소통하게 된다. 우리는 사다리를 타고 올라가 다른 사람에 대한 추정, 해석, 결론을 만들어내고, 그들을 친구가 아닌 적으로 규정하게 되기도 한다.

회의를 진행하면서 나는 결론의 사다리 뒤에 숨은 과학적 사실을 공유했고, 그들이 마음 상태가 결과물을 결정한다는 사실을 볼 수 있도록 도왔다. 나는 그들의 현재 상태를 볼 때 영향에 열려 있지 않은 것 같다고 말했다. 그리고 리더시프트(Leadershift)를 창조하는 방법에 대해 말했고, 발견의 질문을 활용하는 법과 설득을 배제하는 3단계 전략에 대해서도 얘기했다. 대화 계기판과 결론의 사다리를 시각화하여 게재하자 그들이 대화 공간, 그리고 함께 여행할 대화의 여정을 그려보는 데 도움이 됐다. 우리는 관계의 규칙과 좋은 대화를 만드는 방법에 대해 얘기했다. 그러자 꽉 막혀 있던 예순다섯 명의 중역들은 90분 만에 3단계 대화에 진입했다.

핵심 리더들은 90분 안에 앞으로 나아가는 데 합의했다. 그들은 서로의 얘기를 듣고 다른 사람들의 관점을 배우는 데 거의 모든 시간을 할애했다. 그들은 영향을 받는 데 계속 열린 상태를 유지했다. 점화 과정 전에는 각자의 관점만 옹호하고 영향에는 열려 있지 않았다. 그들은 무슨 수를 써서라도 이겨야 한다는 마음가짐이었고 다른 것은 받아들이길 원치 않았다. 새로운 전 기업적 ERP 시스템을 채택하면 수익성을 잃을 것이라는 두려움이, 더 나은 옵션을 함께 실험해보는 것을 제지했다. 정보를 공유하고 모두에게 좋은 결과물을 만들어낼 수 있는 색다른 방안 탐구에 마음을 열자 새로운 아이디어가 생겨났다.

일상을 3단계 대화로 전환하라

나는 이 책을 내가 의뢰인들과 하는 일의 기본 틀을 인용하는 것으로 시작했고, 끝맺음 역시 그렇게 하고자 한다. 아래의 말은 나의 모든 프로젝트와 모든 변화의 과정, 그리고 모든 관계에 영감을 줬다.

"한 차원 높은 단계로의 도약 여부는 문화의 질에 달려 있고, 문화의 질은 관계의 질에 달려 있고, 관계의 질은 대화의 질에 달려 있다. 모든 것이 대화를 통해 이루어진다."

상호작용 동력에 새로운 대화를 접목하는 법을 배우면, 당신은 정신과 현실에 새로운 문이 열리는 것을 발견하게 될 것이다. 다음 네 가지 대화 의식과 성공 전략은 변화 능력의 진화를 촉발할 것이다. 변화는 당신의 DNA에 내재되어 있다. 이 의식들은 당신을 변화와 대화지능의 대가로 만들어줄 것이다. 당신이 활용하고 있는 성공 전략들을 찾아본다. 그리고 리더로서의 효율을 높이기 위해 좀 더 활용하고 싶은 것이 어느 것인지 결정해본다.

1. 저항을 새로운 시선으로 보라

저항과 회의는 변화의 동반자다. 사람들에게 다른 방식을 요구했을 때, 그들이 그것을 밀어내고 변화가 그들 삶에 미치는 영향을 생각해보는 것은 당연하다. 만약 우리가 질문을 차단하거나 그들을 상대하지 않는다면 그들은 방어의 단계를 높일 것이고, 우리는 더 세게 몰아붙일 필요를 느낄 것이다. 우리는 사람들의 저항을 '아니요'로 받아들이고, 왜 변화가 좋은 것인지 설득하려는 반응을 보일 때가 너무 많다. 말하기와 설득하기가 먹히지 않으면 우리는 소리치기에 의존하게 된다. 그러면 저항하는 것으로 보이는 사람들에게 실제로 소리를 치게 될 수도 있고, 저항하는 사람들에게 영향을 주기 위해 다른 누군가의 힘을 빌리게 되기도 한다. 둘 중 어느 것도 저항하는 사람들을 생산적, 건설적으로 다루는 방법이 아니다. 오히려 저항과 두려움의 불길에 부채질을 하는 꼴이 된다.

재구성—대화지능을 활용하려면 저항을 처리하겠다는 생각을 버리고, 대신 저항을 변화의 자연스러운 부분으로 받아들여야 한다. 사람들이 새로운 아이디어를 받아들이려면 일단은 그것을 시험해볼 필요가 있다. 사람들에게 완전한 주인의식과 책임감이 생기려면 단순한 순종의 강요보다는 변화의 방법에 대한 대화가 필요하다. 리더들이 이런 재구성의 과정을 거치면 대화가 변화를 위한 새로운 에너지를 창출하는 것을 볼 수 있을 것이고, 이 에너지는 그들의 노력에 더 빠른 프로펠러를 달아줄 것이다.

2. 대화를 환영하고 촉진하라

사람들이 그들에게 요구된 혹은 제안된 변화들을 이해하고, 편안하게 받아들이기 위해 필요한 대화의 양을 우리는 과소평가하는 경향이 있다. 사람들이 두려울 때는 듣는 것도 달라진다. 그들은 변화가 자신들에게 미칠 부정적인 영향을 암시하는 말들을 찾아서 듣게 된다. 공개적으로 논의하지는 않더라도, 사람들은 각자 속으로 이 변화에 대한 가설을 세우게 된다. 또 그 안에는 상실에 대한 엄청난 두려움이 있는 경우가 대부분이고 이익에 대한 기대는 거의 없다. 사람들은 변화의 과정에서 그들이 거부당하거나 강등되거나 회사를 떠나라는 요구를 받을까 봐 두려워한다. 소속되고자 하는 욕구는 강하다. 모두가 승리하는 팀의 일원이 되길 원한다.

사회 신경과학자들은 소속감에 대한 욕구가 안전에 대한 욕구를 넘어선다고 믿고 있다. 그들에 따르면, 우리는 사회적 존재이고, 집단의 일부가 되고자 하는 욕망은 우리 안에 강하게 내재되어 있어서, 문화나 조직과 관련된 모든 것을 좌우한다는 것이다. 거부당했다고 느낄 때 우리는 더 큰 두려움과 저항으로 반응하게 된다. 해결 과정의 일부가 되었다고 느낄 때 우리는 해결을 뒷받침하는 각자의 자리를 찾게 된다.

마음가짐 바꾸기—대화지능을 활용하려면 사람들이 솔직하고 열린 대화를 할 수 있는 토론의 장을 마련하여, 지금 무슨 일이 일어나고 있고 새롭게 형성되는 질서 속에서 그들이 속하는 곳은 어디인지 알 수 있게 해야 한다. 투명성과 개방성에는 촉진 효과가 있어 두려움을 성공을 위한 건설적인 전략으로 변형시킨다. 두려움의 암시들을 공개하고, 그 안에 무엇이 있고, 변화가 왜, 어떻게 일어나고 있는지에 대한 열린 토론과 대화를 진행하면, 사람들이 마음가짐을 상실에서 이익으로, 두려움에서 희망으로, 결핍에서 풍요로움으로 바꾸도록 도울 수 있다.

---

3. 머리, 마음, 영혼을 참여시켜라

변화의 시기에 사람들은 감정적이 된다. 우리가 너무 자주 범하는 착각 중 하나가, 직원들에게 사실을 알리고 경제적 관점에서 변화가 발생해야 하는 이유를 설명하면, 그들이 금방 변화를 받아들일 것이라고 생각하는 것이다. 우리는 논리의 힘을 과대평가하고 스토리텔링의 힘을 과소평가한다. 스토리텔링은 소속과 그에 대한 긍정적 감정에의 호소다.

스토리텔링—대화지능을 활성화하려면 변화를 부르는 스토리텔링, 즉 사람들의 감정과 창의력을 이끌어내는 이야기를 활용해야 한다. 스토리텔링은 머리, 마음, 영혼을 자극하고, 싸움보다는 유대를 야기한다. 옥시토신은 스트레스와 변화의 시기에 우리가 사람들과 유대를 맺을 수 있도록 하는 호르몬이다. 긍정적이고 희망적인 스토리텔링은 옥시토신 수치를 높이고, 이어지는 대화를 통해 희망적이고 긍정적인 결과를 만든다. 두려움에 찬 '나'는 '우리'가 된다. 이런 현상을 통해 개인은 변화의 대상이 아닌, 변화를 창조할 태세를 갖춘 강한 팀으로 거듭난다. 이야기는 모든 머리, 마음, 영혼을 하나로 모아 공통된 관점과 미래를 위한 새로운 가능성을 실현하는 데 도움을 준다.

4. 변화를 위한 공간을 창조하라

우리는 너무나 자주 변화가 고통 없이 빨리 지나가길 바란다. 우리는 고통과 갈등을 사라지게 해주는 묘약을 주입하고 싶어 한다. 우리 중 대다수가 사람들과의 관계를 잃을지도 모른다는 두려움 때문에 갈등을 회피하려 하고, 조사 결과가 보여주듯 다른 사람들과의 조화를 위해 자기의 신념까지 포기하려 한다. 이것은 성급한 동의 혹은 어떤 경우에는 강요된 합의로 보일 수 있다. 합의를 이끌어내기 위해 우리는 여러 가지 아이디어를 점검하지 않고 무조건 밀어붙이기도 하고, 사실상 혁신적인 새로운 사고들을 퇴색시키기도 한다.

새로운 선언이 사내 문화를 제압하고 하룻밤 새 변화를 불러올 것이라는 생각으로, 새로운 정책들을 조직 전체에 전파하고 끝나는 변화 대응 프로그램에 참여해본 경험이 누구에게나 있을 것이다. 이것이 1단계 업무적 설득하기이거나 2단계 위치의 영향력으로 조직의 변화를 이끌려는 사례다. 선언문이나 문서상의 정책 변화로는 조직이 변화를 촉진하는 데 필요한 DNA의 근본적인 변화를 창조할 수 없다. 대화지능 기술을 이용하여 변화를 창조할 때 진정한 유기적인 변화가 일어난다.

공동 창조 대화—대화지능을 활성화하려면 미래를 공동 창조할 수 있는 대화 연습법을 창조해야 한다. 이때의 대화는 응급조치도, 새로운 방책 같은 것도 아니고, 일장 연설이나 '말하기-설득하기-소리치기'도 아니다. 여러 관점에서 시나리오대로 혹은 시나리오 없이 다른 사람들과 길을 찾아나가는 연습 같은 것이다. 이런 접근법은 우리 모두가 포용하는 문화 안에서 일을 해나가는 데 필요한 실천법과 의식을 습득할 수 있게 해준다. 이런 대화는 미래의 시나리오를 상영할 수 있는 스크린을 마련해주어, 우리가 최선의 길을 탐험하고 선택할 수 있도록 한다.

우리는 다른 사람들의 관점을 이해하게 되고, 미래를 보는 관점을 '나 중심'보다는 '우리 중심'으로 형성할 수 있다. 변화의 리더들은 변화를 위한 대화의 공간을 창조하는 법을 반드시 배워서 두려움과 위협을 줄이고, 사람들이 변화의 과정에서 각자의 자리를 찾도록 도와야 한다. 그렇게 되면 우리는 두려움에 찬 방식이 아니라 규칙적으로 호흡할 수 있다. 호흡한다는 것은 열망한다는 것이다. 변화 중에 우리가 평온할 수 있고 다른 사람들과 소통할 수 있으면 우리의 열망은 더 원대해지고 역량은 증대된다.

대화는 사람들을 연결하고 교감할 수 있게 해준다. 대화가 없으면 진화, 발전, 혁신의 능력이 현저하게 떨어진다. 이런 이유로 접촉의 순간에 통달하는 것이 위대한 리더십의 기술이다. 그것이 위대한 협상가, 위대한 리더, 위대한 배우, 위대한 작가, 그리고 위대한 인간의 기술이다. 우리가 접촉의 패턴과 그것에 영향을 주는 방법을 알게 되고, 그 순간에 무엇이 발생하는지, 결과를 위해 그 순간을 어떻게 요리해야 하는지 인지하는 법을 배운다면, 우리는 대화지능의 기술을 활용할 수 있게 된다. 방향의 재설정, 재구성, 수정, 고쳐 말하기, 재초점화, 다시 참여하기…… 그리고 우리의 모든 '변화의 기술'을 그 순간에 적용하는 법을 배우게 된다.

누구나 대화지능의 대가가 될 수 있다. 예지력이 있어야 하는 것도 아니고, 위대한 리더의 일곱 가지 덕목을 갖춰야 하는 것도 아니다. 특정한 날에 태어났어야 하거나 백만 달러를 손에 쥐고 있어야 하는 것도 아니다. 하버드 대학교를 졸업하거나 명문가 출신이어야 하는 것도 아니다. 대화지능을 통해 우리는 다르게 보고, 다르게 듣고, 다르게 인지하는 법을 배울 수 있다. 그렇게 할 때 우리는 에너지를 창조하고 활성화하며 다른 사람들과 함께 더 생산적이고 강력한 결과를 내도록 에너지를 쏟을 수 있다.

에필로그 | 대화를 바꾸면 모든 것이 달라진다

🗨 나는 특별한 가정에서 성장했다. 내가 열한 살 때, 부모님은 우리 삼 남매를 데리고 멕시코를 방문했다. 나는 멕시코 인터내셔널 캠프인 인스티튜토 아메리카노(Instituto Americano)에서 여름을 보냈다. 전 세계에서 모여든 다른 언어를 쓰는 청소년들과 여름을 보내는 것은 열한 살짜리에게 엄청난 도전이었다. 하지만 우리는 곧 공통의 다리를 찾아냈다. 스페인어를 함께 배운 것이다. 이것은 나를 바꾸는 경험이었다. 이 일로 나는 말에만 의지하는 것이 아닌, 더 넓은 차원을 통해 사람들과 소통하는 법을 배울 수 있었다. 이렇게 삶을 바꿀 만한 놀라운 경험이 아니었다면, 나는 지금 이 일을 하지 못했을지도 모른다.

우리가 멕시코에 가게 된 이야기는 더 흥미롭다. 치과 의사였던 아버지에게는 많은 사람들이 불가능하다고 여길 아이디어가 하나 있었다. 아버지는 국무부에 가서 그 엄청난 아이디어를 제안했고, 그것은 현실이 되었다. 아버지는 치의학계에서 새로운 치료법과 새로운 기구들을 발명하는 매우 혁신적인 치과 의사였다. 개인 병원을 운영하면서 템플 치과 대학교에서 학생들을 가르치기도 했다. 하지만 그 정도로 만족하지 않았다. 아버지는 국무부에 가서 이렇게 말씀하셨다. "저는 치의학을 전 세계에 전파하고 싶습니다."

아버지께서 워싱턴에 다녀오신 뒤 당신은 미국의 첫 번째 치의학 대사가 될 것이고, '자신의 치의학'을 가르치며 전 세계를 다닐 것이라고 우리에게 말씀하셨다. 인스티튜토 아메리카노에서 보낸 여름은 아버지께서 밝히신 계획의 첫 번째 실천이었다. 그로부터 몇 년간 아버지는 일곱 개의 언어를 독학한 후, 아버지의 치위생사이자 평생의 동반자인 엄마와 함께 열여덟 곳이 넘는 나라를 방문해서 강의하고 가르치며 다른 나라들, 다른 리더들, 다른 문화와 미국을 연결하는 가교를 창조했다.

역사를 만드는
대화

나의 아버지는 어렸을 때 말더듬이였다. 초등학교부터 고등학교 때까지 줄곧 말을 더듬었다. 머리는 아주 좋았지만 제대로 말을 하지 못했고 무자비하리만치 놀림을 받았다. 아이들의 놀림으로 말을 더듬는 증상은 더 심해졌고, 그러다 보니 깊은 우정을 만들기도 어려웠다.

그런데 기적이 일어났다. 아버지의 인생을 바꾸어준 선생님을 만난 것이다. 영화 〈킹스 스피치〉에 묘사된 언어치료사처럼, 아버지의 선생님은 그 누구도 시도하지 않았던 방식으로 아버지와 대화를 나눴다.

그분은 대화를 통해 심한 말더듬증에도 불구하고 아버지가 자신을 완전하다고 느끼도록 만들어줬다. 아버지는 학교 연극에서 주연을 맡을 정도로 자신감을 회복했다. 아버지를 향한 선생님의 신뢰와 보살핌은 아버지의 인생을 바꾸었다. 학교 연극에서 주연을 맡고 난 뒤 아버지의 말더듬증은 사라졌다.

신경과학의 뇌 가소성(可塑性: 기억, 학습 등 뇌 기능의 유연한 적응 능력-역주)에 대한 연구가 활발한 가운데, 우리의 정체성을 형성하고 개조하는 과정, 말과 말을 더듬는 것의 복합적인 문제에 대해서도 많은 연구가 이루어지고 있다. 연구 결과에 따르면, 우리가 성장하고 새로운 것을 배우면 우리는 학습을 위한 새 공간을 뇌에 할당하게 된다. 경이로운 뇌의 가소성이 우리가 새로운 페르소나, 정체성, 기능을 창조할 수 있게 해주는 것이다. 그 선생님과 아버지의 특별한 관계 덕분에, 그리고 그들이 함께 나눈 강력한 변화의 대화 덕분에, 아버지의 삶은 그로부터 영원히 바뀌게 되었다.

아버지는 거기서 그치지 않고 대학에 가서 토론 팀의 대표를 맡았고 고별사를 담당하는 졸업생 대표가 되기도 했다. 아버지는 치의학을 세계에 전파하는 꿈도 이루었을 뿐만 아니라, 각 나라를 방문하면 그 나라 말로 프레젠테이션을 하고 기조연설을 하기도 했다.

어린 나이에 다양한 문화를 접한 덕분에 내 인생의 궤도 역시 달라졌다. 그 뒤로 대화의 힘은 늘 나에게 무척 흥미로운 주제가 되었다. 대학생이 되어서는 템플 대학교에서 생화학, 언어학, 인류학, 고고학, 심리학, 일반 의미론 등을 포함한 학제 간 연구를 진행했다. 그 뒤로는 드렉셀 대학교, 하버드 대학교, 페어필드 대학교에서 인간행동, 조직행동, 기업과 정치 커뮤니케이션에 관한 프로그램에 참여해 연구 과정을 밟았다. 어느 프로그램 하나만으로는 나의 커다란 의문의 답을 구할 수 없었다. 나의 연구는 대화가 역사를 어떻게 변형시키는지 알아내는 실험 연구실 그 자체가 되었다.

역사를 바꾸는
대화

코치라는 일을 통해, 그리고 수년간의 연구와 경험을 통해 나는 대화가 우리의 존재, 관계, 작업 환경, 성공의 능력을 변화시킬 수 있음을 깨닫게 되었다. 대화지능을 우리의 상호작용에 적용하면 우리는 각자의 삶의 궤도를 바꿀 수 있다. 더 큰 차원에서 볼 때 대화는 국가와 민족의 역사도 바꿀 수 있다. 나의 연구가 세계화되고 관심이 확장되면서, 대화를 이해하고자 하는 나의 탐구 과제는 지난 십여 년간 새로운 에너지를 얻었다. 내가 속해 있던 작은 단체는 위아 패밀리 재단(WAFF: We Are Family Foundation)[21]을 창단했다. 우리의 비전은 커다란 전 지구적인 문제들을 해결하기 위해 노력하는 동시에, 다음 세대에게 존중, 이해, 격려 그리고 문화적 다양성을 고취하고 교육하는 프로그램을 만들고 지원하는 방법을 통해 전 세계적 공동체를 이루는 것이다. 우리의 핵심 단체는 세 개의 점과 대시(Three Dot Dash®)[22]라 불리는 단체로, 이는 사람들에게 기본적으로 필요한 것들—음식, 물, 건강, 주거지, 안전, 교육, 환경—을 제공함으로써 더 평화로운 사회를 만드는 프로젝트에서 적극적으로 활동 중인 글로벌 틴 리더를 지원하고 있다. 이 외에도 테드 엑스틴(TEDxTeen)[23]도 창단했는데, 매년 개최되는 이 포럼에는 의욕 넘치는 청소년들이 세상을 변화시키는 각자의 이야기를 공유하기 위해 모여든다.

세상을 좀 더 가깝게 만들고 더 나은 대화를 통해 사람들이 화합할 수 있도록 돕는 일에 매료된 나는 나의 고향인 필라델피아까지 가게 되었다. 나는 미합중국이 세워지는 과정에서 오간 대화들에 대해, 특히 위대한 통치 문서인 미국 헌법의 창조 과정에 굉장한 호기심을 갖게 되었다. 정말 영광스럽게도 우리 창조 연구소는 2012년 필라델피아의 국립헌법센터(NCC)와 함께 변화를 위한 글로벌 단체인, 이니셔티브를 창단할 파트너로 선발되었다. 이 이니셔티브는 2013년 말부터 2014년까지 생방송으로 진행될 세 번의 멀티미디어 정상 회담 시리즈로 그 서막을 열 예정인데, 이 방송은 미국의 헌법 탄생 배경에 오간 탁월한 대화들을 분석하기 위해 기획되었다. 이런 회담 혹은 타운홀 미팅들은 역사에서 얻은 교훈과 신경과학계의 발견들을 연계하여 대화지능과 위대한 대화, 달리 말하면 역사를 바꾸는 대화 뒤에 숨은 지혜와 실천법을 연구하는 학습 연구소 설립을 목표로 하고 있다.[24]

이런 타운홀 미팅의 목적은 세상을 바꿀 만한 강력한 대화의 과정, 실천법, 원칙의 심도 있는 이해를 통해 국제 공동체를 만들고 키워나가는 데 있다. 역사의 이 중요한 시점에 우리는 참여하고 리드하고 통치하고 중대한 결정을 내리는 새로운 방식들을 찾고 있다.

이 책을 통해 당신은 대화 뒤에 자리한 두뇌 과학에 대해 살펴보았고, 1, 2, 3단계 대화 동력을 알아보는 법을 배웠다. 나는 당신이 강한 대화 공동체의 일원이 되어 우리의 세상을 이해하고 더 나은 쪽으로 변화시킬 수 있기를 진심으로 바란다.

주 --

프롤로그

1. 사람들은 제각기 현실을 다르게 그려낸다. 현실에는 현재의 현실, 그리고 우리가 상상하는 미래의 현실(우리의 열망)이 모두 포함된다. 각각의 관점이 다르면 간극이 발생하고, 그것이 갈등으로 이어질 수 있다. 그 간극을 인지하고 좁히는 방법을 배우면 대화지능이 높아진다.
2. 나는 30년 전에 내가 조직들과 하는 작업의 틀을 마련하기 위해 이 문구를 썼다.

1장 최악의 대화가 우리에게 가르쳐준 것들

3. 캐롤라인 윌리엄스, "이것이 우리의 의식을 만드는 뇌세포인가?(Are these the Brain Cells That Gave Us Consciousness?)", 〈New Scientist〉(2012. 7. 23)
4. 존 올맨 등, "전방대상피질의 폰 에코노모 뉴런(The von Economo Neurons in the Frontoinsular and Anterior Cingulate Cortex)", 〈Annals of the New York Academy of Sciences〉, 1225(2011), 59.
5. 잭 히트, "말 시험하기(Words on Trial)", 〈New Yorker〉(2012. 7. 23)
6. 애덤 그랜트, 《기브 앤 테이크Give and Take》(New York: Viking Press, 2013)
7. www.creatingwe.com에서 CBS와의 인터뷰 '나만 옳다 중독' 편 참고

2장 신뢰를 잃으면 목소리도 잃는다

8. 밍추 등, "인간 의사결정의 불확실함에 반응하는 신경 체계(Neural Systems Responding to Degrees of Uncertainty in Human Decision-Making)", 〈Science〉, Vol. 310, no. 5754, 1680~1683(2005)
9. 롤린 매크래티, 닥 칠드레, "일치: 개인적, 사회적, 세계적 건강의 연계(Coherence: Bridging Personal, Social, and Global Health)", 〈Alternative Therapies〉, 6, no. 4(2010)

3장 불신에서 신뢰로 나아가기

10. 리처드 S. 테드로우, 《거부Denial: 왜 리더들은 코앞의 진실을 보는 데 실패하는가—그것을 어떻게 해결해야 하는가(Why Business Leaders Fail to Look Facts in the Face-and What to Do about It)》(New York: Portfolio, 2010)

4장 대화라는 고속도로에서 운전하기

11. 신경과학자들은 개개인의 고유한 신경 패턴을 신경의 다양성으로 표현한다.

5장 다섯 가지 뇌 영역을 활용한 대화지능 얻기

12. 하트매스 연구소는 심장에 초점을 둔 호흡 테크닉을 창시한 곳 중 하나로, 심장 호흡법은 우리의 심장에 규칙적인(일관성 있는) 리듬을 선사한다. 심장 호흡법은 편도체를 진정시키고, 높은 단계의

문제 해결력과 혁신적 사고를 가능케 하는 긍정적 효과가 있다.
13. 영화를 편집할 때 필름 한 릴름이 '주인'이 되면 나머지 필름에 담긴 촬영 장면들은 전부 '노예'라고 지칭한다.
14. 신경연결망을 새롭게 형성함으로써 뇌가 자체적으로 재편성하는 능력. 신경가소성은 뇌의 뉴런이 상해나 질병에 따른 결과를 보완하고, 새로운 상황이나 환경의 변화에 맞추어 활동을 조정할 수 있게 한다.
15. 긍정적인 감정에 관해서도 신경과학계의 방대한 연구가 이루어졌다. 펜실베이니아 대학교의 마틴 셀리그먼(Martin Seligman) 박사는 긍정 심리학이라 불리는 분야를 창출했고, 전 세계적으로 왕성한 활동을 벌이고 있다.

6장 삶과 조직에서 대화 활용하기
16. H. 메르시에, H. 랜더모어, '추론은 논쟁을 위한 것: 논의의 성공과 실패에 대한 이해(Reasoning is for Arguing: Understanding the Successes and Failures of Deliberation)', 〈Political Psychology〉(2012)

10장 신뢰를 갖춘 리더가 성공한다
17. 레온 네이패크, "문화를 바꾸는 방법(How to Change a Culture)", 〈Boston Globe〉(2012. 9. 23)

11장 대화지능으로 성공적인 팀 만들기
18. 영향: 대부분의 사람들은 전문가나 상사와 의견을 일치시키기 위해 자신의 의견을 바꾸는데, 이는 '전문가에게 동의하기'라 불리는 현상이다. 만약 전문가가 어떤 노래를 좋아하면 대부분의 실험 참가자가 그 노래에 대한 긍정적인 의견을 보이고, 전문가들이 그 노래를 좋아하지 않으면 노래에 대해 낮은 점수를 준다는 것이 연구 결과 밝혀졌다. 이 의견의 이동은 뇌의 배쪽선조(ventral striatum) 부위의 활동에 반영되었다.
    출처: 영국, 유니버시티 컬리지 런던(University College, London)의 웰컴 트러스트 신경영상 센터 (Wellcome Trust Centre for Neuroimaging), 2009. 6.
19. 시각피질(visual cortex)은 인간의 두뇌의 60퍼센트를 차지한다.

12장 모든 것이 대화를 통해 이루어진다
20. 오랜 친구이자 동료인 조 보니토(Joe Bonito)와 함께 쓴 기사에서 영감을 받았다.
21. We Are Family에 대한 더 많은 정보는 www.wearefamilyfoundation.org에 있다.
22. Three Dot Dash에 대한 더 많은 정보는 www.threedotdash.org에 있다.
23. TEDxTEEN에 대한 더 많은 정보는 www.wearefamilyfoundation.org/what-we-do/tedxteen 에 있다.
24. 이 기구에 대해 더 많은 정보를 얻고 싶거나 등록 혹은 참가를 원하는 사람이 있다면 www.conversationalintelligence.com을 방문하고, 우리 창조(The Creating WE) 연구소에 대한 정보를 원한다면 www.creatingweinstitute.com을 방문하면 된다.

대화지능

1판 1쇄 발행 2014년 8월 4일
1판 2쇄 발행 2016년 9월 9일

지은이 주디스 E. 글레이저
옮긴이 김현수
펴낸이 고영수

경영기획 이사 고병욱
기획편집2실장 장선희 **책임편집** 김진희 **기획편집** 이혜선, 문여울
마케팅 이일권 이석원 김재욱 이봄이 **디자인** 공희 진미나 김민정
제작 김기창 **관리** 주동은 조재언 신현민 **총무** 문준기 노재경 송민진

펴낸곳 청림출판(주)
등록 제1989-000026호

본사 06048 서울시 강남구 도산대로 38길 11 청림출판(주) (논현동 63)
제2사옥 10881 경기도 파주시 회동길 173 청림아트스페이스(문발동 518-6)
전화 02-546-4341 **팩스** 02-546-8053
홈페이지 www.chungrim.com
이메일 cr1@chungrim.com
블로그 blog.naver.com/chungrimpub **페이스북** www.facebook.com/chungrimpub

ISBN 978-89-352-1014-5 (03320)

값 15,000원